第二次世界大战
关键战役图解

GREAT BATTLES
OF WORLD
WAR
II

[英] 约翰·麦克唐纳 著

姚军 译

民主与建设出版社
·北京·

© 民主与建设出版社，2024

图书在版编目（CIP）数据

第二次世界大战关键战役图解/（英）约翰·麦克唐
纳著；姚军译. -- 北京：民主与建设出版社，2024.
10. -- ISBN 978-7-5139-4749-7

Ⅰ. E195.2-64

中国国家版本馆 CIP 数据核字第 2024HS0858 号

著作权登记合同 图字：01-2024-4986

第二次世界大战关键战役图解

DI-ER CI SHIJIE DAZHAN GUANJIAN ZHANYI TUJIE

著　　者	[英]约翰·麦克唐纳	
译　　者	姚　军	
责任编辑	唐　睿	
封面设计	周　杰	
出版发行	民主与建设出版社有限责任公司	
电　　话	（010）59417749　59419778	
社　　址	北京市朝阳区宏泰东街远洋万和南区伍号公馆 4 层	
邮　　编	100102	
印　　刷	重庆长虹印务有限公司	
版　　次	2024 年 10 月第 1 版	
印　　次	2024 年 12 月第 1 次印刷	
开　　本	889 毫米 ×1194 毫米　　1/16	
印　　张	12	
字　　数	450 千字	
书　　号	ISBN 978-7-5139-4749-7	
定　　价	169.80 元	

注：如有印、装质量问题，请与出版社联系。

目 录
CONTENTS

1.美国军用子弹袋（含弹夹和.30子弹）。
2.美式皮质腋下手枪套（含柯尔特M1911A1型.45自动手枪）。
3.美国陆军少将或海军中将徽标。
4.美国陆军第3步兵师肩章，该师曾在北非、意大利和法国作战。
5.美国陆军第85步兵师（"卡斯特"师）肩章。
6.对空观察员的扑克牌，由可口可乐公司提供。
7.美国第7集团军肩章，该集团军在乔治·巴顿将军率领下在西西里登陆。
8."好彩"（Lucky Strike）牌烟盒，很多美国士兵抽这种香烟。

致谢

特别感谢以下诸位先生的专业建议：詹姆斯·卢卡斯、保罗·肯普、艾伦·威廉姆斯、M.J.威利斯和彼得·张伯伦。我们还要感谢以下机构的员工：伦敦帝国战争博物馆、伦敦皇家空军博物馆、伦敦图书馆、伦敦东方与非洲研究学院以及裘园的公共记录办公室。感谢以下人士提供额外的研究素材和摄影物品：缅甸之星联合会的托姆金斯先生，沃纳姆战争博物馆的林德赫斯特先生，以及约翰·斯坦福先生。感谢以下人士与机构给予的宝贵帮助：国会图书馆（美国华盛顿特区）摄影与地图部的托马斯·G.德克莱尔先生，海军历史中心（华盛顿特区）的哈伯兰先生，伦敦德国历史研究所，伦敦哥特研究所，军事历史研究办公室（弗莱堡），沃里克大学日本商业政策研究室的伊恩·高博士。示意图由如下机构提供：爱德华·斯坦福有限公司、佛罗伦萨军事地理研究所和伦敦皇家地理学会。我们还要感谢帕特·亨特和维维恩·夸伊在编辑上非常有益的帮助。

其他插图由罗伊·赫胥黎、安德鲁·斯坦福、马克·富兰克林、海沃德和马丁提供。

3D地貌图由创意数据有限公司（Creative Data Ltd）提供。

1.由战俘带回英国的1941年波兰纸币。
2.10支装"胜利"烟盒，这是一个非主流品牌，是为驻中东部队使用而在印度生产的。
3.二战期间的德国一级铁十字勋章。
4.1940年发行的埃及纸币。
5.美国第5集团军肩章，该集团军在马克·克拉克将军率领下在北非和意大利作战，1943年6月6日进入罗马。
6~7.特种空勤团的帽徽和伞兵胸章，该团于1941年在西部沙漠成立。

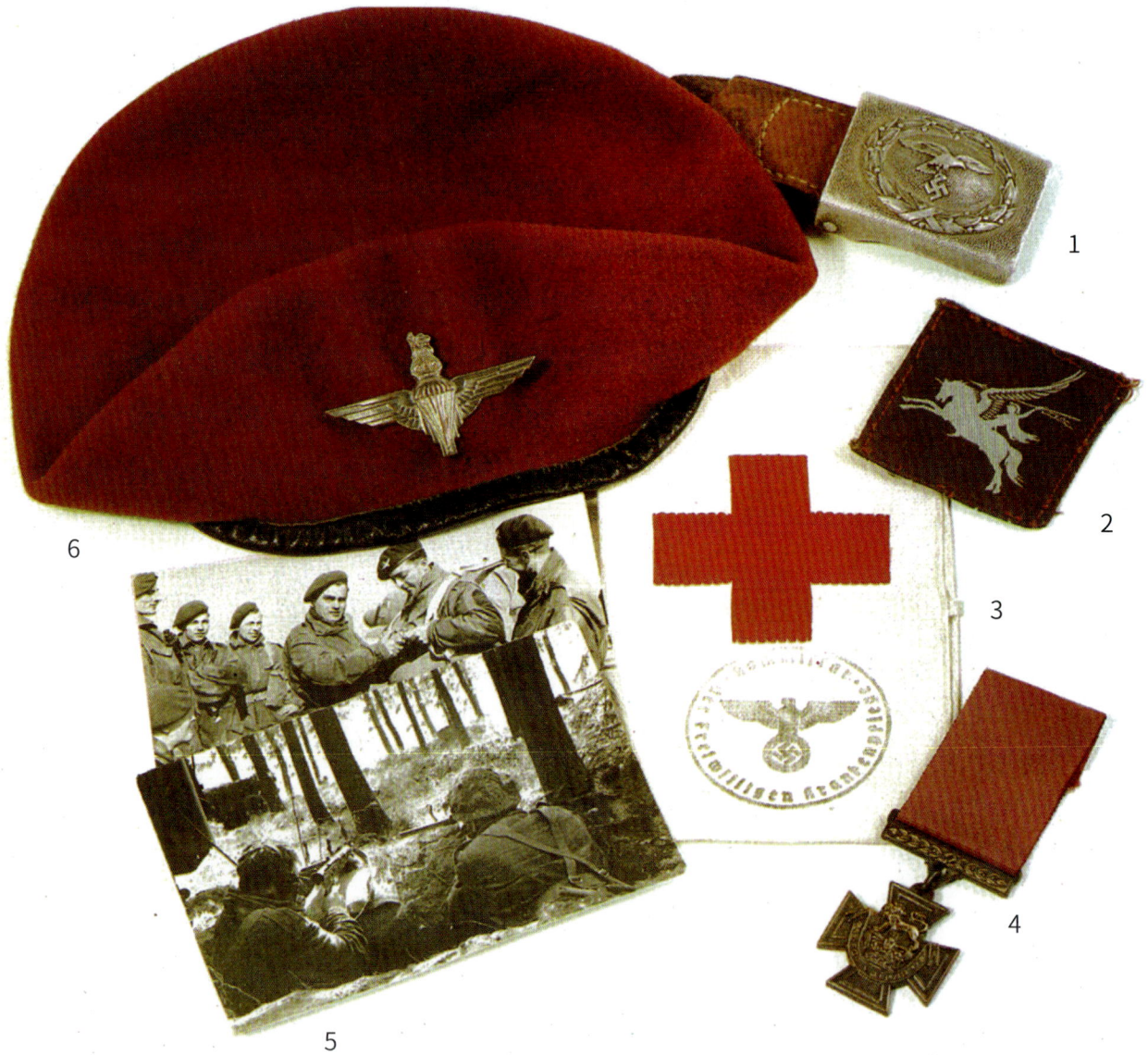

1.德国空军军官的皮带和皮带扣。
2.英国空降师的飞马肩章。
3.德国红十字会臂章，所有医务人员均会佩戴，这枚臂章是德军发给英国皇家陆军军医队的一名下士的，后者在阿纳姆被俘，当时正和其他战俘一起被送往西部，避开进逼的苏联军队。
4.维多利亚十字勋章，是奖励英国和英联邦军人英勇行为的最高奖项。
5.表现英军伞兵在阿纳姆作战的照片。
6.英军伞兵的红色贝雷帽，上有带翼的徽章。

序言

第二次世界大战已经过去了近半个世纪，公众对其进程和战场表现出的兴趣并未减少，各方面的形势也鼓励对其进行进一步的研究。尽管当今世界仍然战事连连，但一直没有世界范围内的冲突，现在，我们可以从更清晰、更真实的角度去看待上一次世界大战中所发生的一切。

此时原始资料变得更容易获取，人们在这些资料的基础上做了很多有价值的工作，为在这场大战后不久编撰和出版的文献提供了可观的改进。虽然许多主要参与者已不在世，但我们仍然可以向许多关键的次要参与者求证。不过，个人的第一手证据不会永远存在，这也就更凸显了利用它们的重要性和紧迫性。

上一次世界大战更受关注的另一个原因是，人们存在着普遍和深切的担忧，认为鉴于现有武器的威力，不应该再发生一场世界大战了。随着核武器的出现，我们经过了一个分水岭，从此以后，发动全面战争不再是合理的政策行为。而且，除了核武器之外，新兴科技

已彻底改良了军事手段，陆地、海洋和空中发生的战斗都不再是原来的样子。本书所研究的战役中，堪称历史奇迹的不止一场。身为亲历者，我不可避免地会想起阿纳姆战役，此外还有很多其他战役。

第二次世界大战以来，一些新应用于战争的技术已经司空见惯。直升机、激光、遥控车辆、火箭推进系统、制导武器、电子技术、迅速发展的自动化技术、计算机、光纤、新型金属、塑料和陶瓷材料，只是其中的几项而已。此外，人们心中都有一个疑问：太空中会发生什么？在对第二次世界大战历次战役的研究中，我们看到了在物质层面上不会重复的过去，但它经久不衰的魅力让我们从中受益良多。

人们对第二次世界大战历次战役的兴趣与日俱增，这表现出的一个突出特点就是用于这一研究的先进技术也在不断发展，本书就提供了一个显著的例子。计算机图形技术在地形学中的应用，使人们对任何陆地战役中的主要因

素有了新的认识，这就是通常所称的地形或地面情况。这方面的主要工具仍是地图，但地图越好、越细致、越精确，使用起来也就越难，有时候甚至无法从中看出什么才是最重要的。

我在北非的西部沙漠担任坦克军官时，在阿拉曼战役之前用过这样一张地图，它有60个连续的方格，上面什么标记都没有。可是，沙漠地形的变化，地图上细小的褶皱和起伏（更不用说地面，它可能是石头，也可能是柔软的沙子），在坦克战中都可能决定着生死。更为明显的地理特征容易在常规地图上标出，因为它们足以使等高线断开，但即便如此，仅有二维的图示也无法表达军队指挥员希望知道的全部信息。

1984年，马歇尔出版社（Marshall Editions）出版了《世界历史关键战役图解》（*Great Battles of the World*）这本优秀图书，其中使用的计算机图形技术，开启了激动人心的新篇章。本书将使许多尚未体验过这种新颖、巧妙的战场重现方法的人大开眼界。

——陆军上将约翰·哈克特（John Hackett）

英国陆军上将约翰·哈克特是一位军人、学者，拥有牛津大学古典文学和中世纪史学位，在北约北方集团军群司令任上结束军旅生涯（在第二次世界大战中，他曾三次负伤，三次因英勇作战而获得勋章）之后重回大学生活。他是大西洋联盟的忠诚支持者，与美国军队有着特别亲密的关系。他的两本虚构第三次世界大战的作品在全球售出了超过200万册。

敦刻尔克撤退，1940年5月—6月

1940年5月底，英军正在史无前例的军事惨败边缘苦苦挣扎。德国陆军以令世界震惊的闪电战，在仅仅两周多的时间内横扫低地国家和法国北部。盟军的抵抗正在瓦解，整个英国远征军几乎都被困于法国港口敦刻尔克（Dunkirk）周围的狭小地带中。英国军队中的佼佼者为何会遇到如此逆境？止于敦刻尔克的这条道路漫长而艰辛，它始于5月10日，当时纳粹德国入侵荷兰、比利时、卢森堡和法国，使1939年9月大战爆发以来一直停滞不前的所谓"假战"戛然而止。虽然法国人对马其诺防线（由一系列复杂的防御工事组成，从法国东北部与德国接壤处延伸到比利时边境的防线）的威慑力近乎迷信，但他们并没有无视德军通过中立的低地国家发动进攻的可能性。未曾预演过的"D计划"（挺进比利时）就是用来应对这种威胁的。在5月10日这个意义重大的日子（同日，温斯顿·丘吉尔就任英国首相），盟军最高司令、法国陆军上将莫里斯·甘末林（Mourice Gamelin）启动了"D计划"。装备低劣的比利时军队面对德军畏缩不前时，盟军的3个机械化集团军（包括法国第1集团军、第7集团军，以及英国远征军）北进代勒河。当然，盟军对德军的"黄色计划"一无所知，仓促地让最精锐的部队北上比利时，这一举动正中敌人下怀。埃里希·冯·曼施坦因（Erich von Manstein）将军[1]巧妙地谋划了一次左右开弓的两路进攻，并得到了希特勒的欣然批准：费多尔·冯·博克（Fedor von Bock）上将的B集团军群，共29个师，将通过荷兰和比利时南下；而格尔德·冯·伦德施泰特（Gerd von Rundstedt）上将的A集团军群，共45个师，则悄悄地通过多山的阿登地区进入法国，从侧翼包抄法国人引以为傲的马其诺防线。法国人认为阿登的地形是敌

军装甲兵无法逾越的，因此将最弱的第9集团军安排在那里。直到德国装甲兵在空军支援下，以闪电战术奇袭薄弱的法军阵地，法国人才意识到自己的错误。突破法军防线的同时，德军也做好了以经典的两翼包抄战术将北路比利时、法国和英国的百万军队牢牢困住的准备。而盟军作战部队之间几乎没有什

么协调：德国空军扫射过后的公路上挤满了逃难的民众和撤退的官兵，人们混乱不堪，恐慌情绪不时袭来。

5月16日到5月19日之间，盟军面对博克的步步紧逼，向斯海尔德河撤退。与此同时，伦德施泰特的装甲兵在法国

① 译注：当时曼施坦因的实际军衔为中将。

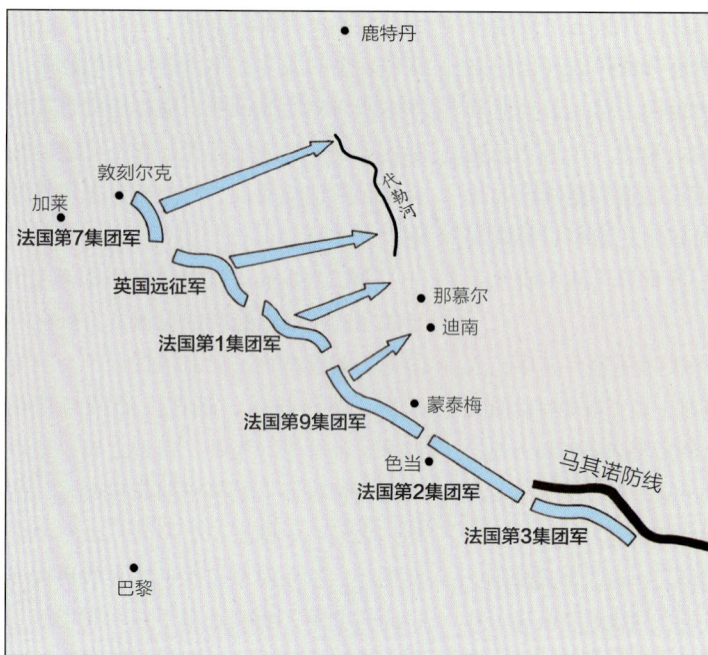

◀ 盟军的"D计划"十分依赖马其诺防线。盟军最精锐的部队——法国第7集团军、法国第1集团军和英国远征军，驻扎在马其诺防线末端和北海之间。较弱的法国第9集团军、第2集团军和第3集团军则部署在马其诺防线和多山、林木茂盛的阿登地区这两处他们认为最不需要支援的地方。如果德军威胁荷兰和比利时时，北面的3个集团军将前出到代勒河的天然防线上。

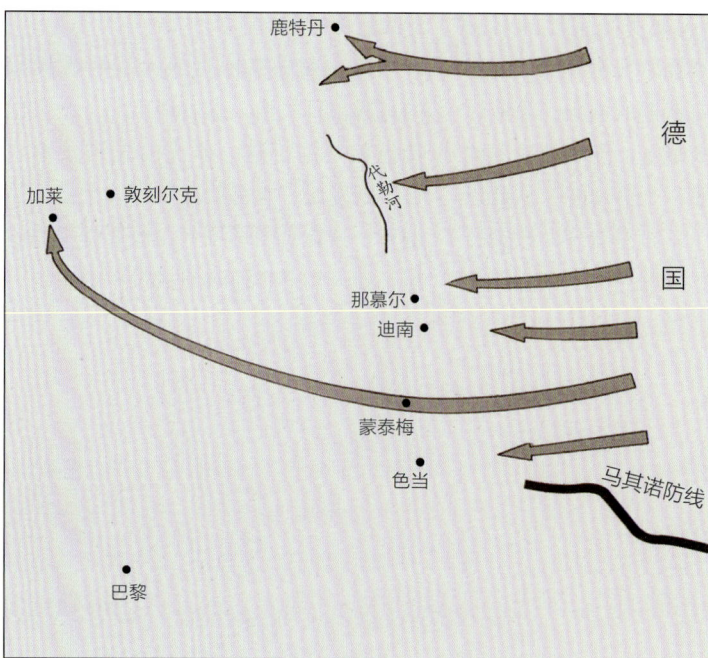

◀ 如果德军采用1914年的"施里芬计划"（目标是包围巴黎），"D计划"可能是有效的。但是，他们采用了曼施坦因将军的"黄色计划"。德军威胁北面，诱使英国远征军和法国第7集团军、第1集团军向东北移动，而更为强大的部队——伦德施泰特率领的A集团军群，则带着7个装甲师通过盟军认为不可逾越的阿登地区。随后，这些部队开向北部港口。

◀ 希特勒和一群训练有素的伞兵，这些伞兵因为攻击人称坚不可摧的比利时埃本·埃马尔（Eben Emael）要塞而获得了骑士十字勋章。德军乘坐滑翔机降落在要塞的屋顶上，他们发动攻击时守军甚至都还不知道战争已经开始了。他们将空心装药的手榴弹放在炮塔上，随后将高爆炸药投入通风井和楼梯井，要塞很快就陷落了。

▲ 隆美尔的坦克和摩托化步兵推进速度极快，以至于对手没有时间摧毁桥梁和路段来迟滞他们。图中推进的纵队处在一架费斯勒"鹳"式观测飞机的监视之下，这架飞机正在一辆坦克翻下公路的地点上空盘旋。"鹳"式飞机用于确定前方的危险情况和机会，并用无线电向总部发送信息。德国坦克师在公路上每小时可以移动4.8千米，消耗大约4546升汽油。德军的补给往往得益于坦克在法国加油站加油。

◀ 德国装甲兵部队缔造者海因茨·古德里安（Heinz Gudrian，1888—1954）上将是一位果断、大胆的指挥官。他的战法不同寻常。他会在曙光初现时乘坐装甲车离开指挥部，带上一名通信军官、一部电台和一部"恩尼格码"加密机（图中左下）。随行的有通信兵和一辆用于恶劣地形的半履带车，他会在前线指挥作战，并保持与指挥部的持续联系。

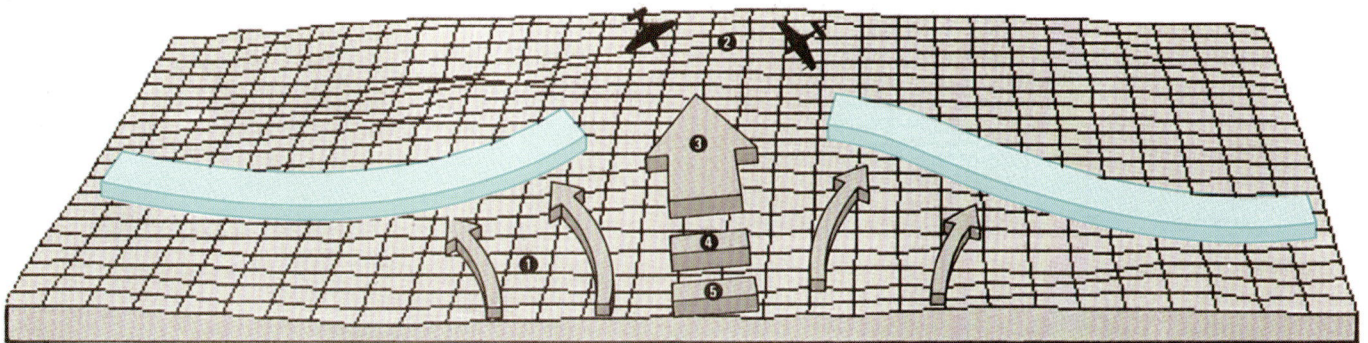

▲ 闪电战战术的概念很简单，但效果可能是致命的。德军选定目标，确定方向，找出敌方防线中最薄弱的环节。装甲突击发起点两侧的区域由常规攻击（1）加以牵制，同时使用烟幕伪装并隐藏主战区的坦克集结。在坦克突击开始前，施行猛烈的空袭和炮轰（2），目的是肃清攻击区，使敌方的通信和预备队陷入混乱。主要的装甲攻击（3）得到了摩托化步兵师的紧密支援（4），他们的身后则是步兵（5），最大限度地以可用兵力攻击敌人防御薄弱的区域。实现突破之后，担任前锋的装甲兵部队展开，绕过并包围敌防御要点。支援的摩托化部队（后被步兵单位代替）巩固夺取的地域。攻击的力量、速度和猛烈程度在平民中造成了恐慌。与此同时，装甲兵可以自由地深入敌方领土，包围越来越宽的区域。速度是确保守军在撤退和重组之前即遭俘虏的关键。

几乎畅通无阻。到5月19日，先头部队距离英吉利海峡沿岸只有50千米。德军的包围圈正在收紧。

5月19日（星期日）是敦刻尔克撤退的重要时刻。法国政府竭力试图扭转其庞大军队的失败命运，以73岁仍精力充沛的马克西姆·魏刚（Maxime Weygand）上将取代了68岁的甘末林。魏刚当时身在贝鲁特，对比利时和法国发生的事件一无所知。

就在法国人走马换将的同时，英国远征军司令戈特子爵不情愿地决定，是时候考虑撤退英军了，使其在英吉利海峡港口的补给线上获得休整。他还开始考虑英军撤出法国的可能性。让英国远征军感到高兴的是，在丘吉尔的鼓动下，英国海军部开始为这种可能性制订计划。该计划代号"发电机行动"，由

多佛军港司令、海军中将伯特伦·拉姆齐（Betram Ramsay）指挥，他开始在英国南部的海港集结合适的船只。

且战且退成了心生厌倦的英国远征军士兵和仍在坚持的法、比两国部队的常态。战线已经支离破碎，盟军在德军持续的压力下溃不成军。然而，当战火烧到法国北部的第一次世界大战旧战场，一小部分英国远征军却意外地引起了德军的焦虑。来自H.E.富兰克林（H.E. Frankly）少将所率"法兰克军"

（Frankforce）的49辆坦克向阿拉斯以南的敌军装甲兵发动反攻，其攻势之猛烈令德国第7装甲师师长埃尔温·隆美尔（Erwin Rommel）感到震惊。尽管英军最终被击败，但伦德施泰特后来说，这一行动使其进攻被推迟了两天，这关系重大。

当魏刚上将正在制订不切实际的计划，让盟军突围而出，与被伦德施泰特的猛攻切断的南路部队会合时，戈特却将英国远征军的定量减半。情况变

德军向法国北部挺进时遇到的最严重威胁是1940年5月21日"法兰克军"发动的突袭。这支临时拼凑的部队由富兰克林少将率领，包括坦克、步兵、野战炮和反坦克炮，以及多个摩托侦察排。58辆Mk Ⅰ和16辆Mk Ⅱ"玛蒂尔达"坦克起初进展顺利。隆美尔在日记中写道："敌军坦克造成了我军的混乱……他们用车辆堵塞了道路而不是参加行动。"但当隆美尔亲自上阵，为每门火炮指定目标，英

军的抵抗很快就被压制了下去。

在这场9个小时的战斗中，英军向前突破了16千米才被击退，损失了46辆坦克。

事实证明，博兰（Beaurains）附近的开阔地（1）很适合坦克作战。巧合的是，历史上第一场大规模坦克战是1917年在距此地仅几英里的康布雷（Cambrai）进行的。

19时许，由英国皇家坦克团4营坦克组成的一支混合部队冲进一排德国88毫米炮（5）中。大部分坦克是有2名乘员的Mk Ⅰ（3），这种坦克装甲相当厚，但火力较弱，只有1挺.303英寸机枪。16辆Mk Ⅱ"玛蒂尔达"坦克（4）在阿拉斯周围作战。该型坦克是当时法国战场上装甲最厚的坦克，德军的37毫米坦

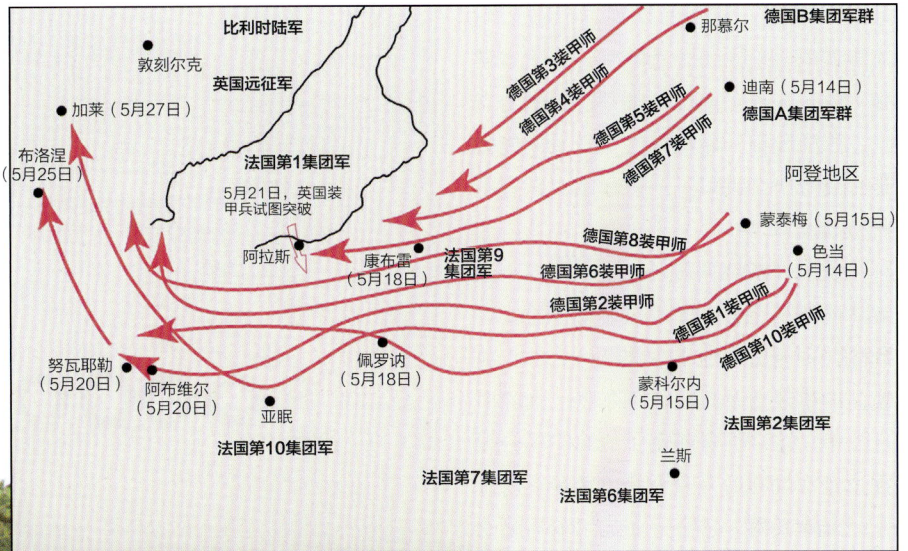

▲ 英军坦克在阿拉斯发动的攻击（红色空心箭头所示）不足以在推进的德军战线上打开一个缺口。如果"法兰克军"能设法与南部的法国军队会合，这场战役的结果将完全改变。

克炮无法击穿它，其中一辆被直接命中14发炮弹后仍然毫发无损。在长时间的作战中，这些坦克孤军奋战，远离支援的步兵和炮兵。直到德军近距离部署火炮，英军的坦克才遇上了大麻烦（2）。

德军第23高炮团的88毫米炮在击退英军进攻中发挥了重要作用。虽然是高射炮的设计，但这些可以发射穿甲弹的武器在反坦克作战中非常有效。其中一个连声称击毁了9辆坦克。

得越来越糟，魏刚的乐观思想被证明是错误的。5月24日（星期五），布洛涅（Boulogne）陷落，加莱还在勉力支撑，德国装甲兵距离能够实施大规模撤退的最后一个港口——敦刻尔克只有不到25千米了。

次日，战线两侧各发生了一事，让英国远征军能够存活下去，来日再战。希特勒令人费解地下令德国坦克停止前进，由德国空军扫荡敦刻尔克包围圈中的盟军，这一任务超出了他的空军的能力。当希特勒后来命令装甲兵继续前进时，天降豪雨，这个遍布运河和沟渠的地区变得不适合装甲兵的快速推进。

另一方面，戈特上将调动预备队中的两个师北上增援左翼，那里的比利时军队已处于崩溃的边缘，英国远征军也危在旦夕。5月26日（星期日），英国人在阳光下前往教堂做礼拜时，加莱陷落，"发电机行动"启动。

同一天，英国远征军在已接受撤退不可避免这一事实的法国和比利时军队协作下，开始分阶段撤退到提前准备好的环形防线上。这条防线宽度25千米，深度大约12千米，从敦刻尔克以南不远处向北延伸到比利时的尼乌波尔特（Nieuport）。英国远征军后撤时，毁坏了所有火炮和运输车辆，并销毁了大量物资以避免资敌。

尽管随着运兵船"莫娜之岛"号（Mona's Isle）抵达敦刻尔克，英军在5月26日夜间到27日凌晨就开始登船，但W.G.坦南特（W.G. Tennant）上校率领的英国皇家海军岸勤队直到周一早上才抵达港口，开始协调这项庞大的救援任务。这座城市里挤满了茫然无措、筋疲力尽的盟军官兵，而德国空军和炮兵不断地向那里猛烈开火。城中随处可见令人作呕的战争遗迹（包括1000名平民的尸体）。令船员们失望的是，8千米长的码头系统已不起作用。

只有保护港区入口的东西两条防波堤完好无损，但它们相对不那么牢固，也不是为停泊大船而设计的。因而，它

战役中使用的坦克

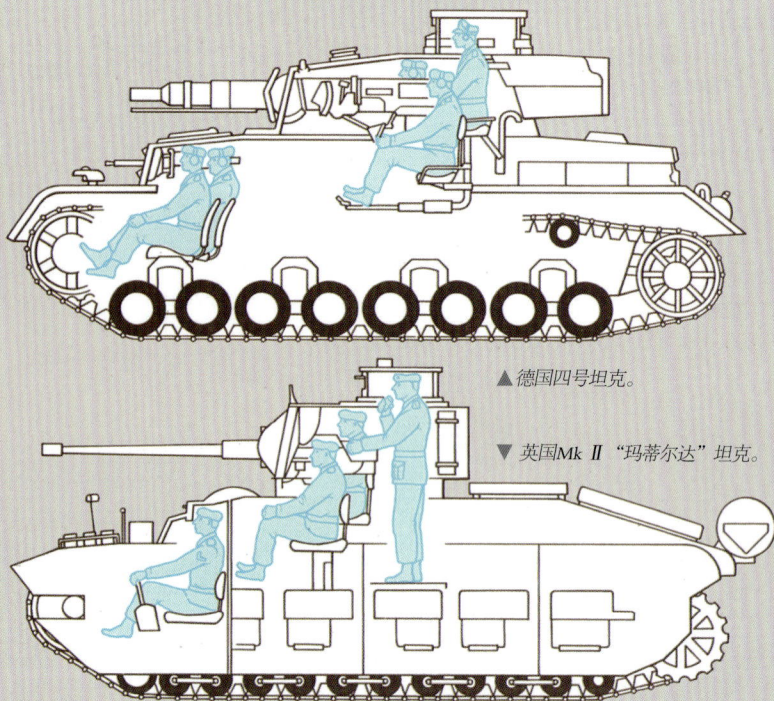

▲ 德国四号坦克。

▼ 英国Mk Ⅱ"玛蒂尔达"坦克。

20吨级的德国四号坦克车身有最厚达30毫米的电焊装甲，特别是正面。它装有1门低速短管75毫米炮和2挺7.92毫米机枪。5人车组——指挥员、炮手、装弹手、驾驶员和无线电操作员——距离很近，足以通过触碰或唇语交流，也可以相互掩护。四号坦克的设计非常精良，是德国陆军在整个战争期间使用最广泛的装甲作战车辆。

Mk Ⅱ"玛蒂尔达"坦克是战争初期最高效的英国坦克，到1943年8月停产时共生产了将近3000辆。这种26.5吨重的车辆，大部分采用最厚达78毫米的螺栓铆接装甲，安装1门高速2磅炮。履带上结块的泥浆从坦克侧面的小孔中排出。液压旋转炮塔很小，对3名乘员来说很拥挤——指挥员的视野受到了限制，此外还有1名炮手和1名装弹手（或无线电操作员）。

容克Ju 87B"斯图卡"俯冲轰炸机令人毛骨悚然的呼啸声成了战争初期德国闪电战战术的象征。盟军的撤退遭到成群的这种外形笨拙的双座轰炸机的骚扰，德国空军曾大规模使用这种飞机支援步兵和装甲兵作战。"斯图卡"的最大平飞速度为389千米/小时，航程为600千米，是一种投弹精确度惊人的轰炸机。攻击通常以联队（30架飞机）为单位发起，联队分成10个小队（每队3架）向目标俯冲。"斯图卡"飞行员常从15000英尺（约4572米）的高空以60～90度的角度开始俯冲，以最高740千米/小时的速度冲向地面，在大约2000英尺（约610米）高度施放炸弹，然后克服4个G的过载，从俯冲中改出。Ju 87B驾驶舱内装有2挺向前射击的7.92毫米机枪和1挺向后射击的7.92毫米机枪，通常在机翼下携带4枚50千克炸弹，在机腹挂架上携带1枚250千克炸弹。

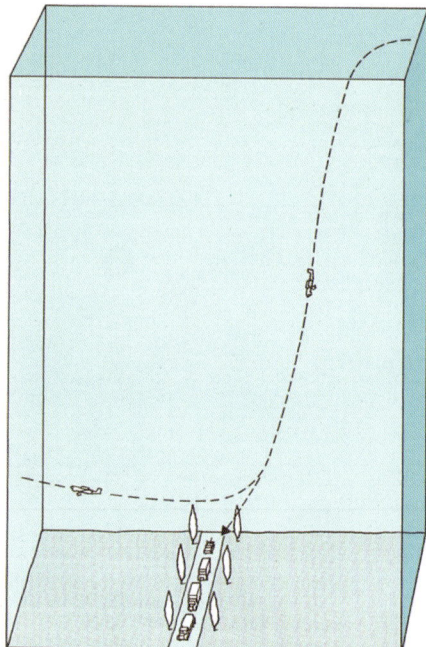

战役中的指挥官

▲ 博克

▲ 戈特

▲ 魏刚

埃里希·冯·曼施坦因将军（1887—1973）制订了德军入侵西欧的计划，他本人也指挥了其中一个军。但是，他的最大胜利出现在入侵苏联的战役中。1942年，他的第2集团军在克里米亚击败了苏联军队，1943年，他在斯大林格勒惨败后稳定了德军战线。

德国陆军元帅费多尔·冯·博克（1880—1945）曾参加波兰战役，1940年在西线攻击中指挥B集团军群。他面容瘦削、性格粗犷，是彻头彻尾的职业军人，不愿参与政治。他在1941年入侵苏联的战

役中指挥中央集团军群，次年指挥南方集团军群，但在7月因为过于谨慎而被希特勒解职。

和博克一样，德国陆军元帅格尔德·冯·伦德施泰特（1875—1953）是一位性格坚韧的普鲁士学派职业军人，他毫不掩饰对希特勒"下士"的厌恶。在入侵法国的战役中，他指挥A集团军群，后来（1941—1942）在苏联指挥南方集团军群。

1939—1940年的法军总司令莫里斯·甘末林上将（1872—1958）对法国步兵的实力信心十足，但对炮兵就不那么有把握了。他意识到德军的战略目标是英吉利海峡而非巴黎时，一切都

太迟了，在德军取得突破后，于5月19日被解职。他的继任者马克西姆·魏刚上将（1867—1965）拥有漫长的军旅生涯。他在上任时说："我不能保证成功。"确实，他很快就敦促贝当元帅达成停战协议。魏刚和甘末林都被驱逐到德国，直到1945重获自由。

英国陆军上将戈特子爵（1896—1946）从1937年起担任总参谋长，直到1939年被任命为英国驻法远征军司令。1942—1944年，他负责马耳他防务。他是一位异常英勇的军人，在陆军中以面对重压时的冷静而著称。

◀ 撤退的英军卡车（包括一辆坦克运输车）在法国北部勒讷堡拥挤的街道上止步不前。慌忙出逃的难民大大加重了混乱和军队的困难。许多乘车的人将床垫捆在车顶以抵御德国空军的机枪火力，骑自行车或者推着手推车的人只能在飞机俯冲下来时四散奔逃。由于所有干道都通过城中心，这种混乱的情况在德军推进的整条线路上反复出现。

1940年5月26日到6月2日，英国远征军大部和许多法军官兵冒着周围德军的炮火，从敦刻尔克撤往英国。

迎着水雷、炸弹和炮弹，由大大小小船只组成的庞大船队参与了代号为"发电机行动"的救援任务。

这项行动的成功源于多个因素：英国皇家海军出色的组织工作，等待救援的官兵们的坚忍不拔和理智冷静，以及连续9天的风平浪静。此外，该地区很长时间能见度不佳，德国空军因此无所作为，还不断遭到英国皇家空军的骚扰。

燃烧的油轮冒起重重烟柱（5），这就是敦刻尔克港。这些烟柱引导着撤退的盟军士兵前往正确的登船地点。

撤退的第一天，英国皇家海军的坦南特上校意识到，如果要救出大部分官兵，他们就不得不从狭窄、脆弱的东防波堤（4）和城北的宽阔海滩（3）登船。

在海滩上，成千上万的官兵们列队（1）耐心等待出发。敦刻尔克和撤离队伍所在海滩都在内陆的德国炮兵射程之内，炮弹频频落下，沙滩在一定程度上减弱了炮弹的威力，但许多小船被击中沉没（9）。

为了加快海滩上的登船速度，陆军的卡车冲入低潮时的海滩并彼此捆绑在一起，充当临时码头（2），使官兵们可以吃力地登上前来接运他们的潜水小船。

大约600艘大船（7）——军舰、渡轮、商船和荷兰驳船，运送大部分官兵回到英国。

官兵们由大约300艘小船（8），如客舱游轮，运送到停泊在近海的大船上。其中一艘小船由"海上童子军"（16~17岁的男孩）驾驶，但大部分参加救援的平民是渔民、救生员等。

只要雾气散尽，德国空军就会出现。"斯图卡"俯冲轰炸机（6）攻击等待的官兵和船只。有些飞机被舰载防空炮击落。

11

▶ 撤退之前，盟军在敦刻尔克周围建立了一个环形防御阵地。在德军的压力之下，这条防线不断收缩，但正是它的坚持使许多官兵有机会从几个海滩和东防波堤出发。

尼乌波尔特

德潘讷

弗尔讷

东防波堤

敦刻尔克

④ ⑤ ⑥ ⑦ ⑧

们都不能满足英国皇家海军的需求。德军的猛烈轰炸，抵达敦刻尔克的盟军部队人数众多，加上一个令人沮丧的事实——当天只有7669名官兵出发，导致坦南特上校决定将从被夷为平地的港口向北延伸的宽广海滩也作为登船地点。

他向英国海军部发出了急件，请求调集尽可能多的小船，前来将等待的官兵们从沙滩运到近海的大船上。与此同时，坦南特做出重要决定，尝试使用较长的东防波堤，那里一次可以容纳多艘船只。事实证明，坦南特的决定是敦刻尔克撤退的转折点，他是英国远征军的救星。

随着比利时国王利奥波德与德国达成的停火协议于午夜生效，所谓的"血腥星期一"结束了。这促使英军加快撤退，避免敌军从其左翼和海岸之间的缺口拥入，在此之前，那里是由英勇的比利时陆军残余部队守卫的。

虽然外围的英国和法国步兵仍在顽强抵抗，但越来越多食不果腹、筋疲力尽的部队加入了沙滩上的蛇形长队中，这些队伍大部分都整齐有序。第一批小船于5月29日夜间抵达法国海岸，开始接运官兵。在撤退结束之前，有将近300艘这种看上去不堪一击的小船参与了艰险的救援任务。

各种外形和尺寸的运兵船穿越雷区，迎着德军的轰炸和炮火，不断来往于敦刻尔克。有些船只取得了成果，有些则失败了，沉船给疲劳的船员们带来了更大的危险。到5月30日，有12.5万名英国远征军官兵回到了英国，当天，温斯顿·丘吉尔担心德军利用俘获英军总司令大作宣传，命令戈特上将回国。两天之后，戈特遵命回国，将指挥权交给了哈罗德·亚历山大（Harold Alexander）少将。

5月31日，68014名官兵从敦刻尔克出发，这是整个撤退期间最大的单日撤走人数，但仍有许多人留在岸上。次日（6月1日）早晨天气晴朗，这是为期9天的行动中仅有的两个半晴天之一，德国

▲ 经过撤退之路上的漫长战斗，疲惫不堪的士兵们在运兵船甲板上安睡，等待它们开往英国。甲板上往往十分拥挤，以至于船员们无法操作舰炮。船上也无法为每位官兵提供救生衣。

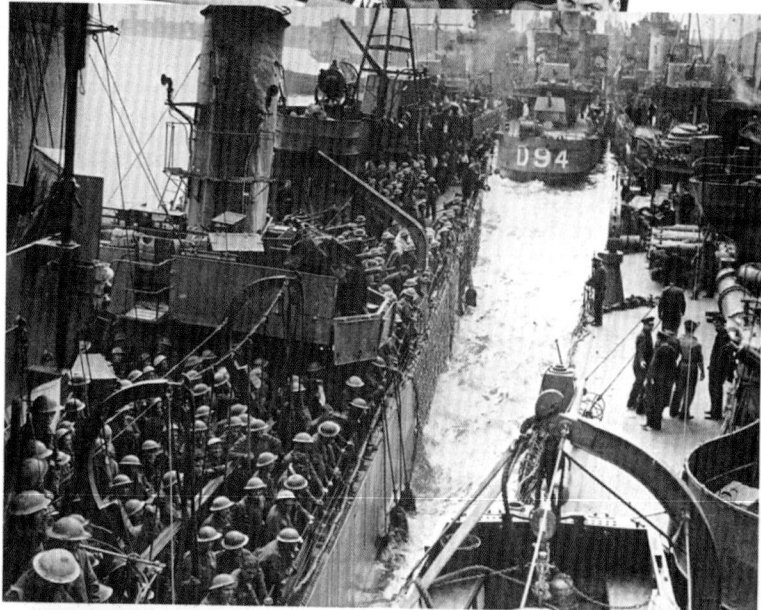

▶ 乘坐驱逐舰的官兵们安全抵达多佛。许多舰艇在穿越海峡时受损，攀网一直挂在船的两侧，以便在遇到下沉的船只时更容易从水中救人。

▶ 红十字会和妇女志愿组织迅速建立了一支高效的服务队，为疲劳、饥饿的英国远征军官兵提供食物和热茶。大部分官兵都设法保留了单兵武器，其他一切物品，包括大量为远征军增兵而预先准备的物资，都丢失了。

逃离混乱

由于海岸附近都是浅滩，吃水较深的大船无法用于撤离部队。驱逐舰可以靠近岸边，但英国尽管在战争爆发时拥有200多艘驱逐舰，可有些已被击沉或击伤，还有许多可能被留作他用。因此，征用了各种类型的民船，也就是所谓的"小船"。

从敦刻尔克到多佛的最短路线（路线Z）长度大约为72千米，但是在加莱周围新建的德军炮兵阵地射程之内。东北方的路线X在德军炮兵射程之外，但因为遍布浅滩和未扫除的水雷而十分危险。因此，英国人不得不采用更长的路线Y，先到达奥斯坦德（Ostend）东北方的昆特航标（Kwinte Buoy），然后前往古德温沙洲（Goodwin Sands）以北。这条路线比最短路线长了将近88千米，有长时间暴露在德军空袭下的危险。

还有其他危险存在。登船区域的海中很快就布满了沉船、浮动的残骸和成百上千的尸体。正在装载士兵的船只暂时停止不动，成了德国空军可以轻松攻击的目标。船上的所有空间都用于载人，超载的船只在机动躲避空袭时很容易倾覆。在黑暗中，船只相互碰撞，使整个局面更加混乱。

尽管困难和损失不断，得救的官兵人数仍然达到了预期数字（4.5万人）的七倍多，正如丘吉尔所写，在英国，"有一种强烈的解脱感，近乎胜利的狂喜"。但是，他很快就提醒国会，自满是危险的。他宣称："战争的胜利不是靠撤退赢得的。"

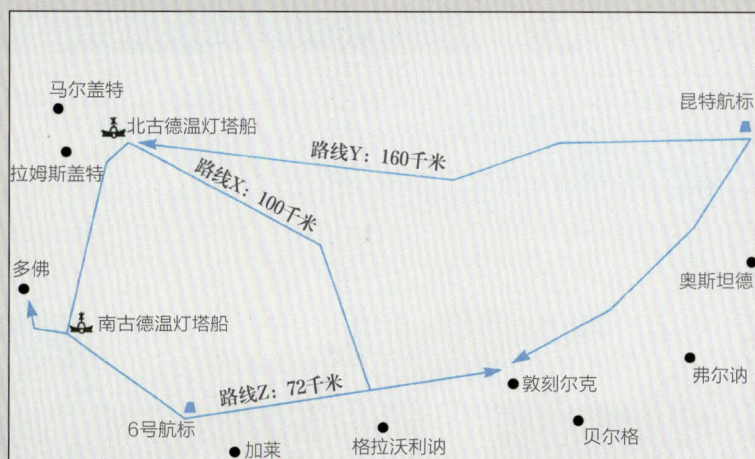
▲ 敦刻尔克撤退路线。

◀ 威廉·G.坦南特上校（1890—1963）向拉姆齐提供了帮助，他被派到敦刻尔克担任岸上高级海军军官。坦南特仪表堂堂，他展现出的权威和冷静，给疲惫的官兵们带去了信心。

◀ 多佛军港司令、海军中将伯特伦·拉姆齐（1883—1945）非常熟悉英吉利海峡的情况。他外表冷漠，但机智果断，得到了丘吉尔的绝对信任。

防波堤旁的"活泼"号（HMS Vivacious）驱逐舰。在它的右舷有一艘被直接命中的拖网渔船残骸。驱逐舰运送官兵的数量和速度都优于其他舰船，但当舰艇损失数量以惊人的速度增加时，深知驱逐舰是大不列颠必不可少的安全保障的海军军务大臣、海军上将达德利·庞德（Dudley Pound）爵士，下令除了15艘最老旧的驱逐舰外，其余都退出行动。每天救援的人数立刻下降。庞德的职责是保住英国舰队，而拉姆齐的任务则是拯救英国远征军。5月30日中午刚过，拉姆齐打电话给海军军务大臣，语气强烈地表达了他的观点：除非驱逐舰返回敦刻尔克，否则英国远征军大部将被俘虏。丘吉尔的最终决定为何，不得而知，但15时30分，6艘现代化的驱逐舰立即奉命返回海滩。

14

空军大批返回海滩上空扫射和投弹。沮丧的士兵们用步枪向低飞的飞机开火，口中喃喃自语道："该死的英国皇家空军在哪里？"在敦刻尔克撤退前后，英国皇家空军受到了许多不公正的嘲笑，实际上，自从德国发动闪电战以来，英国皇家空军一直陷入激战，在飞机和飞行员方面都遭到了沉重损失。

当向海岸撤退的行动真正开始时，英国皇家空军决定从英国出动飞机实施空中掩护，而不是冒险向法国派出更多中队。英国皇家空军在资源有限的情况下无疑已经尽其所能，在夜间轰炸敌军阵地和设施，昼间则派出飞机进行常规战巡。英军损失了177架飞机，其中31架是在6月1日损失的，德军则损失了240架飞机。这些数字本身就能说明问题。

6月2日雾气再起，英吉利海峡仍然保持着不同寻常的平静，余下的英国远征军官兵以及大批等待着的法军士兵相继登船。亚历山大将军是最后离开遍布尸体和残骸的海岸的英国军人之一。就在午夜之前，坦南特上校致电拉姆齐海军中将，"英国远征军撤离了"，此时的他肯定松了一口气。338226名官兵安全脱险，其中许多人还带着自己的轻武器，这是令人惊叹的成果。

成千上万的法国士兵也一同撤离，但当德军冲入城中，许多人英勇无畏地坚持着殊死的殿后作战。"发电机行动"持续到6月4日2时23分，此时法军的抵抗显然已经瓦解，仍在敦刻尔克的3~4万名官兵已得不到救援，共有139911名法国官兵被安全送抵英国。

许多人在得救之后兴高采烈，温斯顿·丘吉尔警告道，撤退不能赢得战争的胜利。事实上，如下的数字突出了一个事实：盟军的事业已遭受重创。约850艘各种船只使"发电机行动"得以成功，但有235艘沉没。英国远征军有68111人死亡、受伤、失踪和被俘，损失了所有火炮和车辆，以及数量巨大的补给品。法军损失惨重，在该地区的伤亡人数估计达到200万人，其中有超过9万

▲ 英军撤离后不久，一名德国摄影记者正在拍摄敦刻尔克城的景象。德国人擅长宣传，这些影片既可以供国内民众观看，又可以震慑欧洲被占领地区的人民。

▲ 德国士兵在敦刻尔克海滩上检视用英国陆军卡车组成的临时码头。

▶ 1940年5月27日到6月4日，338226名盟军士兵从敦刻尔克海滩和东防波堤被安全地送回英国。然而，有些人不幸被俘，如图中这些在加莱作战的士兵，以及坚守敦刻尔克周围环形防线、为战友赢得生机的数千将士。

人死亡。荷兰和比利时军队分别损失了9779人和23350人。根据报告，敌军伤亡人数为15万人。

从好的方面说，就英军而言，远征军中大部分训练有素的官兵安全脱险，准备着重启与纳粹德国的战斗。

"海狮行动"

敦刻尔克撤退和法国陷落后，英国做好了抗击入侵的准备。但在1940年6月初，希特勒认为他在欧洲取得的大胜能够说服英国政府求和，他本人提出了停战的建议。

当希特勒意识到英国不愿意屈服，他已经错失了成功入侵英国的良机。德国精锐空降部队指挥官卡尔·斯图登特（Karl Student）将军认为，希特勒已经迟了6周。战争初期，斯图登特曾制订了在肯特郡英吉利海峡港口附近实施空降并占领一个机场的计划。他坚信自己的计划应该能在敦刻尔克撤退的混乱中实施，但直到7月，德军最高司令部才仓促地规划"海狮行动"。

但是，"海狮行动"也一再推迟。德国空军失去了海峡上空的制空权。希特勒转而相信英国处于一场革命的边缘，没有必要进行军事干涉。随后，经过不列颠之战，他将注意力转向了对苏联的攻击上。

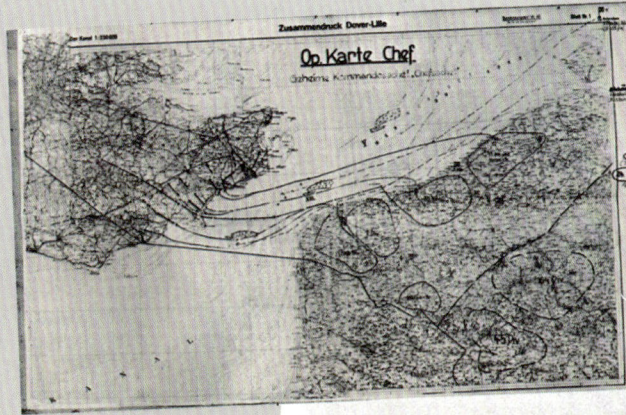

▶ 入侵英国的部队已做好准备，并在努力集结入侵用的驳船队，但"海狮行动"始终没有实施。

◀ "海狮行动"要求对从波特兰（Portland）延伸到多佛的一条战线发动多次突击。按照斯图登特的计划，德军将利用空降部队建立的桥头堡登陆。

法国投降

6月13日，刚上任一个月的65岁英国首相温斯顿·丘吉尔带着一把子弹上膛的左轮手枪，在战斗机护航下飞往图尔，法国政府已经逃到了那里。他发现，那里的一切都陷入了混乱：机场遭到轰炸，街道上挤满了逃难的车辆，大部分大臣都已作鸟兽散。法国政府现在分成了两派：一派对前景感到绝望，另一派则倡导决战到底。但是，在4天前，德军已恢复攻势。6月10日，被丘吉尔嘲笑为"意大利失算者"的墨索里尼在毫无预警的情况下进攻法国南部。

6月16日，英国在最危险的时刻表现出了非凡的大度，免除了法国绝不与纳粹德国单独媾和的庄严条约义务。次日，由年事已高的失败主义者贝当元帅领导的法国新政府要求签订停战协定，并很快在法国未被占领的地区建立了维希傀儡政府。法国战役结束了，但不列颠之战却将无情地到来。

▶ 7月15日的报纸头条报道了丘吉尔前一天晚上发表的语气轻蔑的广播讲话。敦刻尔克撤退后几周，英国就实现了高度戒备状态，准备迎接任何攻击。图中的布告要求民众在敌人入侵时，不要像法国人那样在敌人面前逃走，堵塞道路，而要留在家里。

ENEMY INVASION.

WHAT YOU MUST DO.

Remain at work: when unable to do so and you have no invasion duty

CONTACT YOUR LOCAL WARDEN.

He will arrange for you to help the City to carry on.

If you are in Civil Defence, that is your job.

If you have no invasion duty, stand firm.

Do not leave your district; do not block the roads.

Do not listen to rumours; only obey orders given by the military, police, Civil Defence personnel or Ministry of Information.

Be on your guard against Fifth Columnists.

Apply to your local Warden for more detailed instructions.

Keep by you a 48 hours' supply of food and water.

Issued by the Birmingham Invasion Committee.

(P.30780-5B.-P)

不列颠之战，1940年7月—10月

德国空军必须先夺取英吉利海峡的制空权，希特勒才能认真考虑发动"海狮行动"（对英国的海上突击）。否则，德国舰队将成为英国皇家空军可以轻而易举打击的目标。希特勒在第16号指令中明确了这一点，该指令概述了他对拟议中入侵行动的要求："必须从士气和实力上打击英国空军，使其无法对渡海的德军实施任何有意义的攻击。"

在温斯顿·丘吉尔所称的"不列颠之战"前夜，德国空军虽然没有完全从协助希特勒征服西欧大部分地区的艰苦战斗中恢复元气，但相对英国皇家空军仍有着3∶1的数量优势。在空战中最为关键的战斗机方面，德军有2∶1的优势，拥有1290架梅塞施密特Bf 109单发战斗机和Bf 110双发战斗机，而英国本土防御部队只有591架霍克"飓风"单发战斗机和超级马林"喷火"单发战斗机。

不列颠之战于1940年7月10日打响，此时德国元帅赫尔曼·戈林（Hermann Goering）麾下的德国空军身经百战，他们信心十足地认为在对英吉利海峡中护航船队和英国南部军事目标的猛烈袭击中，毫无疑问地可以歼灭与之对抗的英国皇家空军。然而，随着空战的推进，德军飞行员的乐观态度成了被嘲讽的对象。"英国最后50架战斗机来了"，每当他们抵达英国上空执行新任务时都会重复这句话，然后又再次遇到坚定作战的截击机。

7月到10月，英军凭借机敏的指挥、不懈的勇气、不知疲倦的机组和地勤人员的决心，成功地抵御了德国空军的威胁。此外，英国皇家空军在参加不列颠之战时，对德国空军有着技术和战术上的优势：不但拥有高度发达的早期预警系统，当入侵者飞越海岸时还得到了地面观察队跟踪站的支持。"飓风"和"喷火"战斗机也得到了稳定的补充，运气站在了他们一边。

英国飞机

▲ 超级马林"喷火"IA型战斗机。虽然"飓风"的生产数量更大，但"喷火"在不列颠之战中是一种优秀的单座战斗机。
最高速度：580千米/小时；武备：安装在机翼上的8挺.303英寸勃朗宁机枪。

▲ 霍克"飓风"I型战斗机。它是比"喷火"更老旧的单座飞机，在速度和爬升率上均不如前者，但抗打击能力很强。它的机动性几乎可与"喷火"相媲美，80%的德军飞机损失都归功于它。
最高速度：523千米/小时；武备：安装在机翼上的8挺.303英寸勃朗宁机枪。

▲ 博尔顿·保罗P82"无畏"I型战斗机。这种双座飞机最初是为防空巡逻设计的，但被用作截击机和夜间战斗机，到1940年生产量已经很小。"无畏"的机枪塔中有强大的武器，可以有效地打击轰炸机，但在梅塞施密特战斗机面前显得很脆弱。
最高速度：489千米/小时；武备：安装在枪塔中的4挺.303勃朗宁机枪。

▲ 布里斯托尔"英俊战士"I型战斗机。这是一种强大的双座战斗机，漆成黑色，配备空中拦截（AI）雷达，是一系列设计用于拦截和摧毁德国夜间战斗机的飞机中的第一种型号。
最高速度：515千米/小时；武备：安装在机翼上的4门20毫米"西班牙人"航炮和6挺.303勃朗宁机枪。

英国皇家空军战斗机司令部的领头人是60岁的空军上将休·道丁（Hugh Dowding）爵士，他在设于伦敦附近宾利庄园的总部指挥行动。这位军官曾随英国皇家飞行队参加了第一次世界大战，并在1918年后留在了新组建的英国皇家空军中。

在确保英国遭受空袭时能得到适当保护方面，道丁所做的工作比其他任何人都多。1936年接管战斗机司令部之

雷达搜索攻击者

雷达最早被称作"无线电测向"（Radio Direction Finding），通过阴极射线管（就像一个小的电视屏幕）工作，当发射机发出一个无线电信号，阴极射线管上就会出现一个脉冲或者光点。

雷达站中有一对高大的金属塔，其中一座用于发射，另一座用于接收。塔脚下是一个容纳阴极射线管的接收室。如果信号覆盖区域内没有飞机，屏幕上只显示一个光点。但当一架飞机出现，信号会从它身上反弹回来，被雷达站的接收天线拾取，并转换成阴极射线管上的另一个光点。

然后，操作员可以通过传输信号和接收信号之间的时间差，计算出靠近的飞机的距离和方向。英国皇家空军的飞机能够发出友军识别信号，因此雷达操作员可

以区分它们和敌机。此外，英国还设计了一套基地对战斗机的控制系统，使英国皇家空军对德国空军形成战术优势。

不列颠之战期间使用了两类雷达。本土链（Chain Home，或称"高空雷达"），作用距离大致为160千米，可以探测高度在15000英尺（约4572米）以下的飞机。本土链低空雷达（Chain Home Low），用于探测低空飞行的飞机，在48千米以内的距离上有着惊人的精度。

当飞机出现在雷达屏幕上，预警信号会被立刻发往宾利庄园的战斗机司令部（FCH），司令部则向保护预定目标区域的战斗机大队发出警报。大队作战室决定迎击来袭敌机所需的飞机数量，命令战斗机准备紧急起飞，然后向战区机场控制部门转发指令。该部门与飞行员保持无线电联系，通过

密码信息引导他们飞向敌机。早期预警和其他目标信息还会被转发给德国空军编队行进路线上的己方高射炮阵地。

雷达站不断更新靠近敌机的位置，并沿着指挥链将消息提供给空中的战斗机。一旦入侵者越过海岸线，只能向海工作的雷达站就无法跟踪它们了，追踪它们的任务就落在了地面观察队监视哨的肩上，哨所人员将目视情况报告给战斗机司令部的防空情报筛选室。

这些数据和飞机升空后发给基地的报告相结合，使英国皇家空军能够勾画出每次攻击的发展和进程。这是通过对从战斗机司令部到战区机场控制部门的作战室中的大规模图表上的标志进行移动来实现的。

▼ 作战室的绘图员在地图桌上移动红色和黑色的算子（代表敌军和友军飞机），上面标有表示估算高度和兵力的数字。每当报告更新，代表每次袭击方向的彩色箭头就进行改动，与专用时钟上用不同颜色表示的5分钟时段保持一致。随后，信息被传递给战区管制员，由其下令迎击敌机所需的飞机紧急起飞。

▼ 110米高的雷达塔上装有固定发射天线，为本土链远程预警台站提供探照灯般的覆盖范围。

▼ 1940年8月16日，驻扎在格洛斯特郡的501中队的霍克"飓风"战斗机起飞拦截来袭的德国飞机。

前，他一直负责研发和补给。在这个岗位上，他积极参与速度快、武备精良的单翼战斗机的研发，以及雷达的发展。这种无线电测向系统能够区分逼近的敌机，精确地绘制它们的航线。

二战前夕，道丁将战斗机司令部分为4个大队：第10大队保护英格兰西南部，第11大队保护英格兰东南部，第12大队保护英格兰中部，第13大队保护英格兰北部、苏格兰和北爱尔兰。这些区域都进一步细分为较小的防区。从北部的奥克尼群岛（Orkney Islands）一直延伸到西南部塞文河口的沿海雷达站链，将逼近英国海岸的敌机相关信息迅速传到道丁设于宾利庄园的作战室。那里是战斗机控制系统的神经中枢，在整个不列颠之战中都证明了其价值。

知道了来袭敌机的兵力、高度、速度和方向之后，管制员不仅可以警示相应的战斗机大队，还可以警示所在的防区。这样，可以紧急起飞应对反击所需的最小数量的截击机，从而节约宝贵的飞机和飞行员。

实际上，在1940年7月，飞行员比飞机更重要，当时流水线上产出的飞机数量不断增加，这要归功于报业大亨、新任飞机制造大臣比弗布鲁克（Beaverbrook）勋爵的积极努力。英国一直集中力量打造精锐的常规轰炸机部队，因此英国皇家空军参战时缺乏训练有素的战斗机飞行员。许多注定要与德国空军展开辉煌战斗的年轻人是来自空军后备队和英国皇家空军志愿预备队的业余飞行员，他们得到了几个由波兰和捷克流亡飞行员组成的优秀中队的支援。（事实上，击落敌机的一些最高纪录是由这些流亡飞行员创造的。）

随着战斗越发激烈，伤亡开始增加，训练联队压力剧增，很难提供充足的新飞行员。在这场战役的高潮阶段，有些年轻人仅在"喷火"战斗机座舱中训练了24个小时，没有进行足够的射击

1940年8月18日（星期日），德国空军对英格兰南部的英国皇家空军设施发动了一次不列颠空战中最大规模的空袭。对肯利（Kenley）战斗机基地发动的袭击由来自德国第76轰炸机联队的两批道尼尔轰炸机实施：先进行一波低空轰炸，再进行一波高空轰炸。大部分的损害是低空袭击造成的。肯利地区被100枚50千克炸弹击中，但基地只停转了两个小时。9名军人死亡，10人重伤；另有6名平民死亡，21人重伤。5架战斗机在地面上被摧毁，3架受损；9架来袭的飞机中，有5架被击落，4架被击伤。袭击仅持续了5分半钟。

第9中队的道尼尔轰炸机以比树梢略高的高度，从比奇角（Beachy Head）正西飞越英国海岸，随后向西北飞往伯吉斯希尔（Burgess Hill）。它们在那里转向正北，沿铁路线飞行，这几乎就能让它们抵达目标。飞行的高度很低，以至于地面上的人可以透过有机玻璃的机头看到领航员的脸。

13时22分，9架道尼尔Do 17轰炸机（3）

从南面低空扑向肯利。有些英国飞行员误以为这些双引擎飞机是英国皇家空军的"布伦海姆"式轰炸机，直到一枚枚炸弹落下。

肯利的作战室意识到袭击即将来临，紧急起飞了基地中的大部分战斗机。它们没有在地面遭到摧毁，德军开始投弹时，第615中队的两架"飓风"战斗机正在离开跑道（4），其他匆忙升空的飞机来自驻扎在克里登（Croydon）的第111中队（11），它们追击了来袭者。

英军损失的第一架飞机是空军上尉S.康纳斯（S. Connors）驾驶的"飓风"（12），康纳斯在飞机坠毁中身亡。道尼尔轰炸机发动攻击时，英国皇家空军的战斗机（5）转向机场北

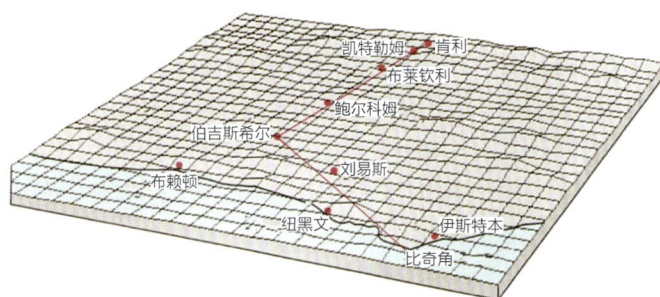

面，试图切断敌军的轰炸机。

尽管机场做了伪装（7），从空中看起来像是田野和林地，但德国飞行员似乎轻松地找到了肯利。

沿机场北部边界布设的降落伞和缆绳发射器（2）于8月18日首次使用。这些令人称奇的武器向低空飞机的航路上投放了一个金属缆绳组成的"帘子"，以期将飞机击落。一架已经着火的道尼尔轰炸机（1）被击落，另一架（6）则及时斜飞，缆绳从其翼尖滑脱，没有造成任何损伤。

低空袭击摧毁了基地指挥部（9）、4个机库中的3个（10）和医务室，并摧毁了大部分基地运输车辆。从起火的房屋中升起的浓烟在机场上空飘荡，使第二拨高空轰炸机看不清目标。

博福斯炮（13）是机场部署的火炮之一，4门该型火炮和2门3英寸高射炮（8）组成了肯利的防空火力。

练习，就加入了作战中队。

英国皇家空军使胜负天平向己方倾斜的一大优势是，与敌机的格斗发生在英国上空或靠近其海岸线的地方。这确保了跳伞或迫降的飞行员能迅速得到救援，如果他们没有受伤，只要领取一架备用战斗机，就可以直接返回前线。

戈林是第一次世界大战中的战斗机王牌飞行员，也是一名顽固的纳粹分子，在计划消灭英国防空力量时，他手上有3个航空队（Luftflotte）。德国空军元帅阿尔贝特·凯塞林（Albert Kesselring）指挥的第2航空队基地设于荷兰、比利时和法国北部，德国空军元帅胡戈·施佩勒（Hugo Sperrle）指挥的第3航空队基地在诺曼底，汉斯-于尔根·施通普夫（Hans-Jurgen Stumpff）上将指挥的第5航空队驻扎在丹麦和挪威。

为轰炸机中队护航的德国战斗机航程有限，因此敌人的大部分行动都针对英格兰东南部。这一地区的防务交给了英国空军少将基思·帕克（Keith Park）指挥的战斗机司令部第11大队，这位44岁的新西兰人是战斗机截击专家。他的"喷火"和"飓风"中队在不列颠之战中承担了主要任务。

在一系列特别猛烈的袭击中，英国首相丘吉尔视察了第11大队设在阿克斯布里奇（Uxbridge）的作战室，他清楚地感受到了帕克的部队所承受的巨大压力。看到控制台上来来往往的空战景象，他询问了帕克的预备队情况，却被告知"没有预备队"。

德国空军开始夺取英吉利海峡制空权之后不久，它的机组人员就意识到，英国皇家空军战斗机从地面收到的一连串加密无线电信息，是根据远比德国先进的无线电测向技术发出的明确拦截指令。为了破坏战斗机司令部的通信系统，德军发动了一次战术上符合逻辑但协调不完善的突击，试图破坏沿海雷达站链的巨型架线塔以及空军基地设施。然而，要击中高度为110米的雷达塔并不容易。由于它们的高度，德军不可能采

德国飞机

▲ 梅塞施密特Bf 109E-4战斗机。其设计结合了最小的机身和最强大的发动机，是一种稳定的飞机，俯冲速度高于任何英国飞机。
最高速度：573千米/小时；武备：安装在发动机上方的2挺7.9毫米MG 17机枪和安装在机翼上的2门20毫米MG FF航炮。

▲ 梅塞施密特Bf 110C-4战斗机。其设计目的是为德国轰炸机开路及保护本土空域，事实证明它在第一项任务上效率不高，但在第二项任务中取得了成功。
最高速度：562千米/小时；武备：4挺7.9毫米MG 17机枪、2门MG FF航炮和1挺后向7.9毫米机枪。

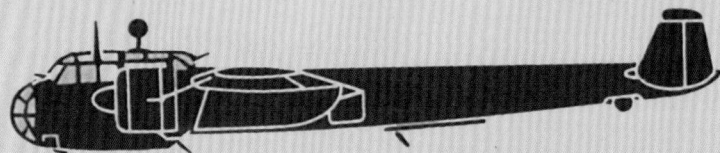

▲ 道尼尔Do 17Z-2轰炸机。这是一种双发轰炸机，与亨克尔和容克轰炸机组成了德国空军部队的大部分力量。到1942年，这种飞机已经过时，几乎不再生产。道尼尔的机组成员为4人或5人，包括一名后向机枪手。
最高速度：426千米/小时；武备：最多8挺7.9毫米MG 15机枪，炸弹载荷998千克。

▲ 亨克尔He 111P-2轰炸机。尽管面对"喷火"和"飓风"时火力配备不足，但这种双发轰炸机在西班牙和波兰的效率很高，因为那里的抵抗没有这么猛烈。其后续版本也没能克服武备上的缺陷。
最高速度：398千米/小时；武备：3挺7.9毫米MG 15机枪，炸弹载荷1800千克。

▲ 容克Ju 88A-1战斗轰炸机。它是第二次世界大战中开发的飞机中最全能的一种，一直服役到1945年。它可用作俯冲轰炸机、常规轰炸机、鱼雷轰炸机，或昼间战斗机、夜间战斗机。
最高速度：460千米/小时；武备：3挺7.9毫米MG 15机枪，炸弹载荷1800千克。

▲ 容克Ju 87B-2"斯图卡"俯冲轰炸机。它通常用于在闪电战前对小目标——桥梁、公路和铁路枢纽进行精确轰炸，以制造巨大的破坏。面对英军的猛烈抵抗，它显得极为脆弱。
最高速度：373千米/小时；武备：3挺7.9毫米MG 15机枪，炸弹载荷1000千克。

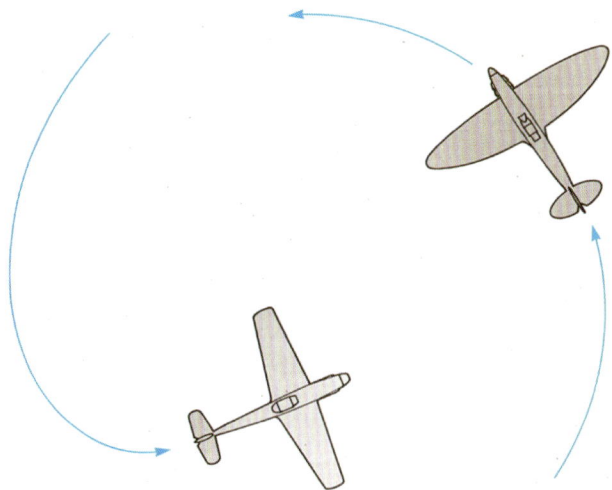

▲ 到1940年，双方的战斗机都具备了高速飞行和急转弯的能力。在格斗中，飞行员将采用尽可能小的转弯半径，以便绕到对手背后，或以偏向火力进行攻击。梅塞施密特Bf 109E的转弯半径比"喷火"IA小40米。

▲ 从46厘米的距离上看这张图，就像在549米的距离上看到从背后准备开火的敌机一样。时刻警惕至关重要，因为先看到敌人的飞行员拥有优势。除非飞行员的射术不精，否则从背后飞来的战斗机，尤其是从阳光下飞出的敌机，将是致命的。

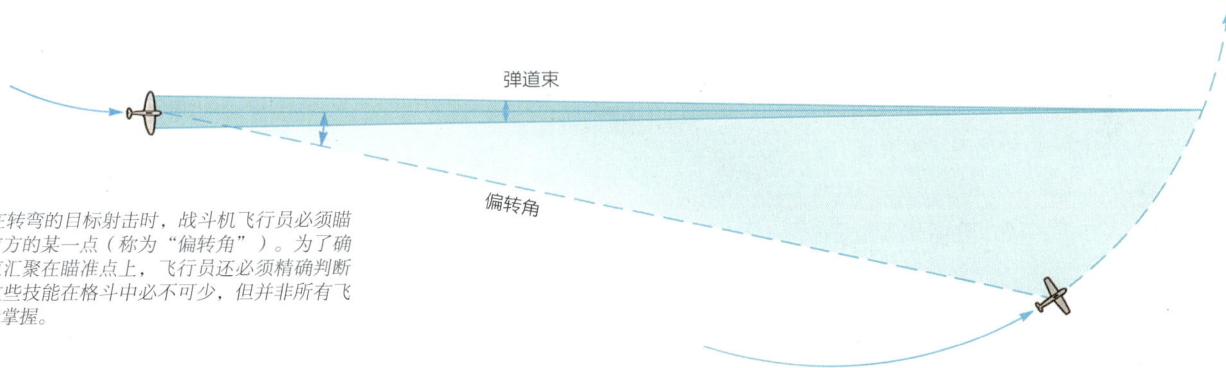

弹道束

偏转角

▲ 向正在转弯的目标射击时，战斗机飞行员必须瞄准目标前方的某一点（称为"偏转角"）。为了确保弹道束汇聚在瞄准点上，飞行员还必须精确判断距离。这些技能在格斗中必不可少，但并非所有飞行员都能掌握。

229米

◀ 到1940年，德军飞机覆盖了装甲板，并有了完善的自封油箱。因此，许多德国轰炸机在被击中50多次之后仍能返回基地。

▼ 一架道尼尔Do 17与一架"喷火"交战，"水手"马兰的理念是不一定要摧毁德国飞机，也可以致其重伤，使得维修的时间很长、代价很高。

▲ 英国皇家空军的规章规定，战斗机的枪炮必须经过校准，使其火力汇聚于594米的距离上。这对射术不精者有帮助，但由于德国轰炸机可以承受猛烈打击而不被击落，因此飞行员必须更加靠近其目标。尽管有此规定，许多英军飞行员仍然重新校准枪炮，使其汇聚于183～274米的距离上。这往往会造成击伤和击毁飞机的差别。

用俯冲轰炸，而且其桁架结构并不容易被爆炸造成的冲击效应摧毁。

恰在此时，希特勒于8月初要求发动全面空袭，作为入侵英国的序幕。戈林选择8月13日为"鹰日"（Adlertag），集结手下各个航空队的兵力，按照他的预测，此次行动将迫使英国皇家空军屈服。但"鹰日"开始得并不顺利，德军的一些中队不知道这位元帅在听到关于天气转坏的报告后已经推迟了行动，仍然逐个起飞。后来天气有所改善，戈林又改变了想法，当天下午，机身上带有纳粹徽章的多个波次的战斗机、俯冲轰炸机和轰炸机猛烈袭击英格兰南部各地的英国皇家空军机场和其他军事设施。

当天，德国空军共出动1485架次，击落13架英国战斗机，在对机场的袭击中击毁了47架各型飞机，并给建筑物和仓库造成了相当的破坏。英国皇家空军则击落了34架德国飞机。

8月14日的恶劣天气为英国战斗机司令部提供了短暂的喘息机会，但德军于8月15日恢复了大规模袭击。当天，德军损失了70架飞机，相比之下，守方只损失了29架。也就在这一天，幸运之神出手相助，英国皇家空军经受住了德国空军给予他们的最严峻考验：戈林命令飞行员们停止浪费时间攻击雷达站，因为此举的效果看起来微乎其微。（他不知道有些德国轰炸机飞行员取得了多么好的战果）

这一天（8月15日）至关重要，还有另一个原因。一直以来，持续的激战主要在肯特郡和英吉利海峡沿岸进行。戈林和他的顾问们确信所有英国战斗机中队都已陷入苦战，于是命令对沃什（Wash）以北的工业城市实施昼间袭击。由于目标距离太远，德国轰炸机得不到强大的Bf 109战斗机的护航，只能依靠Bf 110，后者航程足够，但缺乏格斗能力。100架轰炸机和40架护航战斗机扑向泰恩赛德（Tyneside）。然而，德军不知道的是，尽管南部的战斗持续进行，道丁仍然将7个战斗机中队北移，既

▲▼ 对飞行员来说，击落敌机最有效的方法是从阳光下以最大速度俯冲，并在向上拉起的时候在目标下方和后方以最近的距离开火。维尔纳·莫尔德斯（Werner Molders，左图）是德国空军最年轻的联队长，他意识到密集队形在这类攻击中的弱点，于是设计了"双机"队形（下图）以克服弱点。长机（1）由僚机（2）伴随，后者在较低的高度向太阳一侧飞行。长机是攻击者，僚机是防御者，监视着太阳方向的攻击，它们旁边的是第二个双机编队的长机（3）及其僚机（4）。如果后方遭到攻击，飞行员将采用简单的"交叉"转弯，颠倒原编队的顺序，或者一对向左转，另一对向右转。如果攻击方的飞行员紧随右转的双机编队，则向左转的双机飞出一个完整的圆圈之后来到了他的后方，反之亦然。

▲▼ 不列颠之战开始时，英军仍然采用V形编队，这种编队通常由3架飞机组成。它们形成了一个紧密、容易遭到攻击的目标，外围的两架飞机花在保持编队上的时间多于搜索敌机的时间。此后，王牌飞行员、中队长"水手"马兰（左图）展示了非凡的战术技巧。他没有将中队分为4个3机小组，而是组成3个4机小组（下图）。这种看起来并不明显的改变实际上意义重大，因为作战时他的3个小组很容易分解，迅速成为两个双机编队。这样，任何一位飞行员都不会失去战友的支援。

是为了休整，也是为了防御该地区。他们在那里迎战德军，共有37架德军飞机被击落，其中大部分是轰炸机，两名英国飞行员受伤。此后，德军再也没有对英格兰北部进行昼间攻击。

此时，戈林敦促飞行员集中力量击落英国飞机、破坏其机场并摧毁飞机制造厂和辅助的工业设施，从而粉碎他认

大后方

尽管警示之声不断，希特勒对法国的闪电战也造成了可怕的影响，但英国人民却迟迟没有意识到自己所处的危险境地。随后，1940年初夏，敦刻尔克奇迹和法国陷落接踵而来。仅仅过了阳光灿烂的几周，巨大的危险突然降临。公众的态度立刻发生了转变。

正如丘吉尔后来在《第二次世界大战》（*The Second World War*）中所写："这一时期，所有英国人都竭尽全力地工作和奋斗，空前团结。男人和女人们在工厂的车床和机器前辛劳工作，直到力尽倒地，不得不被拖走并勒令回家，而他们的位置早已由新来的人占据。所有男人和许多女人都渴望着拿起武器……没有什么能

比入侵的威胁更触动英国人，这是千年以来从未有人体验过的现实。广大民众都下定决心，不成功，便成仁。"

响应号召的并不仅是健壮的青年。保家卫国是至高无上的使命，老人（往往包括体弱多病者）也大批应征加入本土防卫志愿军。不久，丘吉尔恰如其分地将这支部队改名为"英国国民军"（Home Guard）。他们最初只配备了用于操练的扫帚杆，后来则配发了步枪，但是大部分是过时型号，弹药也有限。然而，几周过后，这支部队的人数很快达到近150万人，也接收了有效的武器。凭借着他们的献身精神和愿为救国大业赴死的决心，德国人如果试图入侵，将会遇到强大的抵抗。他们还从军队手中接管了警卫任务，并提供了一支有组织

的瞭望部队。

所有人都被调动了起来。住在距离工业中心太远而无法到工厂工作的女性为孩子和老人买菜做饭；其他一些妇女则充当信使，或者为撤离大城市的儿童提供住处。成千上万达到服役年龄的男子蜂拥而来，加入防空署（ARP）或者担任消防队的辅助人员，而年轻姑娘则自愿加入各军种的女性部门，或者在土地上劳作以筹集必需的食物。就连孩子也发挥着火灾警戒员的作用。大家都有团结一致的感觉，体验到了一种令人振奋的社区归属感。希特勒第一次（但不是最后一次）面对一个充满勇气的民族，人们决心保卫祖国和自由，不惜付出任何代价。

POLICE NOTICE
AIR RAID DANGER
Conceal your Lights

All windows, skylights, glass doors, etc., in private houses, shops, factories, and other premises must, as from to-day, be completely screened after dusk, so that no light is visible from the outside. Dark coverings must be used so that the presence of a light within the building cannot be detected from outside.

All illuminated advertisements, signs and external lights of all kinds must be extinguished, excepting any specially authorised traffic or railway signal lights or other specially exempted lights.

Lights on all vehicles on roads must be dimmed and screened. The Police will issue leaflets describing the restrictions to be observed.

THESE MEASURES ARE NECESSARY FOR YOUR PROTECTION IN CASE OF AIR ATTACK.

◀ 英国政府使用一切手段向民众传达指示和建议。例如，英国卫生部制作了布告，以宣传其将儿童从遭到炸弹破坏的城市转移到乡间的计划，以及严格实施灯火管制的政策。有些过于热心的管理人员甚至训诫在街上划火柴的人。

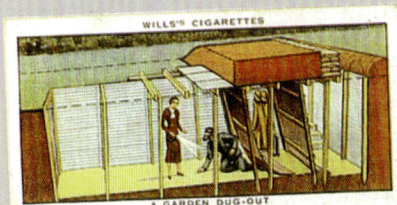

LEAVE THIS TO US SONNY — **YOU** OUGHT TO BE OUT OF LONDON

MINISTRY OF HEALTH EVACUATION SCHEME

▲▶ 布告不仅出现在公共场合的建筑物（包括火车站和工厂食堂）上，还见诸报章（上图），就连香烟盒（右图）上也说明了如何摘下防毒面罩、应对燃烧弹以及修建避弹室。

THE CIVILIAN RESPIRATOR — HOW TO REMOVE IT

REMOVAL OF INCENDIARY BOMB WITH SCOOP AND HOE

A GARDEN DUG-OUT

为已经奄奄一息的英国皇家空军。为了协助这些行动，他撤销了第5航空队从斯堪的纳维亚半岛远程攻击英国的行动，将施通普夫的一些飞机调到第2航空队和第3航空队，使它们可以在消耗抵抗力量上发挥更积极的作用。相反，他逐渐将容克Ju 87"斯图卡"俯冲轰炸机撤出攻击作战，因为它们太脆弱了。

从8月24日到9月6日的两周中，德国空军每天投入大约1000架飞机对英国展开空袭，这使英国战斗机司令部不断减少的资源紧绷到了极点。飞行员的伤亡造成了严重后果，幸存的飞行员还未从战斗的疲劳中恢复，就不得不被一次又一次地召回，日复一日地出击，以保持充足的防御力量。与此同时，地面人员做出了超人般的努力，确保在敌方造成严重破坏的情况下，重要的通信网络仍能运行。

正当德国空军的消耗战似乎将要压倒英勇作战、承受巨大压力的英国守军时，戈林下达了一道命令。这一次，他为道丁的部队提供了急需的喘息机会，使他们能在不列颠之战的最后阶段恢复能量。8月26日夜间，英国皇家空军轰炸机司令部的飞行员们对德国首都实施了一次空袭，令过分自信的德国大为震惊。这是奉丘吉尔的命令，对敌方轰炸机前一天晚上对伦敦平民投下炸弹做出的回应。英军的轰炸引发了德国对英国首都持续9周的恐怖轰炸。

不列颠之战的转折点出现在9月7日，在德国空军几乎成功粉碎战斗机司令部时，戈林抽调部队，以便集中力量进行大规模轰炸，主要目标是伦敦。闪电战开始了，英国皇家空军却迎来了喘息的机会，尤其是苦战后十分疲惫的第11大队，抓住这个时间疗伤，并补充新的飞行员和飞机，在一定程度上恢复了实力。与此同时，希特勒仍然在制订立即入侵英格兰南部的计划（可能于9月20日发动），不断追问戈林德国空军何时能打垮英国空军。戈林承诺很快就能实现这一目标，并准备在9月15日对伦

▲ 威克

▲ 莱西

联队长赫尔穆特·威克（*Helmut Wick*）于1936年加入德国空军，他在莫尔德斯的指导下，很快就证明了自己是第一流的战斗机飞行员。1940年11月被击落并在英吉利海峡溺毙之前，25岁的威克击落了56架飞机。

空军中士詹姆斯·莱西（*James Lac-ey*，绰号"生姜"）于战前加入英国皇家空军志愿预备队，以飞行教官的身份过着平民生活。1940年初夏，莱西曾在法国服役（第一天参加行动就击落了3架德国飞机），在不列颠之战中他击落了15架敌机（可能更多）。莱西是个幸运儿，多次被击落后逃生。

◀将要坠落的飞机如果位于英吉利海峡上空，飞行员总是会跳伞，因为战斗机会立即沉没。德国飞行员头戴黄色无檐帽，配备海染剂、闪光信号枪和小艇。位于海峡中的救生筏携带4人份的救生设备，以及用于堵上枪袭击造成的孔洞的木棒和木钉。亨克尔He 59浮筒式水上飞机在德国海军救援船的支持下，在英吉利海峡搜寻幸存者。英国飞行员不得不依靠充气式救生衣，这种救生衣在恶劣海况下几乎不可能充气。当时还没有为落水的英国皇家空军飞行员组建任何救援组织，因此他们只能依靠偶然遇见的近海航运船只，或者驻扎在沿岸的少数高速救援汽艇。

指挥官

▲ 帕克

▲ 戈林

▲ 道丁

英国空军上将**休·道丁爵士**（1882—1970）性情孤僻，朋友很少，他对空战的理解胜过了其他任何一位英国指挥官。他是一位知人善任的领导者，不断地增强战斗机司令部的士气，选择空军少将**基思·帕克**（1892—1975）担任第11大队队长，负责东南部的前线防御，也是明智之举。

帕克是一位积极进取的优秀战术家，在法国和敦刻尔克有过许多战斗经历。1942年7月，他接掌马耳他的指挥权，立即推出了在敌方轰炸机飞越海岸之前进行拦截的计划，节约了时间，拯救了英军士兵的生命和飞机。1944年，他成为中东空军总司令，1945年转任东南亚空军总司令。

英国空军中将**特拉福德·利-马洛里**（1892—1944）是野心勃勃的阴谋家，因为没有得到第11大队的指挥权而怀恨在心，成了道丁的诋毁者之一，做了很多破坏后者权威的事情。1943年年底，利-马洛里被任命为诺曼底登陆行动的盟军远征军空军指挥官。

德国空军总司令、元帅**赫尔曼·戈林**（1892—1946）极富野心和虚荣心。尽管他是第一次世界大战中的王牌飞行员，但对指挥大编队作战毫无经验。因此，他对英国的轰炸毫无计划，只依赖数量上的优势和大规模攻击的效果。他对目标的选择很随意：第一夜袭击朴次茅斯，第二夜攻击考文垂，第三夜可能是利物浦。这给了每个城市恢复的时间，没能在市民中造成他所想要的恐慌情绪，这种情绪需要对一个目标进行多个晚上的无情轰炸才能产生。

戈林麾下第2航空队指挥官、空军元帅**阿尔贝特·凯塞林**（1885—1960）在7年前还是一名陆军军官，但到了1940年，他已经成了空战的热心支持者。他是一位天才的即兴表演家，后来在意大利担任指挥官时，面对盟军的压力，他展现了自己的能力。

德国空军元帅**胡戈·施佩勒**（1885—1953）身材魁梧，时任第3航空队指挥官。他是第一次世界大战中的飞行员，后曾在西班牙内战中指挥"秃鹰军团"，飞行经验比其他任何一位德国空军指挥官都丰富。与戈林一样，他因为贪恋奢侈生活而名誉扫地。

▲ 英国皇家空军飞行员常常要在连续一周甚至更长的时间内，每天出动多达6次，得不到喘息的机会，因而疲劳不堪。他们抓住一切机会休息，正如一位飞行员所说："我们累得连酒都不想喝。"

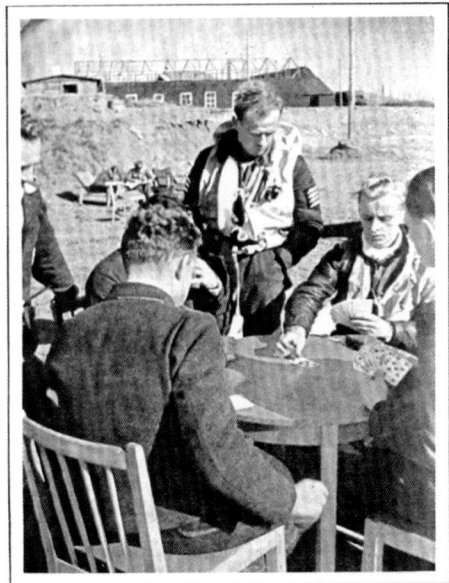

▲ 比起英国飞行员，德国空军飞行员执行任务的时间更长，但频率没那么高，而且常常有休息的时间。图中他们正在法国北部的机场打牌，等待着紧急起飞的命令。

敦和英国南部的其他目标发动一次投入兵力最大的行动。然而，德军当天实施的长时间轮番空袭虽然使第11大队不得不付出最大的努力，但他们还是被驱散了，入侵者遭受了严重的损失。此后，由于天气恶化，希特勒不断接到英国皇家空军在英吉利海峡地区的活动并未减弱的报告。"海狮行动"推迟，随后被取消了。

到10月，不列颠空战中标志性的激烈而快速的格斗已经减少，年轻的"喷火"和"飓风"战斗机飞行员真正赢得了丘吉尔那名垂千古的褒奖："在人类冲突的领域，从来没有这么少的人，为这么多的人做出了如此之大的贡献。"从7月起，英国皇家空军摧毁了大约1500架德国飞机，自己则损失了大约900架飞机。

这一伟大胜利的缔造者道丁和帕克并没有在历史上得到应得的认可。他们共同商定的战术是派出严密控制的小股战斗机部队，在敌方编队造成巨大破坏之前将其打乱，这一点受到了许多批评。最主要的批评者是第12大队指挥官、空军中将特拉福德·利-马洛里(Trafford Leigh- Mallory)，他因为在第11大队主导作战行动时只能发挥辅助作用而感到恼怒。他倡导"紧急起飞"（英国皇家空军的行话"Scrambling"，表示紧急出动截击机），以大量飞机迎战来袭敌方集群，在地面作战室干预最少的情况下尽可能多地击落敌机。

不列颠之战尚未结束，这场争论就导致了航空部的一次洗牌，道丁和帕克因为对抗德国空军时过于谨慎而受到指责。以今天的眼光来看，这件事不可思议。道丁（本应于7月15日退役，但被要求在危机中留任）被解职，帕克被调到训练司令部。利-马洛里调任第11大队指挥官，后来又成为战斗机司令部的指挥官。

1940年9月7日（星期六），德国空军将注意力转向对伦敦的大规模轰炸。这一战术改变使他们付出了输掉不列颠之战的代价，因为他们没有意识到，对英国皇家空军战斗机司令部的持续攻击几乎已经使"飓风"和"喷火"战斗机飞行员疲惫到了极点。由于对首都的袭击已经为人所知，这次闪电战的第一次攻击始于傍晚，持续到次日凌晨4时30分，其中只有两小时的暂歇。炸弹如雨点般落在伦敦东区和各个码头上，引发了持续燃烧数日的大火。插图展示了22时过后不久从塔桥上向东看到的泰晤士河景象。当空袭警报解除信号最终响起，已有超过300人死亡，1300人重伤，大片房屋倒塌。伦敦人或许还不知道，他们将要再承受56天的连续猛烈轰炸。

对伦敦的闪电战始于将近12个小时的轰炸。一批又一批的亨克尔He 111（8）、道尼尔和容克轰炸机携带燃烧弹和高爆炸弹攻击了这座城市。大部分炸弹落在码头内或附近。

伦敦成了人间炼狱，但对于亲自驾驶"飓风"战斗机观察破坏情况的空军少将基思·帕克来说，这意味着已受到很大破坏的战斗机机场有了急需的喘息机会。

伦敦码头（1）燃起大火，西印度码头（3）和罗瑟西德（6）的火势也很凶猛。在泰晤士河上，消防船（7）英勇无畏地用消防水管灭火。

伦敦数英里范围内的每个消防设施都投入了使用。当萨里码头（4）贮存的木材燃起熊熊大火，超过300个水泵用于压制火势。骇人的热浪迫使消防船退到河的另一侧，即便如此，船身上的油漆仍然鼓起了泡。

拦阻气球（5）是伦敦防空措施的一部分，用于抵御低飞的飞机。这些巨大的气球系在钢缆上，于915米到1525米的高度飞行。

在其他地方，装满油漆、朗姆酒和橡胶的仓库起火，胡椒仓库爆炸，融化的糖将泰晤士河面也点燃了。

探照灯在夜空中画出了几何图形（2），因为操作手试图用光束定位敌机，以便高射炮手可以向其射击。

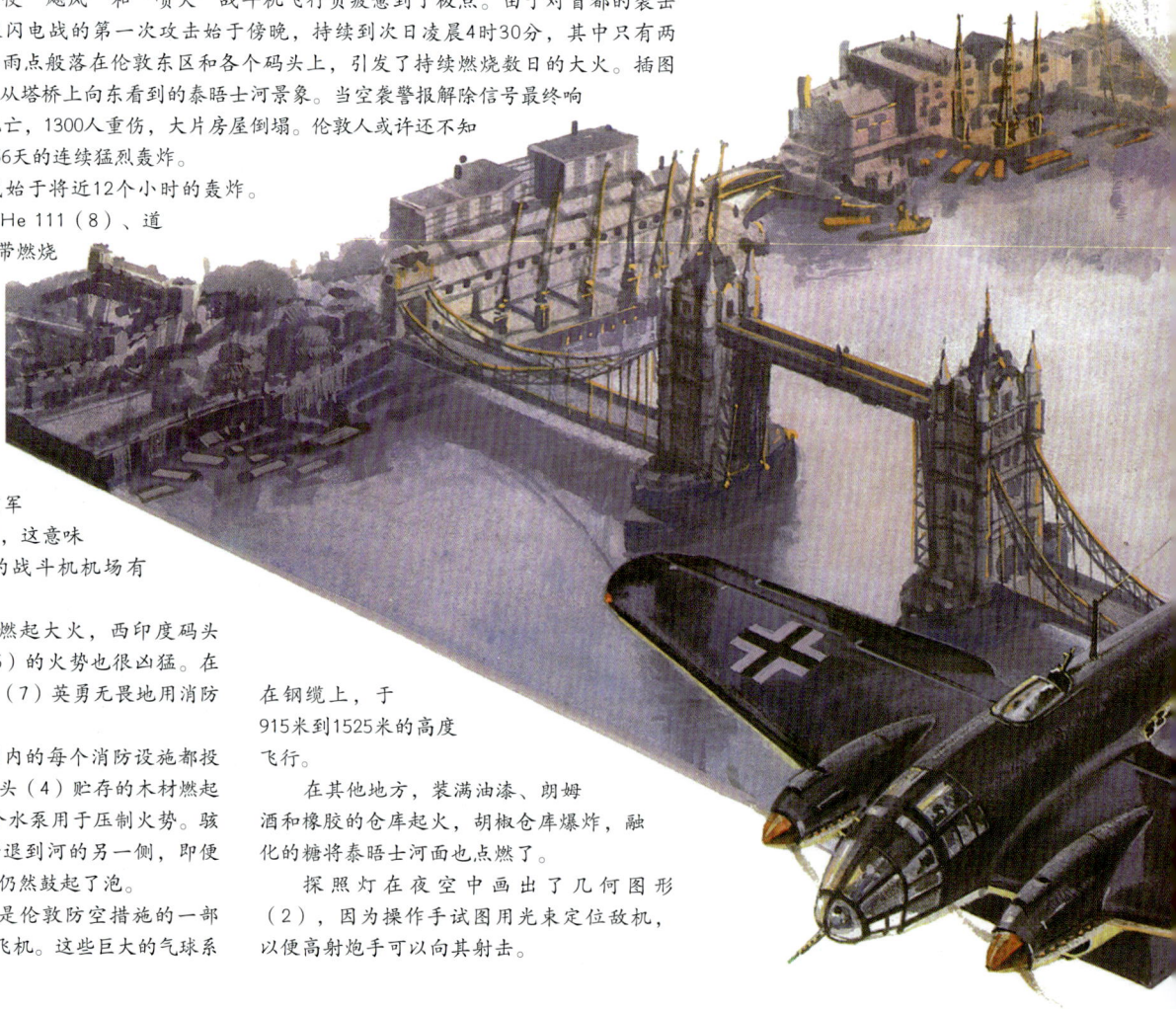

▲ 民防队徽章。

民防部门

在英国，1937年成立的防空署（Air Raid Precaution Service）成了最有效的民防部门之一。

防空署的管理人员是当地人，他们监管避难所，执行灯火管制规定，对即将到来的空袭发出警报，并在轰炸期间和之后进行宝贵而无私的救援。战争爆发时，辅助消防队由全职人员和提供支持的6万名志愿者组成，其中许多人很快就参军了。剩下的人在恶劣条件下长时间工作，控制轰炸造成的猛烈火情。他们的装备往往是临时拼凑的，比如早期伦敦的出租车被漆成灰色，充当消防车。救护队也竭尽全力，机动急救站配备一名医生和三名护士，负责救治伤员，直到他们被从废墟中挖出来。然后，辅助救护车司机（大部分是女性）沿着瓦砾遍地的街道将伤员送往医院，炸弹不断在周围落下，他们发现医院往往也被摧毁了。

击沉"俾斯麦"号，1941年5月

与纳粹德国的战争开始时，英国统治着海洋，但强大且无处不在的英国皇家海军并没能阻止希特勒兵力严重不足的海军重拾第一次世界大战中德国海军的战略。德国人希望，如果这次能够更加积极地实施这种战略，有可能使英国因物资匮乏而屈服。这种战略就是袭击商船，其成功取决于德国击沉尽可能多的非武装商船，同时避免与英国皇家海军战舰交战。德国希望通过这种方式，夺走这个敌对岛国的重要原材料、食品和战争物资供应。

两次世界大战之间，德国海军复兴，他们无视条约对舰船吨位和类型的限制，秘密开始建造超过允许数量的U艇（潜艇），并建造了驱逐舰、重巡洋舰（有时称作"袖珍战列舰"），最终建造了真正的战列舰。

然而，与英国的战争比预期更早爆发，德国海军总司令埃里希·雷德尔（Erich Raeder）元帅还远没有拥有与英国皇家海军规模相当的舰队。不过，他可以立即部署U艇和巡洋舰打击盟国货船，如"格拉夫·斯佩海军上将"号（Admiral Graf Spee）和"德意志"号（Deutschland）。

尽管"格拉夫·斯佩海军上将"号在1939年12月的拉普拉塔河口海战中被凿沉，德国海军在入侵挪威时遭到了沉重损失，但雷德尔继续鼓励在大西洋袭击商船。

从1940年下半年到1941年年初，英国商船队在大西洋之战中受到了越来越大的打击，沉重的负担落在英国皇家海军肩上，他们要在危险的旅程中保护脆弱的商船。1941年3月，德军创纪录地在一个月内击沉了35万吨的货船，随着击沉商船的速度越来越快，雷德尔感觉到，给英国海上生命线施加更大压力的机会来了。

除了U艇组成的"狼群"，他决

德国的"Z计划"

1937年11月，希特勒向军队长官们明言，他打算与英国开战。虽然在陆军和空军方面占据优势，但德国海军较为孱弱，希特勒命令一个专门委员会研究以何种方式建设海军力量最为合适。该委员会于1938年提交报告称，只有两种选择：建设一支袖珍战列舰（如"格拉夫·斯佩海军上将"号）舰队并建造U艇，所需的时间比较短；另一种选择是建设战列舰和巡洋舰舰队与英国皇家海军抗衡，这至少需要7年。希特勒和雷德尔选择了后者。

这支所谓的"Z计划舰队"分为4个集群：一支部队负责牵制英国本土舰队，另一支实施对商船的袭击，其余两支快速打击部队对它们进行支援。该计划共需10艘战列舰、3艘袖珍战列舰、16艘巡洋舰、2艘航空母舰、190艘U艇和大量驱逐舰。

战争爆发时，这一计划几乎还没有开始。英国当时是世界头号海军强国，在战列舰上对德国有7∶1的数量优势，巡洋舰有6∶1的优势，驱逐舰数量更是达到9∶1。德国的"俾斯麦"号、"提尔皮茨"号（Tirpitz）战列舰和"齐柏林伯爵"号（Graf Zepplin）航空母舰已经下水，但尚未完工；第一艘"Z计划"战列舰"H"号刚刚铺设龙骨，摧毁英国商船队所需的U艇只建造了六分之一。因此，雷德尔决定使用其U艇，对北大西洋的英国船只实施迅速的毁灭性攻击。

▲ 因"Z计划"诞生的6万吨级战列舰H44。

▲ 德国第一艘航空母舰——"齐柏林伯爵"号。

▼ "俾斯麦"号战列舰得名于德国名相奥托·冯·俾斯麦（Otto von Bismack）。1939年2月，俾斯麦的孙女在汉堡的布洛姆-福斯船厂主持了该舰的下水仪式。希特勒等纳粹领导人参加了这场国家盛典。1940年8月，"俾斯麦"号服役。该舰是当时威力最大的水面舰艇，其强大的武备包括安装在4个炮塔中的双联装15英寸主炮（两座炮塔在前，两座炮塔在舰艉）。此外，它还有许多副炮和近距武器。

英国人知道，要赢得对德战争的胜利，必须保障从美国和加拿大运送补给、食品和军事装备的船队通行。一旦西欧被德国占领，大西洋战场就变得更加重要。

英国很幸运，尽管德国海军高级将领提出实施全面封锁，但希特勒最初低估了这种重要性。一切都取决于英国控制西半球海上航道的能力，它立即根据第一次世界大战的样板，建立了一个护航体系。护航队遭到了猛攻，但它们取得了成功。1939年12月，英国人的士气得

到了提振，在3艘火力不及自身的英国军舰骚扰下，德国袖珍战列舰"格拉夫·斯佩海军上将"号被凿沉于蒙得维的亚的拉普拉塔河口。

护航路线由许多因素决定，尤其是天气。例如1943年年初，大西洋之战正处于高潮时，北大西洋的海况是50年中最糟糕的，许多商船遭遇巨浪沉没。

护航队不能选择较为平静、更靠南面的路线，因为这样会超出驻扎在冰岛的巡逻机的航程，使之暴露在U艇的攻击之下。同样，前往

苏联北部港口的护航队必须勇闯北极圈，以便避开来自德军挪威基地的空袭。

北大西洋最安全的护航路线是先向东北方航行，利用来自纽芬兰的空中掩护，然后向东航行，在英国皇家空军保护下前往英格兰和苏格兰北部港口。北大西洋的广阔洋面仍然没有空中掩护，整个中大西洋也是如此，那里有德军的一个加油区。

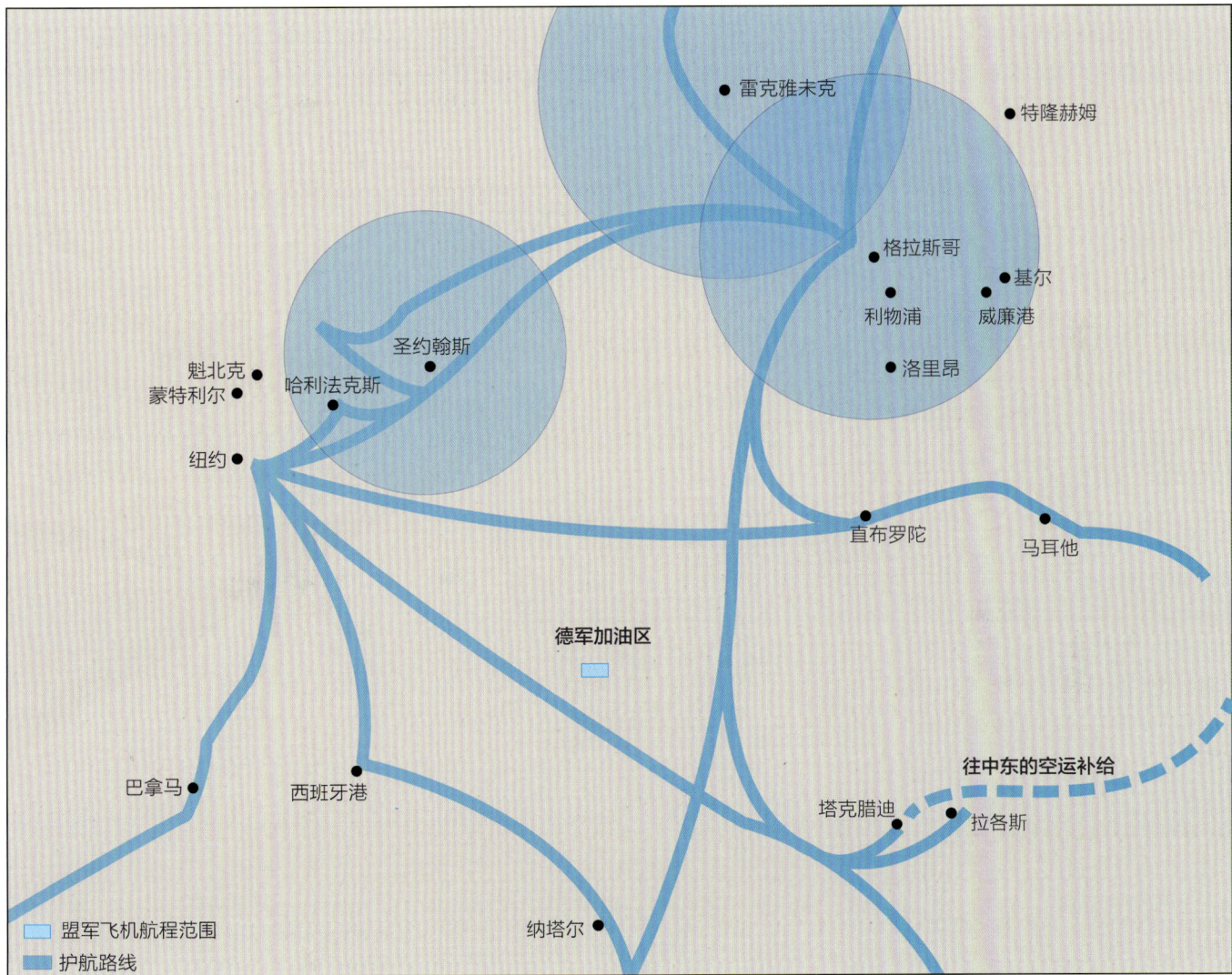

定向大西洋贸易航线派出一支水面舰艇部队，在商船队中制造恐慌。这支部队的舰队司令是海军上将君特·吕特晏斯（Günther Lutjens），他奉命率领有袭击商船经验的"沙恩霍斯特"号（Scharnhorst）和"格奈森瑙"号（Gneisenau）两艘战列巡洋舰，新建的重巡洋舰"欧根亲王"号（Prinz Eugen），以及新鲜出炉、由海军上校恩

斯特·林德曼（Ernst Lindemann）担任舰长的战列舰"俾斯麦"号（Bismack）。1940年8月，也就是"俾斯麦"号服役8个月之后，林德曼报告，该舰以创纪录的时间完成了海事和舰员的作战训练，已经形成了战斗力。

当时，战争中发生的变故打乱了雷德尔的计划。首先，"沙恩霍斯特"号的锅炉出现了严重的问题；接着，"格

奈森瑙"号被鱼雷重创；最后，"欧根亲王"号触雷。尽管吕特晏斯心存疑虑，雷德尔仍决定仅使用"俾斯麦"号和"欧根亲王"号继续他所谓的"莱茵演习"（Exercise Rhine）。

5月12日，吕特晏斯及其参谋人员与林德曼在德占波兰港口哥滕哈芬（Gotenhaven，今格丁尼亚）会合，为长达3个月的北大西洋奔袭做最后的准备

工作。6天之后，"俾斯麦"号和"欧根亲王"号开始了它们的重要旅程，由于装载时出现故障，前者的燃料舱并未装满。旅程的初段，它们得到了驱逐舰的反潜屏护和德国空军的空中掩护。

虽然这两艘军舰秘密离港，但它们于5月20日白天穿越卡特加特海峡时被中立国瑞典发现。同情盟国的一名瑞典特务机构成员向英国驻斯德哥尔摩的海军武官通报了德舰的调动情况，后者适时向伦敦的海军部发出了警告。挪威抵抗组织发出的一条信息也证实了此事。

5月21日，"俾斯麦"号整天都藏匿于卑尔根（Bergen）以南的格里姆斯塔峡湾（Grimstadfjord），"欧根亲王"号和驱逐舰则前往与油船的会合点。（"俾斯麦"号虽然燃油不足，但没有得到命令使用这一加油点，这也决定了它后来的命运）当时，一名目光敏锐的英国皇家空军侦察机飞行员发现了"俾斯麦"号所处位置并拍下了照片，但当英国轰炸机抵达峡湾时，它已趁着恶劣天气和夜色溜走了，而机组人员没有意识到这一事实，发动了盲目的攻击。

5月22日凌晨，两艘德国大型军舰离开了护航的驱逐舰，取道冰岛和格陵兰岛之间狭窄、多雾的丹麦海峡，试图神不知鬼不觉地进入北大西洋。

与此同时，英军一直在准备对策。本土舰队司令、海军上将约翰·托维（John Tovey）爵士提醒在北部水域的常驻巡逻舰，保持对两艘敌舰的严密监视。5月21日，他派出海军中将兰斯洛

▼ 1939年战争爆发时，德国海军迅速部署U艇和水面袭击舰，以击沉开往英国港口的商船，希望扼制英国的大西洋补给线。英国海军部立刻重新建立护航体系，第一次世界大战证明，该体系能成功应对威胁。
护航队通常包括45～50艘舰船，分布在52平方千米的海面上，组成多个纵队，各队之间相距1千米。
理论上，如图所示，护航舰艇分布于护航队边缘，以保护护航船队侧翼。先头部队在护航队之前，使用瞭望台、雷达和潜艇探测声呐装置探测敌船，并得到紧随其后的一艘救援船的支援。
当护航队遭到攻击，护航部队的舰艇将与之分离，前出搜索攻击者。这可能是一项危险的行动，因为会给防线留下一个缝隙，从而被其他U艇突破。
在实践中，一个护航队往往只有2艘或3艘护航军舰，战争初期，德国潜艇几乎可以任意击沉商船。

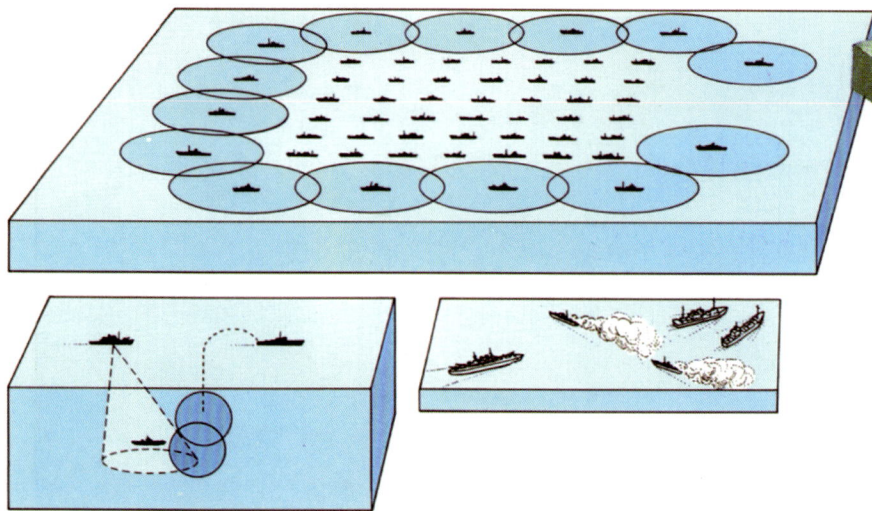

❺

▲ 下潜的潜艇航速比在水上时大大下降，而且无法得知水面发生的情况，因此很容易遭到深水炸弹的攻击。
最有效的攻击是由两艘护航舰艇协同进行的。其中一艘通过声呐持续监视潜艇，这种装置通过声波在艇体上的反射来探测下潜的潜艇。该舰遂用无线电向第2艘护航舰报告U艇的位置，后者迅速前往该位置投下深水炸弹。
随着距离的增加，声呐发出的声波锥体也将增大，到达极限距离时，其精度就很不可靠了；而且，这个锥体发射点很窄，对275米以内的距离无效。U艇的最佳逃生机会是改变航向，径直冲向或远离驱逐舰。
深水炸弹由一定时引信引爆，时间根据声呐指示的潜艇深度确定。

▲ 遇到水面袭击舰时，如果攻击部队实力非常强大，作为最后手段，将由高级军官命令护航队分散行动。此后，每艘商船保持无线电静默，在没有保护的情况下往目的地。
"呈扇形散开、全速前进"的信号采用简单、易于理解的规程。位于中央的纵队（当队列数为偶数时，则为中央两列中靠右者）继续前进，两侧的纵队向左舷或右舷转向10度，下一个纵队则转向20度（比相邻队列多10度），以此类推。
通过这种方式，紧凑的护航队呈慢慢展开的扇形分散。袭击舰随后将攻击某些船只，但这种机动通常能确保大部分船只的安全。

护航队由大量商船（1）组成（往往有40艘以上），由少数英国皇家海军轻型护卫舰和驱逐舰护航。

福克-沃尔夫FW 200"秃鹰"式四发侦察机（2）常常从法国的基地出发，指示单独行动的U艇开往护航队目标。这种飞机有着在当时令人惊叹的3450千米航程和1633千克的炸弹载荷，还可以独自对船队实施袭击。

运送人员或易燃易爆货物（如军火或燃料）的船只通常被放在护航队的中央（3），因为人们相信这样做比较不容易遭到U艇的攻击，但情况并不总是如此。

在艰巨的大西洋之战中，反潜护航任务大部分落在轻型护卫舰（4）身上，这种小型军舰基于久经考验的米德尔斯堡捕鲸船设计，十分适合远洋航行。它们携带声呐和113千克深

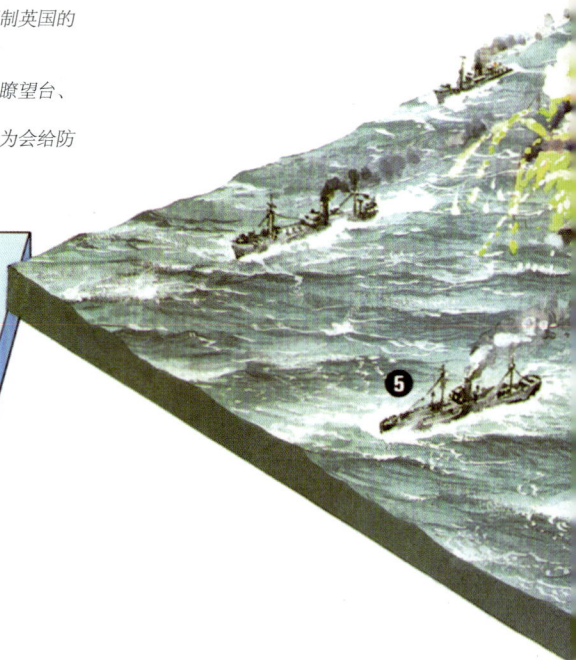

水炸弹。

　　每个护航队设一名指挥官（通常是海军准将），他的座舰始终在中央纵队的队首（5）。这名指挥官负责护航队的编组，监督各种外形、大小和速度的商船保持队形，在夜间、雾中和远海，他的任务非常艰辛，无人称美。

▶ "狼群"，指成群的德国潜艇，通常在夜间从水面上发动攻击，而在白昼则从水下攻击。理想情况下，U艇高速行驶到护航队前面，等到后者进入射程，从潜望镜深度发动攻击。水面攻击之所以在夜间进行，是因为在那时候，细长低矮的U艇在水中不容易被发现。U艇艇长偏爱水上攻击，因为这样他们能够控制大部分局势。

只要可能，攻击就会从上风位发动，对护航队的瞭望哨来说，这是最难搜索的阵位，潜艇最容易泄露行踪的艇首浪会被隐匿。

特·霍兰（Lancelot Holland）率领手下的区舰队迅速从斯卡帕湾（Scapa Flow）基地向北开往冰岛，提供所需的重火力。这支区舰队包括世界上最大的战舰（但并不是最强大的）——舰龄已有20年、装甲略显薄弱的"胡德"号（HMS Hood）战列巡洋舰，以及新建的"威尔士亲王"号（HMS Prince of Wales）战列舰，后者的14英寸主炮仍然存在问题，此外还有6艘驱逐舰。

次日，空中侦察表明德国军舰已从挪威水域消失，托维意识到它们将会开往大西洋，于是派出本土舰队的大部分兵力加入围猎，包括"乔治五世国王"号（HMS King George V）战列舰、"胜利"号（HMS Victorious）航空母舰、4艘巡洋舰和7艘驱逐舰。它们在海上将与另一艘战列巡洋舰"反击"号（HMS Repulse）会合。

在北大西洋的冰海中，英国军舰和飞机在波涛中搜寻着"俾斯麦"号和"欧根亲王"号。5月23日7时22分，海军少将弗雷德里克·威克-沃克（Frederick Wake-Walker）麾下正在丹麦海峡巡逻的"萨福克"号（HMS Suffolk）巡洋舰发现了敌舰。"萨福克"号凭借强大的新型雷达锁定德舰，并在威克-沃克的旗舰"诺福克"号（HMS Norfolk）伴随下开始尾随它们，同时制订拦截计划。20时30分，英舰与"俾斯麦"号发生了计划外的小规模交火，双方齐射了几次，英国军舰没有受损，但由于火炮发射引起的震动，"俾斯麦"号前方的雷达无法使用，导致它在正面如同盲人。之后，两艘德国舰艇继续行进，由"欧根亲王"号领头。

次日清晨5时30分刚过，"胡德"号和"威尔士亲王"号追上了它们的猎物，在火炮数量上，它们占据了明显的优势：英舰有8门15英寸舰炮和10门14英寸舰炮，而德军只有8门15英寸炮和8门8英寸炮。然而，霍兰中将并没有使用所有炮塔，而是斜向靠近目标，只用前方舰炮开火。

双方舰队

▼ "俾斯麦"号战列舰。最高航速30节，主要武备：8门15英寸舰炮和12门5.9英寸舰炮。

▼ "欧根亲王"号巡洋舰。最高航速32节，主要武备：8门8英寸舰炮和12门4.1英寸舰炮。

从外形看，"欧根亲王"号和"俾斯麦"号完全相同，只是前者短52米。如果两舰以平行队形航行，英军瞭望哨只能看出这种差别。如果单独从远处看，几乎无法判断自己尾随或者将要攻击的是哪一艘军舰。"俾斯麦"号是当时最强大的战舰之一，排水量达4.2万吨，有着专门加强的厚重装甲。"胡德"号在格陵兰海战中就犯下了这个错误，它先向"欧根亲王"号开火，而没有给"俾斯麦"号造成麻烦。

▼ "胡德"号战列巡洋舰。最高航速32节，主要武备：8门15英寸舰炮和14门4英寸舰炮。

▼ "威尔士亲王"号和"乔治五世国王"号战列舰。最高航速28节，主要武备：10门14英寸舰炮和16门5.25英寸舰炮。

▼ "声望"号（HMS Renown）战列巡洋舰。最高航速30节，主要武备：6门15英寸舰炮和17门4英寸舰炮。

▼ "胜利"号航空母舰。最高航速31节，主要武备：16门4.5英寸舰炮和33架飞机。

▼ "皇家方舟"号（HMS Ark Royal）航空母舰。最高航速31节，主要武备：16门4.5英寸舰炮和160架飞机。

战争爆发时，尽管德国从1935年希特勒撕毁《凡尔赛和约》之后就制订了密集的造舰计划，但英国仍是世界第一的海军强国。德国建造的舰艇包括"沙恩霍斯特"号和"格奈森瑙"号战列舰，以及U艇、巡洋舰、驱逐舰和强大的"俾斯麦"号战列舰。

然而，10∶1的数量优势并没有给英国带来纸面上看到的那种优势。英国的资源利用率已经到了极限，因为它的舰艇不得不在大西洋、地中海和远东海域巡逻。而且，德国军舰几乎都采用了现代化的设计，而许多英国主力舰却到了服役期的末

段。在追击"俾斯麦"号的主力舰中，"胡德"号已经服役了20年，尽管航速快且有强大的火力，但装甲不足。"反击"号战列巡洋舰更为老旧，主炮比"俾斯麦"号少两门，装甲薄弱且携带的燃油不足以远航。

另一方面，"威尔士亲王"号战列舰又太新了。它在两个月前才加入舰队，船仍有工人，机械装置尚未磨合，船员也没有完全习惯一起工作。"胜利"号航空母舰也是如此，"剑鱼"式鱼雷轰炸机飞行员甚至没有时间演练在母舰甲板上着陆。

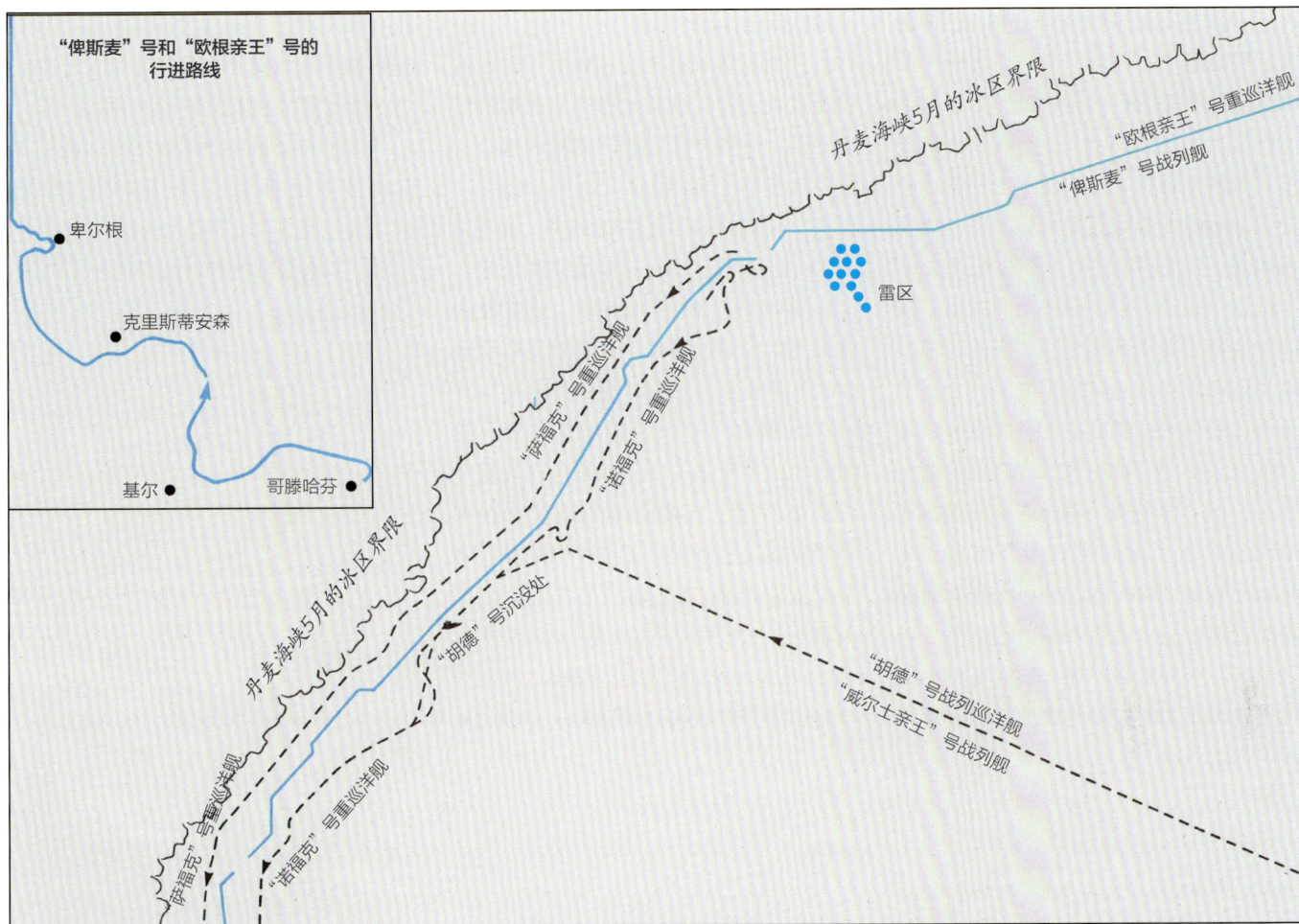

地图标注：
"俾斯麦"号和"欧根亲王"号的行进路线

卑尔根
克里斯蒂安森
基尔
哥滕哈芬

丹麦海峡5月的冰区界限
"欧根亲王"号重洋舰
"俾斯麦"号战列舰
雷区
"萨福克"号重巡洋舰
"诺福克"号重巡洋舰
丹麦海峡5月的冰区界限
"胡德"号沉没处
"萨福克"号重巡洋舰
"诺福克"号重巡洋舰
"胡德"号战列巡洋舰
"威尔士亲王"号战列舰

1941年5月18日，"俾斯麦"号和"欧根亲王"号在海军上将吕特晏斯的指挥下，从哥滕哈芬起航前往卑尔根附近的一个峡湾。

很明显，德舰准备突入大西洋，但它们将采用哪条路线？它们可能开往苏格兰以北、设得兰群岛以南，或者设得兰群岛以北、法罗群岛以南。它们还可以通过法罗群岛以北、冰岛以南，或者冰岛和格陵兰岛之间的丹麦海峡。

吕特晏斯选择了最后一条路线，结果在5月23日被"萨福克"号重巡洋舰发现，该舰配备最先进的雷达，即便在最恶劣的天气中仍能锁定敌人。它始终紧随"俾斯麦"号，并利用浓雾不被敌人发现。"胡德"号战列巡洋舰、"威尔士亲王"号战列舰和6艘驱逐舰立马前往封锁丹麦海峡南端。

▶ 5月21日，英国海岸司令部的空军中尉萨克林（Suckling）驾驶一架"喷火"侦察机，在格里姆斯塔峡湾中拍摄到了"俾斯麦"号。空中侦察在第二次世界大战期间非常重要，因为这是得到敌方信息的最快手段。
萨克林看到"俾斯麦"号是英军首次知道该舰的位置，在后来的追击中萨克林跟丢了目标，直到海岸司令部的"卡塔琳娜"飞艇再次发现了它。如果没有这些空中侦察行动，"俾斯麦"号可能在无人察觉的情况下抵达大西洋中部。

双方的交火只持续了6分钟。"俾斯麦"号痛击了"胡德"号，后者断为两截，与1417名官兵一起沉入海底。

随后，"俾斯麦"号和"欧根亲王"号修正目标，与"威尔士亲王"号交火，后者的主炮反复出现问题，自服役以来一直饱受困扰。有8枚炮弹命中"威尔士亲王"号，舰长下令撤出了战斗。吕特晏斯任其离去。"胡德"号沉没的消息震动了英国皇家海军，令整个英伦三岛为之惊骇，也令全世界胆寒。"欧根亲王"号在短暂的遭遇战中毫发未伤，但"俾斯麦"号被击中三次，其中两次宣告了它的末日即将到来。此时，它舰艏低俯，2000吨海水在其前舱翻涌，由于一个油箱开裂，它留下了一条油迹。因为油料不足，该舰不得不牺牲逃脱追击者所必需的速度，以保证燃油足以抵达合适的港口。

此时，舰长林德曼和舰队司令吕特晏斯最关心的是拯救这艘受损战舰的最佳手段。吕特晏斯不顾林德曼的建议，决定向南开往圣纳泽尔（St. Nazaire），在德国占领的法国南部寻求维修，而不是向北回到本土，这是一个宿命般的决定。

英国海军部从"胡德"号沉没的惊人消息中缓过神来，开始着手集结强大的英国皇家海军打击德国袭击舰，此时"萨福克"号、"诺福克"号、受损的"威尔士亲王"号和来自已故霍兰海军中将麾下区舰队的驱逐舰仍在尾随"俾斯麦"号。除了在"俾斯麦"号东南方大约800千米航行的托维舰队，H部队——海军中将詹姆斯·萨默维尔（James Somerville）爵士率领的1艘航空母舰、2艘巡洋舰和6艘驱逐舰——奉命从直布罗陀北上。在北大西洋的每一艘英国军舰，无论是否在执行重要的护航任务，都收到了拦截这两艘德舰的信号。

尽管加油的困难最终影响了集结部队的努力，但英国皇家海军在5月23日日终之前还是部署了5艘战列舰、2艘航空母舰、14艘巡洋舰和21艘驱逐舰来打击这2艘敌舰。

1941年5月24日一早，"俾斯麦"号和"欧根亲王"号向南穿过丹麦海峡时，遭到了霍兰海军中将所率战列巡洋舰区舰队的"胡德"号和"威尔士亲王"号的拦截。"胡德"号是当时世界最大的军舰，两艘英国军舰的火炮数量加起来在德舰之上。

或许是因为"胡德"号甲板的装甲较为薄弱，霍兰选择从斜向靠近猎物，因此只有一半的主炮能够攻击敌人。

在5时32分开始、仅持续6分钟左右的交火中，"胡德"号被"俾斯麦"号击中爆炸。

▼ "胡德"号于1920年服役，几乎是英国同级重型军舰中的最后一艘，该级战列巡洋舰曾在1916年的日德兰海战中饱受困扰，因为其甲板装甲不够厚重，无法抵挡大口径火炮的远程打击。但是，即便在"胡德"号1939年进行的改造中，这一缺陷也没有得到弥补。

"俾斯麦"号在19千米距离上的致命齐射，使炮弹呼啸而至，几乎垂直击穿了"胡德"号未经加强的甲板，落入水线以下的弹药库。"胡德"号发生大爆炸，并在两分钟内就沉没了。1420名舰员中，只有3人幸免，他们所在位置如图所示。

1. 海军候补少尉邓达斯
2. 信号员布里格斯
3. 一等水兵蒂尔本

◀ 一等水兵蒂尔本是"胡德"号的三名幸存者之一，他获救的细节直到很久之后才公布。

"胡德"号在双方开始齐射时便被击中起火。随后，当海军中将霍兰命令左转20度，以使用后主炮时，灾难降临。"俾斯麦"号射出的一发15英寸炮弹穿入舯部的弹药库，猛烈的爆炸（4）使这艘巨舰断成两截。

"欧根亲王"号上的一名目击者回忆道，他看见"胡德"号后部巨大的15英寸炮塔（1）像羽毛一样被抛向空中。令人费解的是，没有人听到爆炸声。

烟柱和火焰升上高空，其中点缀着"胡德"号炮弹爆炸引发的白色闪光（2）。一名水兵后来说，这看起来"像是巨大的圣诞节爆竹"。

"俾斯麦"号上的观察哨惊讶地看到"胡德"号的两门15英寸前主炮（3）在舰艏扬起时发出最后一次齐射，随后这艘被击中的军舰沉入波涛之下，但这可能是连接的电路造成的偶然爆炸。

几秒钟之后，"胡德"号沉入海底，只在空旷的大海上留下一团翻腾的浓烟。

在"俾斯麦"号上,吕特晏斯也在制订自己的计划。考虑到旗舰受到的损伤和较小的"欧根亲王"号很快就会耗尽油料,他决定两舰分头行动。"俾斯麦"号将竭力摆脱追击者,以笔直的航线开往圣纳泽尔;"欧根亲王"号将离开编队与一艘油船会合,然后开始袭击商船。由于天气恶劣,它们在5月24日的第一次分兵尝试受挫,但几个小时后的第二次尝试取得了成功。在此过程中,"俾斯麦"号和威克-沃克的尾随部队发生了收效甚微的交火。与"大哥"不同,"欧根亲王"号最终抵达法国港口。

就在英国皇家海军继续追近的时候,海军上将托维进行了当天最后一次尝试,想要使"俾斯麦"号成为"跛子"。他命令"胜利"号航空母舰离队全速前进,进入发动攻击的距离之内——160千米,并派出舰载鱼雷轰炸机。9架"剑鱼"式双翼飞机冒着"俾斯麦"号的猛烈炮火前进,但只有一枚鱼雷命中目标,没有造成任何损伤。英军飞机没有任何损失,考虑到此时正值黑夜,它们全部返回"胜利"号堪称奇迹。5月24日午夜之前,"俾斯麦"号和"威尔士亲王"号再次在最大射程上相互开火,但都没有命中对方。

5月25日(星期日),"俾斯麦"号在31小时内首度摆脱了追击的英军舰艇。随后,英国皇家海军和皇家空军开始了疯狂的努力,试图再次寻找到目标。在这31个小时要过去的时候,从北爱尔兰起飞的英国皇家空军海岸司令部的一艘"卡塔琳娜"飞艇从云层的缝隙中再次发现了"俾斯麦"号。

托维所在的"乔治五世国王"号战列舰燃油即将耗尽,且距离太远无法拦截。实际上,托维手下的本土舰队大部分舰艇已经因为缺少燃油而折返。但是,萨默维尔所率的H部队从南方赶来,其中的"皇家方舟"号航空母舰上的飞机能够在天黑之前发动攻击。即便它们不能阻止"俾斯麦"号前进,至少可以减缓其逃跑的速度,让英军舰艇在

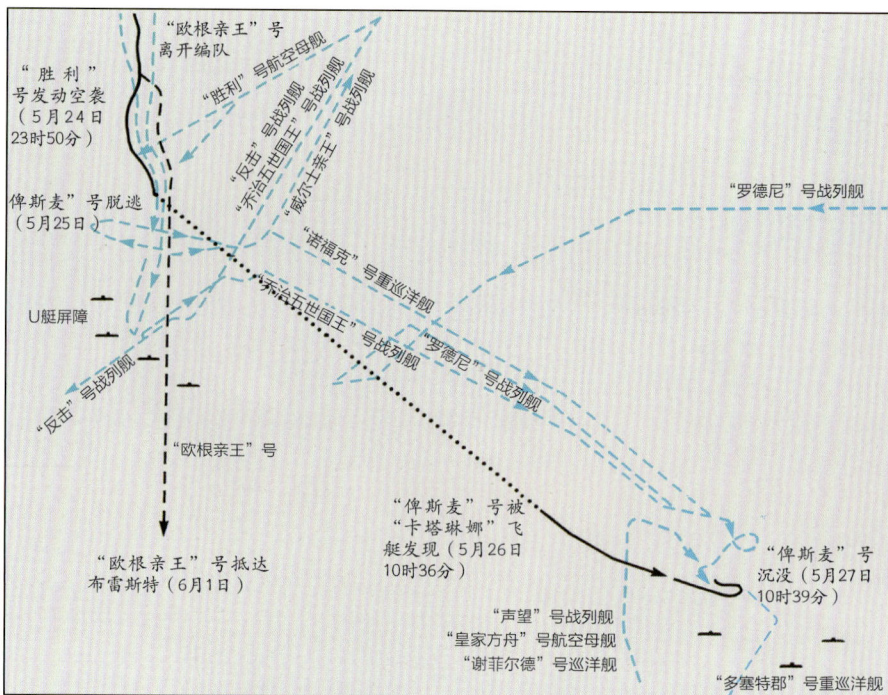

▲ 在直布罗陀海峡,海军中将萨默维尔率领的H部队(拥有"声望"号、"皇家方舟"号和"谢菲尔德"号)奉命追击"俾斯麦"号,为此投入了最大限度的火力。它们将与正在大西洋西部执行护航任务的"拉米伊"号(HMS Ramillies)和"复仇"号(HMS Revenge)战列舰会合。

"俾斯麦"号舰艉受到的损伤导致燃油不断流失。8时,吕特晏斯命令"欧根亲王"号离开编队,他本人则开始努力地摆脱追击者。

5月25日,他实现了这一目标,尾随的英国舰艇得到U艇可能发动进攻的警告,采用了之字形的反潜路线,导致左转时"俾斯麦"号短暂地从雷达屏幕上消失了。在一次这样的左转中,"俾斯麦"号向右转弯,在"萨福克"号和"诺福克"号身后转了一个圈,向南开往法国港口。

5月26日10时36分,英国皇家空军海岸司令部的一艘"卡塔琳娜"飞艇偶然地在距离法国海岸1110千米处重新发现了"俾斯麦"号。

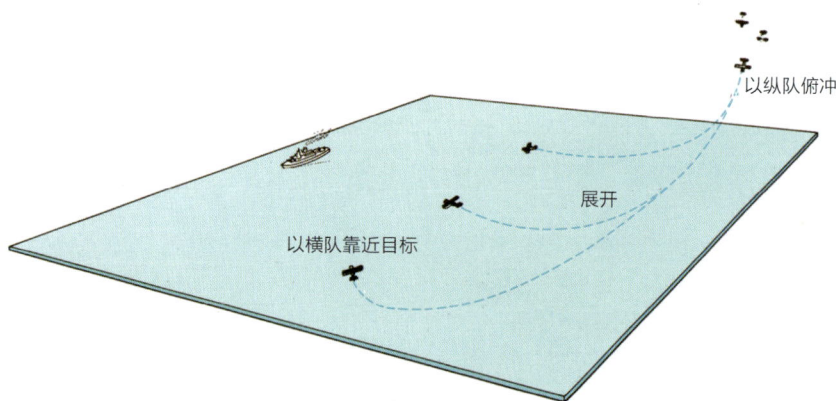

▲ 鱼雷轰炸机(如"剑鱼"式)在攻击舰艇时遵循一套固定的章程。它们以3架飞机为一组,排成纵队俯冲。在46~76米的高度上,它们改出俯冲,呈扇形展开,并以横队靠近敌舰,这样敌方高射炮手在光学测距时看到的就不是一个目标,而是三个目标。在距离释放鱼雷位置823米时,它们会下降到海平面以上15~30米。

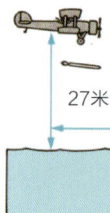

指挥官

▲ 吕特晏斯

▲ 林德曼

▲ 托维

德国舰队指挥官、海军上将**君特·吕特晏斯**（1889—1941）于1907年加入德意志帝国海军，在第二次世界大战之前，他的大部分职业生涯都在鱼雷艇分舰队中度过。挪威战役中，他曾率领过"沙恩霍斯特"号和"格奈森瑙"号。1940年7月，他被任命为"俾斯麦"号分舰队指挥官。吕特晏斯身材高大、沉默寡言，但他的聪明才智、健全体魄和慷慨大方的个性得到了全军的公认。吕特晏斯对"莱茵演习行动"持保留态度，但当"俾斯麦"号被三

度击中时，他坚持继续行动而不是返回本土。他做出这个灾难性决策的原因不得而知，但可能是迫于柏林最高当局的压力。

德国海军上校**恩斯特·林德曼**（1894—1941）是一位炮术专家，于1940年年初被任命为"俾斯麦"号舰长。该舰被击中后，他与吕特晏斯激烈争论，表示应该返回港口。从各方面来说，这都是正确的方案：该舰不仅损失了油料和速度，出其不意的效果也已经消失。而且，当时"俾斯麦"号已经取得了击沉"胡德"号的重大成功，这艘舰艇有很大的机会

能安全抵达港口，等待英雄般的欢迎。然而，吕特晏斯驳回了他的请求，使"俾斯麦"号踏上了末路。

英国本土舰队司令、海军上将**约翰·托维爵士**（1885—1971）随其旗舰"乔治五世国王"号驻扎在斯卡帕湾。他是一位天生的领导者，总能给予周围的人们以信心。在个人生活和职业生涯中，他都非常严谨，总是做自己认为对的事情，而不顾上级想要什么、希望听到什么。他还有一种可贵的品质——坚定的意志。

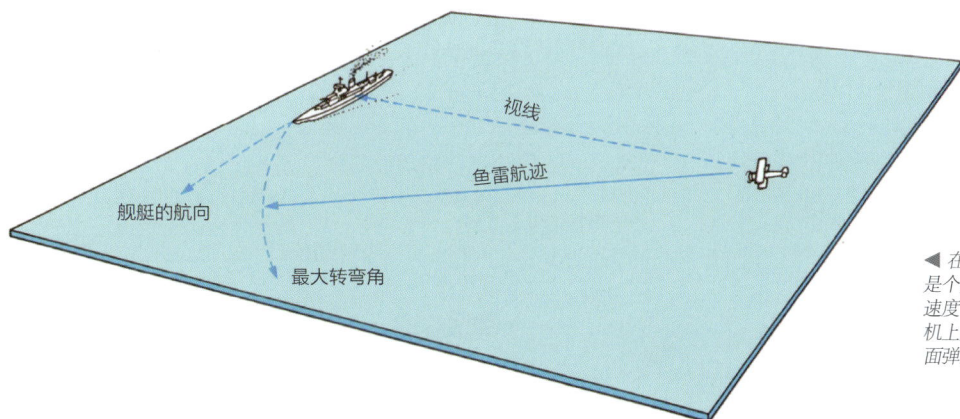

视线

鱼雷航迹

舰艇的航向

最大转弯角

◀ 在机身下携带鱼雷的飞机必须努力瞄准目标。这是个复杂的过程，包括计算目标的速度、距离和鱼雷速度（通常为40~45节）。鱼雷必须从保持水平的飞机上施放：如果机头上翘，鱼雷将平直入水并沿着水面弹跳；如果机头向下，鱼雷可能会沉入海底。

▼ 大型军舰配备了充足的防鱼雷攻击手段。许多军舰在水线下有加强的突出部分，可以承受鱼雷的攻击而不会造成无法维修的损伤。一旦发现攻击飞机，军舰可以采取迅速的规避行动以离开鱼雷航行路径。与此同时，军舰不仅会向飞机开火，还会炮击它们周围的海面，以巨大的水柱分散飞行员的注意力。

823米

次日早晨追上来。

当天（5月26日）下午，"皇家方舟"号出动了第一批"剑鱼"鱼雷轰炸机进行攻击，结果令人难堪。飞行员误将"谢菲尔德"号（HMS Sheffield）巡洋舰当成"俾斯麦"号，不过他们的战友很幸运，配备新型磁性引信的鱼雷触海后立即发生爆炸，没有造成损害。回到"皇家方舟"号后，他们为机上的鱼雷配备了可靠的旧式引信，准备下一次出击。

当天晚上，仅在半个多小时内，舰队航空兵的15架"剑鱼"式鱼雷轰炸机冒着"俾斯麦"号猛烈的高射炮火力，投下了它们的鱼雷。只有两枚鱼雷命中：一枚未能造成任何损害，但另一枚鱼雷打坏了这艘庞大战列舰的转向舵（德国人称只有十万分之一的概率）。飞机结束攻击，安全返回"皇家方舟"号后，"俾斯麦"号缓慢地绕了一个大圈，但重新恢复控制的努力徒劳无功。

随后，它向西北航行，径直闯进了海军上将托维的航行路线。

"俾斯麦"号挣扎前行，途中遇到了为托维的大型军舰提供反潜屏护的5艘驱逐舰的拦截，双方在一片漆黑的怒海中持续交火，英舰不断发射照明弹以照亮海面。驱逐舰的鱼雷和"俾斯麦"号的舰炮都未能击中目标，但德国水兵们知道，到了白天，他们的命运就将注定。

5月27日8时45分，"乔治五世国王"号和"罗德尼"号（HMS Rodney）战列舰与"俾斯麦"号交战，此时这场历时8天、航迹遍布整个北大西洋的海上悲剧迎来了最后一幕。"俾斯麦"号舰员全力作战，直到9时31分最后一门火炮停止射击。此后的一个小时，这艘伤痕累累的德国战舰持续遭受猛烈攻击。水线以上的部分被炸成碎片，甲板底下烈火熊熊燃烧，但它仍没有沉没。

此时，大部分在该海域的英国舰艇已经离去，因为它们处于燃油即将耗尽的危险之中。离开之时，托维下令尚有鱼雷的"多塞特郡"号（HMS Dorset-shire）巡洋舰逼近"俾斯麦"号，将其击沉。然而，德国人声称在此之前舰身中的沉船药包已被引爆，并打开了通海阀。不管致命一击来自何方，结果都一样。这艘巨舰开始倾覆，10时39分，舰艉先下沉，此时舰上的军旗仍在飘扬。

随着"俾斯麦"号的沉没，英军为"胡德"号报了仇。此时轮到英国人欢庆胜利，德国人则要为最大的战列舰沉没而默哀。希特勒从不曾拥有强大的海军，他意识到如果剩下的几艘大型水面舰艇在海上被发现，等待它们的将是类似的命运。因此，他下令未来不应向大西洋派出战列舰。此后，"沙恩霍斯特"号、"格奈森瑙"号和"提尔皮茨"号（"俾斯麦"号的姊妹舰）受到的威胁大大降低。德国海军元帅雷德尔对此评论道："失去'俾斯麦'号给海上战争带来了决定性的影响。"

在"胡德"号被击沉前的短暂交火中，"俾斯麦"号的前部和一个油箱被击穿。它的舰艏低俯，身后留下了一条泄露行踪的油迹，此后与"欧根亲王"号分离并试图抵达德国占领的法国港口。5月25日和26日的31个小时中，"俾斯麦"号设法避开了追击舰队，但随后在距离法国海岸1110千米处被再次发现。

英国军舰的燃油即将耗尽，除非"俾斯麦"号继续降低航速，否则无法靠近。因此，5月26日19时10分，15架"剑鱼"鱼雷轰炸机从"皇家方舟"号上起飞攻击"俾斯麦"号，它们于20时50分抵达攻击地点，在半个小时内，它们穿越高射炮弹幕发动攻击，成功地破坏了"俾斯麦"号的转向舵。它的命运已经注定：次日早上，"俾斯麦"号被炮火击沉。

"剑鱼"在非常恶劣的天气中发动了攻击。低云和降雨限制了坐在这种过时飞机开放式驾驶舱中的3名飞行员的能见度，与此同时，"俾斯麦"号正与8级大风和巨浪搏斗。

第3和第4小队的飞机从左舷方向（1）发动攻击。他们的一枚鱼雷击中了目标，但没有造成明显的损伤。

"俾斯麦"号上的防空武器（2）十分强大——16门110毫米和16门37毫米高射炮。尽管如此，没有一架"剑

"俾斯麦"号的余波

"俾斯麦"号的沉没意义深远。丘吉尔后来写道："如果它逃脱了，它将继续对士气造成影响，其可能给我方航运带来的物资损失也将是灾难性的。很多人会担心我们控制海洋的能力，这些情绪将会在全球大肆宣扬，给我们带来极大的损害和不适。"

另一个成果也同样重要。希特勒开始对德国海军元帅雷德尔（后被邓尼茨取代）和大型水面舰队的方案失去了信心。事实上，他最终认为，所有德国大型军舰都应该停建、拆解，将钢铁用于建造坦克，部署到东线。

自此以后，德国所有海军制造设施都被用于建造U艇。如果更早这么做，将U艇增加到邓尼茨反复请求的300艘，大西洋之战的结果——无论如何，这都是一场势均力敌的战役——很可能会改写。如果英国战败，后果将不堪设想，最明显的就是1944年的诺曼底登陆没有出发基地。

◀ "俾斯麦"号的舰员在冰冷、布满油污的大西洋海面上挣扎，等待着英国皇家海军"多塞特郡"号巡洋舰和"毛利"号（HMS Maori）驱逐舰的救援。当U艇警报响起时，已有110人获救上船，此时两艘英国军舰别无选择，只能迅速驶离该区域，留下700名幸存者溺死。夹在它们之间的一艘德国补给舰和一艘U艇救起5人，使获救者总数达到115人，而该舰舰员总数为2200人。

鱼"被击落，它们都返回了"皇家方舟"号，但有3架在降落时坠毁。

击毁"俾斯麦"号转向舵的鱼雷是第2小队的两架"剑鱼"之一发射的，它们从右舷方向靠近敌舰（3）。飞行员戈弗雷·福赛特（Godfrey Faussett，绰号"羽毛"）中尉和肯尼思·帕蒂森（Kenneth Pattisson）少尉驾驶他们的双翼机从9000英尺（约2740米）的高空俯冲下来，直到接近水面才发动攻击。他们飞得很低，一度位于"俾斯麦"号防空火炮之下，炮手甚至无法压低炮口瞄准目标。

"俾斯麦"号被一枚460毫米鱼雷击伤，鱼雷命中了右舷艉部水线以下的部位（4）。它的转向装置被击毁，船舵也卡住了，在失控状态下转了两圈之后稳定在一个无法改变的航向（西北偏北）上，进入了逼近的英国军舰的航线。

莫斯科保卫战，1941 年 9 月—1942 年 1 月

尽管阿道夫·希特勒陶醉于迅速征服西欧大部地区的胜利，且忙于入侵英国的准备工作，但他并未忘记多年的夙愿，那就是捉住更大的猎物——苏维埃社会主义共和国联盟。

1939 年 8 月生效的《苏德互不侵犯条约》并没有让希特勒感到烦恼。在将近一年的时间里，这两个大国都在通过对小国的侵略扩大疆域，但并未正面对抗。此时，希特勒觉得实现他在《我的奋斗》中阐述的纳粹主义目标的时机到了：德国东扩以赢得"生存空间"，并随之推翻共产党的政权。

1940 年 7 月底，希特勒向手下宣布了开春后进攻苏联的意图。几天之后，在会见高级将领时，他宣布了他的目标："消灭俄国赖以生存的力量。"随后，德国大举生产战争物资，扩充武装力量，并向东普鲁士和纳粹占领的波兰调动大量部队和装备。12 月，希特勒将这一庞大的军事任务命名为"巴巴罗萨行动"（Operation Barbarossa），这个名字源自著名的中世纪德意志皇帝。

按照计划，"巴巴罗萨行动"将于 1941 年 5 月初开始。按照希特勒的乐观估计，行动将持续两个月，到那个时候，约瑟夫·斯大林的共产党政权将屈服于德国的闪电战。然而，那年的春季雨水过多，给机械化部队的部署带来了困难，加上没有预见到要抽调一些德军部队占领南斯拉夫和希腊，这让希特勒犹豫不决。他的苏联冒险行动被一再推迟，直到 6 月 22 日。

这一关键的 6 周延迟引起了德国陆军总司令、陆军元帅瓦尔特·冯·布劳希奇（Walther von Brauchitsch）的不满，他正确地认为，东线的部队可能无法在冬季开始之前完成希特勒要求的所有任务。但希特勒毫不让步，也不允许德国工厂转产合适的冬季装备，坚称不需要这些东西。

《苏德互不侵犯条约》

1939 年 8 月 23 日，德国外交部部长冯·里宾特洛甫（von Ribbentrop）与苏联同行莫洛托夫（Molotov）签署了一项互不侵犯条约，令西方世界大为震惊。

苏德两国无疑是相互厌恶的，而且从来不加掩饰，因此作为一种权宜之计，条约也必然是暂时的。但对希特勒和斯大林两人来说，这份虚伪协议的好处显而易见：如果德国在西线作战，苏联的危险就减弱了，而希特勒也可以保持迄今为止都很成功的战略——单线作战。

条约的关键段落写道："缔约双方有义务放弃任何暴力行为、任何侵略行为和相互之间的任何攻击，无论是单独为之还是与其他国家联合。"

希特勒可以腾出手来对付西欧，斯大林也赢得了喘息的空间。但就在两位欢欣鼓舞的外交对手在克里姆林宫的宴会上为彼此和两个国家敬酒时，他们心中却充满了猜疑。由于互不信任、心怀鬼胎，双方都采取了更诡诈的手段，并惶恐不安地监视着彼此的每一次行动。两国的间谍人数激增，其中成效最显著的可能是理查德·佐尔格（Richard Sorge）博士，他是一名共产党员，是德国《法兰克福日报》驻东京的记者。1941 年 5 月 20 日，他通知克里姆林宫，德国计划在 6 月 20 日左右入侵。后来，他还报告日本没有攻击苏联的计划，使斯大林得以在首都陷入苦战时，将装备精良的西伯利亚部队调往莫斯科地区。

1941年6月22日拂晓，德国出动300万官兵、3500辆坦克和将近3000架飞机，在1600千米长的战线上向苏联发动进攻。

这支大军分为三路：陆军元帅威廉·冯·李布率领的北方集团军群向列宁格勒推进；陆军元帅费多尔·冯·博克的中央集团军群则向莫斯科进发；陆军元帅格尔德·冯·伦德施泰特的南方集团军群向东南方推进，目标是乌克兰的麦田和高加索油田。各个区域都只有不连续的"斯大林防线"，很容易就被突破了。

希特勒最初的第一要务是占领列宁格勒和南部的工业区。在他看来，对莫斯科的进攻可以等一等再进行。然而在9月初，他退而采用将军们的最初提议——应该将最多的人力用于莫斯科，但为时已晚。

1940年12月18日，也就是德国进攻苏联的6个月前，希特勒签署了关于"巴巴罗萨行动"的第21号指令。尽管还在规划阶段，他的各项指示却很精确。目标是由坦克先头部队（4）以最快速度突入苏联纵深地带（2），包围大量苏军（3），从而消灭驻扎在苏联西部的红军一线部队（1）。希特勒计划通过这种战术，阻止苏军撤向苏联中部重整。德军的计划最初取得了巨大的成功：在比亚韦斯托克（Bialystok）和明斯克（Minsk）附近的两次行动中，仅仅不到两周，就有323898名苏军官兵被包围。德国陆军每天推进超过80千米，看起来很有可能满足希特勒在1941年年底之前征服高加索的要求。

与此同时，苏联人的生活一切如常。虽然不断有人警告德国很快就会转向东线，但斯大林选择无视这些说法。他认为这不过是第三方（尤其是英国）破坏《苏德互不侵犯条约》的拙劣企图。

因此，当纳粹德国于6月22日3时15分，沿从波罗的海延伸到黑海的广阔战线上发动大规模进攻时，苏联毫无准备。与遭到奇袭的苏军相比，步步进逼的德军总体上在训练、指挥和装备上都更好。德军的这种优势在初期战役的结果中表现明显。

根据德国陆军参谋长弗朗茨·哈尔德（Franz Halder）上将的说法，战役开始时双方兵力如下：德军有102个步兵师、19个装甲师、14个摩托化师、5个特种师、1个骑兵师，苏军有154个步兵师、25.5个骑兵师、37个装甲旅。此外，德军还得到了芬兰、匈牙利、斯洛伐克、克罗地亚、罗马尼亚、意大利军队，以及专门招募的西班牙分遣队的支援。

3个庞大的德国集团军群，各得到一个空军航空队的支援，在布劳希奇的指挥下，对苏联发动了陆战史上最大规模的进攻。北方集团军群由陆军元帅威廉·冯·李布（Wilhelm von Leeb）指挥，中央集团军群由陆军元帅费多尔·冯·博克率领，统率南方集团军群的则是陆军元帅格尔德·冯·伦德施泰特，三人皆是久经沙场的将领。

与德军对阵的是北路的克里门特·沃罗希洛夫（Kliment Voroshilov）元帅、中路的谢苗·铁木辛哥（Semén Timoshenko）元帅和南路的谢苗·布琼尼（Semen Budenny）元帅，他们手中有大批未经战阵的官兵，仍然在和平时期的基础上原地踏步。他们缺乏运输手段，不得不依靠民用通信网络传递命令。

希特勒毫不理会将军们的合理意见：以莫斯科为主要目标实施大胆攻击。莫斯科是斯大林的政府所在地，共产主义的精神家园，苏联铁路网中心和大型工业基地。他坚持首先占领北面的列宁格勒和南方的高加索地区，认为夺取这两处就能确保苏联崩溃。

在这场大规模攻势的初期阶段，德国装甲部队迅速突入纵深，切断和俘虏了大量苏军官兵，并缴获其装备。博克的中央集团军群实施了"巴巴罗萨行动"的第一场重要战役，战果惊人：俘虏29万人，缴获2585辆坦克和1449门火炮。德国空军也十分忙碌，苏联空军过时的飞机大部分在离开地面之前即遭摧毁。6月尚未过去，李布已在通往列宁格勒的道路上推进了很远，博克直取斯摩棱斯克（Smolensk），伦德施泰特已突入乌克兰。

在如此广阔的战线上取得惊人成功，德军大营自然是一片欢腾，但7月份首度出现的一些迹象表明，庆祝胜利还为时过早。希特勒认为苏联人是劣等民族，甚至还假手希姆莱的党卫队特种部

1942年11月底，德国陆军几乎已经到了莫斯科的大门之外。"巴巴罗萨行动"发动之后的5个月里，德军已经推进了966千米，苏军遭到了惨重的失败。

在通往莫斯科公路干线上的伊斯特拉（Istra），这座位于莫斯科西北仅35千米处的小镇，德国埃里希·霍普纳（Eric Hoepner）大将麾下第4装甲集群的突击部队正在肃清设防的村庄。他们在战役前已经实施了无数次此类机动，但冬季的严寒加上苏军越来越顽强的抵抗减缓了德军的攻击速度。尽管德军于11月26日夺取伊斯特拉，但仍无法扩大战果。官兵饥寒交迫，缺少燃油和重要补给品，苏军则调来了越来越多丰衣足食的增援部队。德国夺取莫斯科的计划失败了。

对伊斯特拉附近一个村庄的典型攻击行动展开时，苏联的冬天到来了，但积雪并不厚，坦克

和步兵可以在乡间自由行动。

德国步兵（1）随同装甲兵推进
以占领村庄，那里已被苏联红军变成
了一个小型要塞。随着温度下降到零度
之下，德军官兵遭受了巨大的痛苦，因为
他们仍然穿着攻击开始时分发的夏季军服。

攻击的最后阶段开始了，三号坦克（2）
沿着结冰的地面开进，为步兵提供支援。这种
坦克上覆盖着红色的纳粹党旗（6），德国空
军在扫射和俯冲轰炸时很容易辨别。

这个村庄（3）在主攻开始前的炮轰中燃
起大火，讽刺的是，当德军最终夺下村庄，他
们却找不到庇护所。

苏联步兵（4）在村庄外围严阵以待。他
们得到了隐藏的反坦克炮和附近更多的T-34
坦克的支援。

被击毁的苏联T-34坦克（5）可能是同一
次炮轰的受害者。

队，以异常严酷的方式对待他们。他也因此引来了普通百姓的仇视。

斯大林向苏联人民发出呼吁，号召他们肩并肩地参加战斗，保卫祖国。憎恶德军暴行的苏联人民团结到了斯大林周围。游击队开始在敌后展开斗争，大量预备役人员匆忙加入部队，到7月中旬，苏军的抵抗不断加强。

尽管如此，德军的巨轮仍然滚滚向前，他们往往穿过布满森林和沼泽的广阔乡村，那里的道路未经修缮，从不是用于承载坦克和机动车辆的。德军推进得这么快、这么远，表现出了他们的决心。7月19日，当中央集团军群正在距离莫斯科直线距离仅322千米的斯摩棱斯克激战时，希特勒决定减缓向苏联首都进军的步伐，以支援对左右两翼目标的进攻。尽管最高司令部一直表示反对，希特勒仍坚持将赫尔曼·霍特（Hermann Hoth）大将率领的第3装甲集群转向北进，协助李布攻打列宁格勒，海因茨·古德里安上将率领的第2装甲集群则向南支援正在乌克兰中部基辅周围的伦德施泰特。

8月21日，希特勒在第34号指令中明确表达了他的愿望："必须在冬季来到前实现的主要目标不是占领莫斯科，而是：向南占领克里米亚和顿涅茨河工业及煤矿区，并孤立高加索产油区；在北面包围列宁格勒，与芬兰军队会合。"

然而，到了这个时候，德国陆军尽管仍然是成功的，但并没有完全按照自己的方式作战。对列宁格勒的进攻被击退，李布不得不采取围攻战术；与此同时，铁木辛哥对失去装甲兵的中央集团军群发动了猛烈反攻。不过在南线，德军对基辅的攻击进展顺利。

在这种背景下，希特勒改变了心意，关注"次要"的莫斯科。第34号指令下达后仅16天，他又下达了第35号指令，要求北方集团军群和南方集团军群增援中央集团军群，粉碎不断引起麻烦的铁木辛哥部，猛攻苏联首都。

◀ 1941年7月，在半履带车上安装的37毫米炮的支援下，德国古德里安上将麾下第29摩托化师的步兵入侵了一个村庄。

▼ 1941年7月，T-34的前代产品BT坦克正在装车送往前线。它们大部分在用于打击德军之前就被摧毁或缴获了。

补给争夺战

整个1941年，德国的武器在数量和质量上并不优于苏联，但其使用更加专业。虽然苏联拥有庞大的坦克和其他装备库存，但德军的推进如此迅速，一些前线兵站在撤出物资之前就遭到了包围。

随着时间的推移，这种差距得到了弥补。短期来看，随着冬季的来临，许多德军坦克、火炮和轻武器都无法操作，而苏军却不受影响。长期来看，苏联内陆地区的大型工厂源源不断地生产武器和军用车辆，抵消了德军的优势。东线战役的后期，苏联从盟国（英国和美国）获得的物资抵达北方港口，为此北极护航队在船只和人员方面付出了巨大的代价。

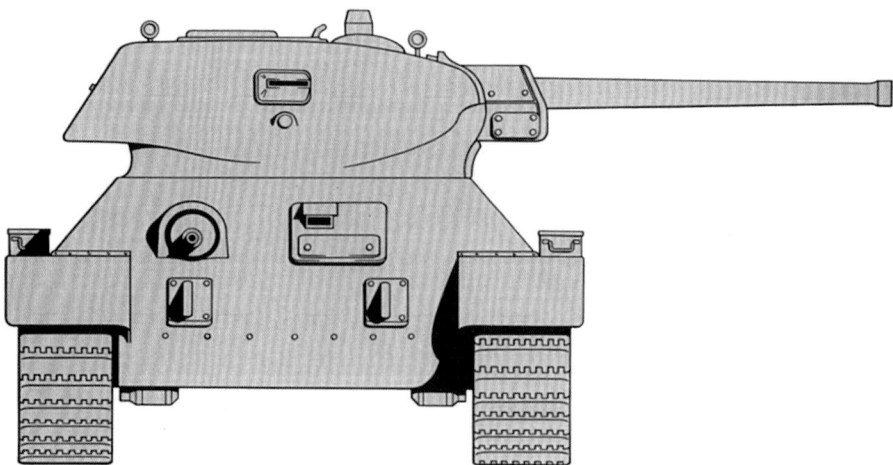

▲ 苏联坦克部队的中坚力量——T-34坦克，有人认为它是第二次世界大战中最好的装甲作战车辆。整场战争期间，这种坦克的不同型号都有大量生产。T-34坦克是一种实用且强大的坦克，重量为26吨，采用45毫米斜面装甲、火力强大的76.2毫米主炮和两挺7.62毫米机枪。1941年7月的斯摩棱斯克战役中，它的表现令德军大吃一惊。
T-34使用一台373千瓦（500马力）的柴油发动机，最高速度达51千米/小时，行程306千米，超过了德国的三号坦克和四号坦克。车组为4人——指挥员（炮手）、装弹手、驾驶员和车内炮手（无线电操作员），但通常只有中队长的坦克有电台。

指挥官

▲ 霍普纳

▲ 朱可夫

▲ 弗拉索夫

德军在"巴巴罗萨行动"开始阶段几乎拥有所有优势。他们的许多官兵、飞行员和指挥官都在西班牙、波兰和法国战斗过。苏军中很少有人经历过如此规模的作战。

德军另一个极为重要的有利因素是，斯大林不相信对苏联的攻击迫在眉睫这一警告。据说德军发动攻势时，他非常震惊，以致在关键的两周里无法指挥参谋机关或者发布任何命令。

然而，并非所有高级指挥官都对这两位首领俯首帖耳。德国第4装甲集群指挥官**埃里希·霍普纳大将（1886—1944）**是进攻莫斯科的先锋，他后来不遵守希特勒坚守的命令，将危在旦夕的右翼部队撤出以避免遭到全歼。他为此而被革职，1944年，他因为参与7月20日刺杀希特勒的图谋而被绞死。

格奥尔基·朱可夫元帅（Georgi Zhukov，1896—1974）是一位杰出的战略家，善于机变。他可能是所有苏联高级指挥官中最有独立思维的一个，有足够的勇气当面反对斯大林的意见。朱可夫稳定了苏军的战线，守住了列宁格勒。1942—1943年，他指挥了斯大林格勒保卫战，并率军于1945年占领柏林。

安德烈·弗拉索夫中将（Andrei Vlasov，1900—1946）是苏联第20集团军指挥官，在莫斯科保卫战中发挥了决定性的作用。1942年5月，面对进逼的德军，他指挥了一次猛烈的反攻，但部队被切断，他于塞瓦斯托波尔（Sevastopol）被俘。他变节投敌，希望协助德国推翻斯大林。战争结束后，他返回苏联，以叛国罪遭到绞刑。

▶ 三号坦克是纳粹德国坦克专家海因茨·古德里安上将的发明，他将这种坦克视为陆军标准装甲作战车辆。在战争的前半段，该型号确实发挥了这种作用。三号坦克由戴姆勒-奔驰公司制造，最初装备一门37毫米炮和一挺7.92毫米机枪。后来，37毫米炮被50毫米炮所取代，并增加了一挺机枪。三号坦克采用一台224千瓦（300马力）的迈巴赫汽油发动机，最高时速达到40千米，行程160千米，装甲厚度为30毫米，重量21吨。这种坦克的多种型号在苏联战场服役。坦克乘员有5人——指挥员、炮手、装弹手、驾驶员、无线电操作员，内部空间相对舒适。三号坦克运行平稳，越野时尤为显著，这归功于费迪南德·保时捷（Ferdinand Porsche）博士发开的扭力杆悬挂系统。

德国将军们终于可以集中全力，实现他们一直认为的主要目标，但希特勒的"转向"为时已晚，他们已经无法利用这一点了。到9月30日对莫斯科的攻势开始时，冬天已经不远了。

德军的3个集团军和3个装甲集群在一条宽483千米的战线上向东移动，其意图是以第9集团军和第4集团军包围莫斯科东南方约200千米的维亚济马（Vyazma）周围的苏军部队，第3和第4装甲集群分别在两翼提供支援。

德国陆军在这次两路包围行动中俘虏了66.3万名苏军官兵，缴获1242辆坦克和5412门火炮。10月7日，维亚济马陷落。次日，布良斯克（Bryansk）陷落。10月14日，霍特的坦克开进了加里宁（Kalinin）。接着，德军装甲兵在步兵随同下，朝莫斯科方向前进，苏联人最初的恐慌很快变成了不惜一切代价坚守这座城市的决心。

斯大林于10月12日将政府迁到东南方805千米的古比雪夫（Kuibyshev），但他仍留在克里姆林宫指挥作战。市民们开始挖掘战壕和反坦克堑壕，同时苏军的指挥结构也发生了改变。铁木辛哥被调往乌克兰，取代遭遇惨败的布琼尼，避免高加索地区及其宝贵的石油遭到劫掠，而莫斯科地区的苏军部队交由格奥尔基·朱可夫元帅指挥，他将证明自己是一名能干的战术家。

随着天气越来越潮湿，德军的推进速度减慢甚至停滞。朱可夫巧妙地利用这一时机，从西伯利亚纵深地带调来了德国情报机关并不知晓的部队，大大增强了实力。这些部队的装备也很好，这归功于苏联兵工厂毫无保留的努力。当德军先头部队逐步逼近莫斯科，飘落的雪花宣告着朱可夫最有力的盟友——冬天，到来了。

第一次严寒天气于11月3日来临，路面结冰，德国机械化部队得以再次大规模调动，但与此同时，德国陆军没有抵御严寒的合适服装。随着接下来的几天温度骤降，冻伤的人数急剧增加。

▲ 1941年8月，德国坦克正快速向苏联内陆地区推进。

▲ 即便到了12月冬季来临的时候，仍有大量苏军官兵被俘虏。那些身体状况稍好、足以行走的人被当作奴工。由于环境恶劣，缺少食物，没有多少人能幸存下来。

▶ 12月中旬，德国步兵在一辆三号坦克前推进，此时已开始下雪。坦克上绑着德国军旗，以便德国空军辨认。

步拿破仑的后尘

1941年德国入侵苏联，与拿破仑1812年进攻俄国有着显著的相似之处。拿破仑和希特勒都无法使英国屈服；两者都赢得了俄国（苏联）的暂时合作，也都觉得在后者能够发动攻击之前先发制人是很有必要的。或许是出于对命运的挑战，希特勒的入侵行动始于6月22日，与拿破仑的入侵是同一天。

不过，相同之处也就到此为止了，因为拿破仑成功的希望主要在于兵力优势和更好的指挥，他的目标是引诱俄国陆军交战并消灭之。希特勒需要包围数十万苏联精锐部队，然后将其消灭，他一开始就取得了戏剧性的成功，但不得不在整条极为广阔的战线上发动进攻。

希特勒的军队面对的是持续作战，而拿破仑的问题是引诱敌人决战，但希特勒有出其不意的优势。拿破仑和希特勒在很大程度上并不是受因于俄国（苏联）的军事技能，而是其无穷的人力资源和严寒气候。

▲ 约翰·拉斯莱特·波特（John Laslett Pott，1837—1898）的《从莫斯科行军》生动地描绘了拿破仑"大军团"1812年冬季在俄国的困境。

原始粗糙的宣传

德国和苏联的宣传总体上都非常原始和粗糙。德国国内的宣传基本上都将德军官兵描绘成打击野蛮"亚人类"的十字军骑士。用于被占地区的宣传海报和传单则将德军描绘成帮助苏联人摆脱斯大林"暴政"和"布尔什维克、犹太走狗"势力的救星。这种宣传本有可能起到一定的效果，尤其是在一直试图独立于莫斯科的乌克兰，可是德国人派出灭绝小分队摧毁一切抵抗，从而以最严苛的方式证明这些说法都是虚假的。

苏联的宣传将德国人描绘为残忍、野蛮的嗜杀者，这在某种程度上是公正的，而且，这些宣传至少在一个方面上比德国的宣传更含蓄一些。苏联政府意识到仍有一些国民敌视共产主义，因此呼吁人们反击德国侵略，保护祖国，为的并不是党，而是整个国家。通过这种方式，苏联的宣传取得了巨大的成功，动员了几乎无穷的军队和劳动力。

▼ 一般的宣传都依靠视觉冲击，但是德军的传单可以当作逃兵的通行证。其部分内容是："制作这张传单的人不希望为了犹太人和人民委员的利益而无谓流血。他将离开遭到失败的苏军，投向德军一方。"

尽管如此，德军最高司令部在希特勒的催促下，不顾一些高级将领的疑虑，计划对此时距离其前沿阵地仅64千米的莫斯科发动最后一击。

德军装甲部队和往常一样进展顺利，但随后就陷入了困境，因为京特·汉斯·冯·克鲁格（Güenther Hans von Kluge）的右翼部队几乎立即就与苏军相持不下，第4集团军其余部队的推进也一再推迟，直到疲惫的官兵们能够再次投入战斗。11月底德军恢复攻势时，激战随之而来，克鲁格遭到重创的右翼再度止步不前。这一次，中路和左路部队奉命继续进攻。12月2日，一些战斗巡逻队实际上已经进入了莫斯科郊区。

这也就是德军到达的最远处，渗透部队随后被苏军击退。面对可怕的严寒和苏军的猛烈抵抗，德国第4集团军被迫放弃了突破朱可夫莫斯科防御的全部希望。暴露在南北两翼的装甲纵队也遭遇了相同的结局。此时的天气已非常寒冷，德军士兵有的仍然穿着夏装，被冻死在哨位之上，车辆无法启动，飞机只能待在地面，武器中的润滑油也被冻住了。比起苏军令人惊叹的韧劲，或许苏联的冬季在更大程度上挫败了希特勒的计划。古德里安将军在写给妻子的一封信中做了最好的总结："我们严重低估了俄国人，也低估了这个国家的疆域和凶险的气候。这是现实的报复。"

现在，苏联朱可夫元帅迎来了发动其精心准备的反攻的时机。他动用了西伯利亚的生力军，这些部队有抵御冬季严寒天气的特殊服装，他们在322千米的战线上发动了令敌人胆寒的猛烈攻势。

12月18日，希特勒刚刚对美国宣战，注定德国必须在两条重要战线上同时作战的命运，就傲慢地取代布劳希奇，接管了德国陆军的指挥权。他无视将军们提出的撤到斯摩棱斯克防线的建议，要求饱受重压的各军应该留在原地坚持作战。被迫撤退的军官遭到了解职，其中包括古德里安和霍普纳，可是如果他们不撤退，手下的装甲纵队恐怕

德军的攻势

1941年6月，德国陆军可能是历史上最高效的战斗部队，但在11月和12月，在苏联的普通德国士兵士气和战斗能力都有了明显的下降。官兵们没有适合严寒条件的服装，甚至没有白色罩衫。在绝望中，一些士兵将从农民家中抢来的窗帘甚至桌布盖在军服上。许多武器在严寒中无法使用，步兵十分依赖的德国空军往往只能留在地面。德军补给线拉得过长，重要补给品要么无法送到前线，要么花费的时间过长。

苏军的准备

到德军逼近莫斯科时，苏军官兵已经拥有了很大的优势。他们保卫的是自己的祖国，熟知地形，适应气候，服装和装备也更适合恶劣的冬季条件。苏军的补给线更安全，运输车辆更轻，减少了陷进雪中的危险，而且所有车轮都配备了防滑链，所有机械装置都采用了不会冻结的机油。这些因素加上赶走侵略者的坚定决心，使苏军官兵（即便是未经训练的新兵）变成了可怕的对手。而且，苏军拥有几乎无限的人力资源。正如德国将军哈尔德1941年8月11日所写："战争开始时，我们估计敌人大约有200个师。到现在，我们已经数到了360个师。"

围困中的莫斯科

1941年10月14日，霍特的装甲兵占领了莫斯科西北方的加里宁，突破了苏军战线的北翼。对苏军来说，由于古德里安的5个装甲师从西南疾驰而来，形成钳形攻势，他们眼看就要遭遇被包围的厄运。

在莫斯科，人们的决心中混杂着恐慌。身体较为健壮者组成了"工人营"，其他将近50万人——老人、儿童和体弱者，被调到城市周边昼夜不停地劳动，修建防御工事和反坦克陷阱。政府机关和人员已迁往古比雪夫，导致党内比较胆怯的

官员、他们的家人和其他人纷纷逃离。10月19日，莫斯科宣告被围，看起来这座城市即将崩溃。

修建防御工事的人们面对着可怕的天气条件：温度已经降到零下40摄氏度，后续还将继续下降；每天只有几个小时的阳光，地面冰层很硬，几乎无法挖掘。但苏联人有着不可估量的优势：他们习惯且熟悉这种恶劣条件。

对围困这座城市的德军而言，情况正相反。他们缺乏合适的服装，哨兵如果在执勤时入睡，就可能被冻死；他们的自动武器都被

冻住了，只能采用单发射击；因为密封润滑油冻住了，他们的反坦克弹药无法装进炮膛；坦克的发动机也无法启动。即便有一点黄油，也必须用锯子或者斧子切割食用，煮好的汤不到60秒就会结冰。在露天场合排便也是自寻死路。

德军部队中有许多人患上了痢疾，冻伤者超过10万例。许多人自杀身亡，其中大部分人都是抓着手榴弹（在这种条件下唯一肯定能使用的武器）顶住腹部。

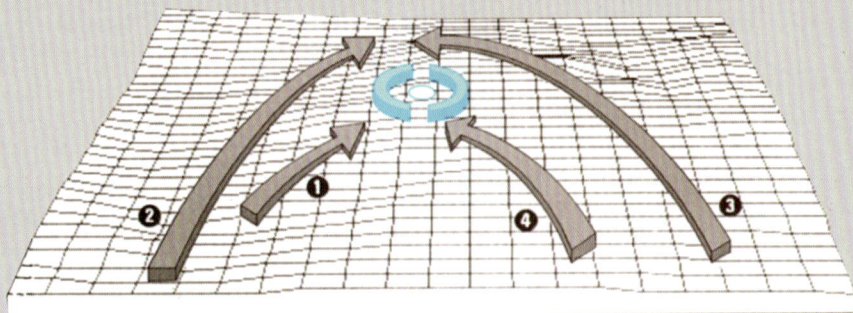

◀ **德军的计划**

博克的中央集团军群于11月16日发动对莫斯科的最后攻击。德军的计划是：以克鲁格的第4集团军（1）发动正面进攻，同时莱因哈特（Reinhardt）的5个装甲师（2）从北面包围莫斯科，霍普纳的4个装甲师（3）和古德里安的第2装甲集群（4）则从南面进攻。德军的目标是包围莫斯科，断绝居民的粮食供应，迫使其投降。

▶ **现实情况**

根据计划，莱因哈特麾下的装甲师从北面推进（1），古德里安的装甲师则从南面推进（3），形成包围之势。克鲁格的11个步兵师和霍普纳的装甲师（2）从中路发动进攻，但他们没能取得突破。12月5日夜间到6日凌晨，苏军发动反攻，迫使德军转入守势。如果不是希特勒禁止撤退，下令必须稳住战线，德军可能已经仓皇逃窜了。

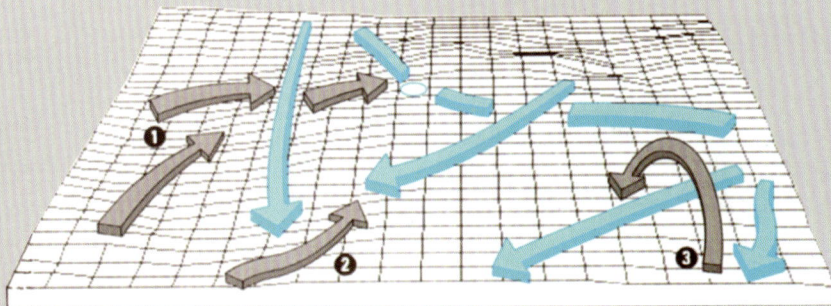

◀ 莫斯科居民——女性、老人、残疾人和儿童，共约50万人。他们在炮火照亮的土地上不停地挖掘反坦克堑壕。城内建起了防御工事和内层环形防线。

已经被苏军包围全歼了。

希特勒最终认识到保护日益减少的部队免遭恶劣天气影响的必要性，允许德军有限度地撤退到前沿补给基地周边的坚固阵地上。德国士兵给这些全方位的防御阵地取了"刺猬"（Hedgehog）的绰号。

在游击队对德军后方的骚扰行动的支持下，苏军的反攻一直在持续。朱可夫的部队占领了能够攻取的"刺猬"，绕过那些难以强攻的德军阵地。即便积雪达到30厘米厚，温度降到零下40摄氏度，身穿白色军服的苏军官兵也利用雪橇和滑雪板前进，继续向苦不堪言的德国军队施压。事实上，德军发现这些西伯利亚部队可能白天在雪中一动不动，只在夜间发动攻击。

这是当时苏军惯用的模式，直到春季冰雪融化，双方陷入泥潭，战斗必须等待地面干透时，才给了德军一个喘息的机会。此时，德国人发现己方实力已被大大削弱，只有在南线还能考虑发动攻势。

统计"巴巴罗萨行动"到1942年3月底的伤亡人数，就能反映出战斗的巨大规模。德军报告有1073006人死亡、受伤、失踪、被俘或冻伤。苏军从未宣布过损失数字，但大部分有根据的估计都认为超过200万人。

对希特勒在苏联的失败，英国首相温斯顿·丘吉尔的评论明显带着欣喜的情绪："你们知道俄国的冬天。在很多个月中，气温都降得很低，到处都是冰雪。希特勒忘记了这种俄国式的冬季。他一定没有受到很严格的教育。我们都在学校里听说过这一点，可他忘了。我从未犯过这么严重的错误。"

发抖，成了安德烈·弗拉索夫中将装备精良的生力军——第21集团军的打击目标。在炮兵支援下，这次攻击在零摄氏度以下的气温中发动。不到三天，德军的防线就被突破，被迫后撤。

弗拉索夫发动进攻时，气温异常低（零下60摄氏度）。风雪交加，积雪很厚且不断飘起（1），但他并没有推迟攻击，以等待更有利的条件。

攻击开始前，德军阵地（2）遭到了密集的炮火轰击，直到3天后他们的防线瓦解之前，一直遭到零星的炮击。沃洛科拉姆斯克郊外的许多建筑物起火（3）。

苏军配备滑雪板的5个营参加了战斗（4）。他们身穿白色伪装服，手持冲锋枪，轻松而迅速地在乡间穿行，抵达行动现场，然后徒步作战。

苏军步兵（5）身穿厚实的棉服，不受寒冷天气的影响，无情地追击德军。惨重的伤亡似乎没有削弱苏军战士的士气。

履带宽大的T-34坦克（6）在厚厚的积雪中缓慢行进，但不会陷下去。它们给予步兵宝贵的支援，而且一旦突破德军防线，它们就可以深入敌后。

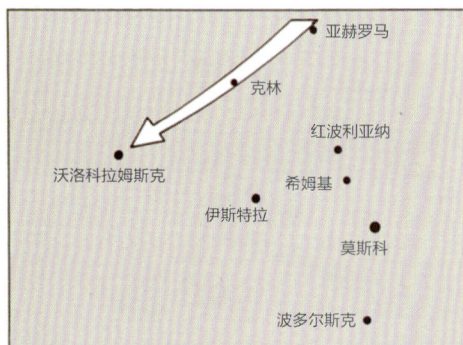

1942年1月初，陆军元帅克鲁格（接任博克）率领的德国中央集团军群在苏军反攻之下后撤。尽管苏军在之前的6个月中遭受了重大损失，但它仍有很庞大的人力储备。这可从1月10日苏军在莫斯科附近发动的攻势中看出——苏军集结了165个师打击克鲁格的68个师。

在苏联首都西北方97千米的沃洛科拉姆斯克（Volokolamusk）镇周围，格奥尔格-汉斯·莱因哈特大将率领的德国第3集团军在寒风中瑟瑟

苏联暂时获得了喘息机会

德军未能夺取莫斯科，但他们在整个冬季都保住了一条防线，挫败了苏军包围他们的所有努力。德军在后来仍然取得了多次重大胜利，特别是在1942年突入高加索，但他们在莫斯科遭到的惨败，打破了德国陆军能够实现任何预定目标的纪录。如果莫斯科陷落，苏军的抵抗可能就会崩溃。结果却是，这座城市的成功防御确保了在斯大林格勒和库尔斯克实施其他大规模战役。

马耳他岛保卫战，1940年6月—1942年11月

贝尼托·墨索里尼于1940年6月10日对同盟国宣战时，似乎并没有意识到英属马耳他岛的战略重要性。这一疏忽将给意大利和德国带来沉重的代价，因为马耳他处于地中海上西西里岛和北非之间的重要位置上。

1936年，意大利领袖墨索里尼与纳粹德国结盟，建立了"罗马—柏林轴心"，尽管他摆出了军国主义的姿态，并在阿比西尼亚（埃塞俄比亚）取得了成功，但他的军队并没有为长期战斗做好准备。不过，当法国濒临崩溃，希特勒的势力大增之时，墨索里尼可能看到了以很小的代价分一杯羹的机会。

随后，墨索里尼开始陶醉于自己的军阀角色，决定入侵希腊和阿尔巴尼亚，并从意大利控制的利比亚派出部队打击驻埃及英军，以夺取重要的苏伊士运河，从而打开通向阿拉伯油田的大门。

墨索里尼宣战时，马耳他岛上只有68门高射炮（而不是建议的156门）保护瓦莱塔（Valletta）的海军基地和3个机场。空军的防御力量也不足，只有9架过时的双翼机——5架费尔雷公司的"剑鱼"鱼雷轰炸机和4架格洛斯特公司的"角斗士"战斗机，它们已经独自对抗意大利袭击部队将近三周了。此时，英国正在准备加强马耳他的攻击和防御力量，向该岛调派了霍克"飓风"战斗机和更多的"剑鱼"鱼雷轰炸机，并从瓦莱塔出动驱逐舰和潜艇打击敌方航运。9月，第一支商船队抵达，送来了补给品以增加当地库存。

到1940年年末，墨索里尼的努力遭到了彻底的失败。仅仅6个月，他的陆军就在希腊和北非遭遇惨败，英国皇家海军又在塔兰托沉重打击了他的舰队。因此，希特勒决定出手干预以重新求得平衡，战斗立刻变得艰苦起来。

12月，德国空军第10航空军在汉斯·盖斯勒（Hans Geissler）中将率领

英勇的"三驾马车"：信念、希望和仁慈

马耳他的战斗机配额一直都定为4个中队的霍克"飓风"，但当意大利宣战时，岛上连一架战斗机都没有。不过，1940年5月，人们在一间舰队航空兵仓库中，找到了4架装箱的老式格洛斯特"角斗士"战斗机。到6月4日，它们已经被仓促地组装起来，由拼凑出来的机组人员驾驶，对抗意大利皇家空军。其中一架飞机很快就严重受损，无法维修，但剩下的3架——绰号为"信念"（Faith）、"希望"（Hope）和"仁慈"（Charity）——继续战斗了18天，直到4架"飓风"战斗机前来相助。这些飞行员成了当地的英雄：每当他们起飞，马耳他人就报以欢呼，他们的照片出现在许多商店的橱窗里。在瓦莱塔的马耳他战争博物馆里，仍然可以看到"信念"的残余框架。

指挥官

马耳他至少在一个方面是幸运的，它的高级指挥官都是勇敢、能干的人。开战时的总督和总司令——陆军中将威廉·多比（William Dobbie，1879—1964）面对令人畏缩的任务、不充裕的资源，不得不尽其所能，采取一切手段保护机场和港区，不得不为部队提供防空洞以抵御无法避免的空袭，还不得不将性情友善、几个世纪以来过惯了和平生活的岛民变成一支坚定的战斗部队。矢志不渝的信仰，对未来危险的认识，以及友善、平易近人的性格，使这位不苟言笑的苏格兰人更加坚强地履行着自己的职责。艰巨的任务最终使他身心俱疲，1942年5月8日，他忍痛去职。

继任者戈特勋爵（1886—1946）在很多方面与多比有着共同之处。戈特人称"人民的总督"，他勇气十足（曾在第一次世界大战中获得维多利亚十字勋章，并于1940年目睹英国远征军安全撤出敦刻尔克），也是一位虔诚的基督徒。两人都生性文静、坦率且毫无市井气。只要条件允许，戈特就骑着一辆自行车以节约汽油，他不顾个人安危，绝不让空袭破坏他的行动。

空军指挥官同样擅长艰巨的任务。空军中将休·普格·劳埃德（Hugh Pughe Lloyd，1894—1991）在机场工作、生活和休息，是手下官兵们的偶像。他曾负责扩建机场防御设施、跑道和疏散区，这不是一项令人羡慕的工作，因为岛上的薄土层下是坚硬的岩石，几乎没有一个平面，且缺少现代化的建筑设备。这项工作于1941年6月开始，在6个月内，飞机疏散隐蔽坞扩大了9倍。西西里岛上的轴心国军队对这项工作很感兴趣，每周两三次派出侦察照相飞机观察进度。

1942年7月代替劳埃德的空军中将基思·帕克（1892—1975）成名于不列颠之战。拥有充足的战斗机后，他立刻引入了前沿截击战术——在敌军轰炸机抵达该岛之前对其发动攻击，以避免给马耳他造成太多破坏和生命损失。

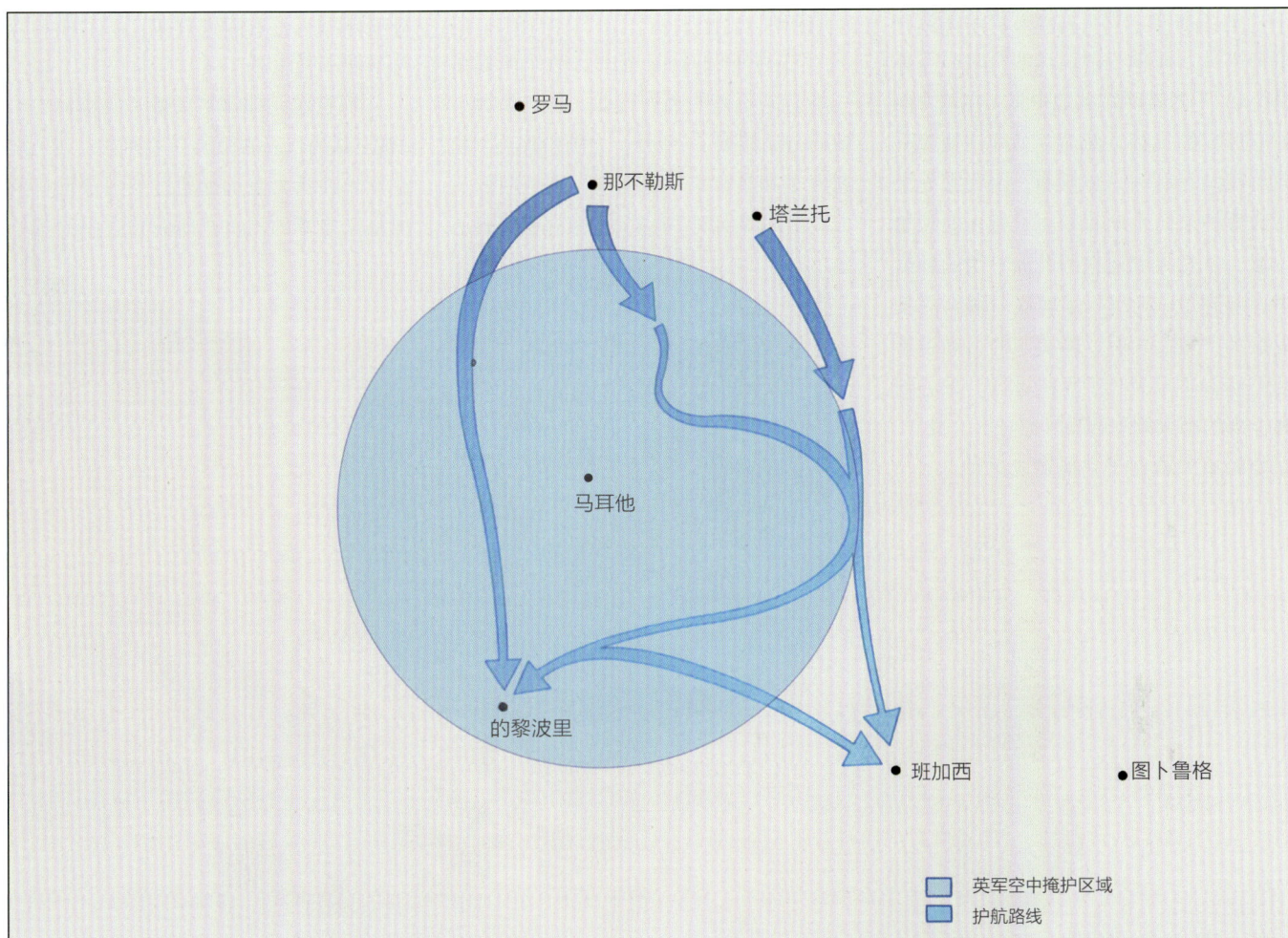

▲ 马耳他几乎在地中海的正中央，1941年，盟国最近的陆上基地亚历山大港在其东面1280千米处，直布罗陀的英国海军基地在其西面1610千米处。此外，该岛位于西西里岛以南、的黎波里塔尼亚以北，因而控制着地中海中部。所以，马耳他在1941年的战争中重要性极高，它既可以使英国护航队自由前往埃及，又可以阻止轴心国安全运送增援部队援助由隆美尔率领的、在北非作战的轴心国军队。此外，德国空军在地中海地区兵力占优，特别是"斯图卡"轰炸机，使驻扎在亚历山大港的英国航空母舰无法发挥全部的效力。但马耳他是一艘"不沉的航空母舰"，代替了海军本应发挥的作用。该岛南面和北面都受到敌占区的威胁，西南方向又有维希法国控制下的、怀有敌意的突尼斯，英军必须全力增援。

下抵达西西里（距离马耳他只有96千米），他的梅塞施密特战斗机和容克轰炸机使轴心国的兵力达到约400架飞机。在马耳他的3个机场——卢加（Luga）、哈尔法（Hal Far）和塔卡里（Takali），英国空军指挥官休·劳埃德中将有16架维克斯–阿姆斯特朗公司的"威灵顿"轰炸机、12架"剑鱼"鱼雷轰炸机、少数美制马丁"马里兰"轻型轰炸机和16架"飓风"战斗机，下一个护航队预计还将送来16架。盖斯勒的目标是取得空中优势，以便将埃尔温·隆美尔中将率领的非洲军团及其装备安全地送到利比亚并确保补给。他以特有的审慎着手这项任务。1941年1月初，马耳他开始感受到德国空军带来的重压。

在此之前，护航队尽管遭到意大利军队的袭击，但仍能通过地中海为马耳他岛提供补给。现在，情况有了很大的变化，因为德国第10航空军一直在接受打击航运任务的训练。1月10日，盖斯勒的容克Ju 87"斯图卡"俯冲轰炸机锁定了英国新建的"光辉"号（HMS Illustrious）航空母舰。这艘正在执行护航任务的巨舰遭到了重创，竭尽全力才逃进了瓦莱塔大港。英军试图在那里的海军船厂中对其进行维修，但都被俯冲轰炸机的袭击打断了。略作修补的"光辉"号于1月23日夜间离开，开始了曲折的远航，前往美国船厂维修。

从意大利港口将非洲军团运往利比亚的准备工作将近完成时，马耳他遭到了更多空袭，岛上本就贫弱的机队承受了可怕的打击。2月底，幸存的"威灵顿"轰炸机撤出，3月初，能够出战的"飓风"战斗机减少到8架。结果，隆美尔的新部队和成千上万的意大利增援部队乘船前往北非，几乎没有遭遇攻击。

虽然在接下来的半年中，对马耳他岛的空袭仍在断断续续地进行，但因为盖斯勒的航空军被调去为德军在巴尔干半岛和西部沙漠的行动提供空中掩护，空袭的强度减弱了。在这段相对平静的时间里，马耳他的战斗机防御有了很大的增强，轰炸机返回，护航队继续迎接考验。但在1941年11月，英军遭受了巨大损失，"皇家方舟"号航空母舰被敌军击沉。

从表面看，英军通过好望角运送补给到埃及，而轴心国运送油料时只需要航行483千米就能跨越地中海，在这方面拥有巨大的优势。然而，马耳他使天平向对英国有利的一方倾斜，因为它处于对敌方护航队发动有效海空打击的理想位置。从意大利运送给非洲军团的补给中，有超过60%沉入了海底。油料的损失最为严重，11月，隆美尔的行动由于油料储备不足而几乎无法进行。轴心国将全部的怒火倾泻到马耳他身上，最主要的原因就在于它能造成这种危险局面。

1941年12月4日夜间，敌军开始了一场有条不紊的轰炸行动，这场协调一致的行动持续了5个月，力图粉碎英国皇家海军和皇家空军的抵抗。有些时候，天空中同时出现多达300架轰炸机。轴心国还制订了"大力神行动"这一迟来的马耳他入侵计划。

以空军元帅阿尔贝特·凯塞林的第2航空队为代表的德国空军和意大利皇家空军，在兵力上远远超过英国守军。英国皇家空军的飞机在地面和空中的损失

▼ 高射炮发射的沉重炮弹飞到高空之后，由延时引信引爆，形成致命的钢铁碎片。在高射炮弹的密集区，飞行员们在不影响投弹精度的情况下尽可能高飞。（要精确投弹，就必须从航路起始点到投弹点保持稳定的航向，这段时间内飞机很容易遭到攻击）。

高射炮通常打击单独的飞机，但瓦莱塔周围的地面防空部队采用了一种新战术。他们将防空火力集中在轰炸机前方一个预先确定的"方框"里，每个炮组向固定的高度和距离射击，这样所有来袭飞机都必须穿越一堵"火墙"。

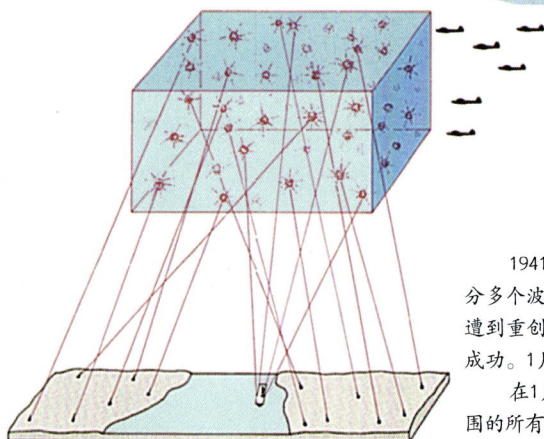

1941年1月16日13时55分，德国空军俯冲轰炸机首度出现在马耳他上空。大约70架"斯图卡"分多个波次发动了攻击，它们的主要目标是"光辉"号航空母舰。6天前，该舰在执行护航任务中遭到重创被送入瓦莱塔，正在法国湾的海军船厂抢修。德国空军多次尝试将这艘航母击沉都没有成功。1月23日，在夜色掩护下，这艘巨舰悄悄地溜到了亚历山大港。

在1月16日的空袭中，英军使用了一种全新的防空火力计划。船厂防御连的火炮（4）与大港周围的所有其他火炮（1）组成了一片弹幕，"斯图卡"轰炸机不得不在飞旋的烟雾中向法国湾俯冲。

德国轰炸机
飞行路线

大港

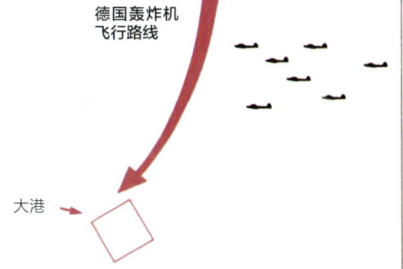

"光辉"号（5）停泊在属于海军船厂的帕拉托里奥（Parlatorio）码头（3），码头基本上被摧毁了，但只有一枚炸弹命中了航母，对飞行甲板造成了轻微破坏。整个行动中，舰上的火炮加入了该岛的防御。

在法国湾的"三城"——森格莱阿（2）、科斯皮夸和维托里奥萨，历史性建筑、教堂、住宅和商店遭到毁坏。空袭造成53人死亡，19人受伤。

"光辉"号上的"管鼻燕"式战斗机飞到陆上基地，加入了战斗。一架"管鼻燕"（6）正在追击一架投弹的"斯图卡"（7），后者低飞到水面附近，试图从高射炮的弹幕下方逃走，结果刚飞出防波堤就被击落。德军在空袭中至少损失一架飞机，而英军飞机没有损失。

迅速攀升，到1942年2月中旬只剩下11架可以使用的"飓风"战斗机，瓦莱塔的海军基地也遭到了沉重的打击。

3月，首批超级马林"喷火"战斗机从航空母舰上飞抵马耳他，为疲惫的守军注入了第一针强心剂。但这些前线战斗机许多都在敌人对机场的大规模空袭中毁于地面。不过在陆军部队的帮助下，劳累过度的英国皇家空军加倍努力，保证为所有可用的飞机准备好武器和油料，使其随时可以起飞，并维修受损的跑道，修建疏散隐蔽坞以保护宝贵的战斗机免遭轰炸损伤。

整个3月，马耳他的空战愈演愈烈。敌军在3月26日发动的进攻异常凶猛，以至于当天的英国皇家空军官方形势报告称，战斗次数过多，无法一一详述。

马耳他人民表现出了巨大的勇气。他们的住宅、教堂、公共和历史性建筑被炸成了瓦砾，平民伤亡人数剧增，食品和其他必需品奇缺，导致困难局面延续。1942年4月15日，乔治六世国王授予马耳他乔治十字勋章，"向它勇敢的人民致以敬意"。

一个月以后，凯塞林形成了错误的观点，认为马耳他岛不再是个威胁，并将他的许多中队调到东线苏联战场或支援北非的轴心国部队。5月10日之后，针对马耳他的空袭频率和强度都大大降低了。不久，英国航空母舰将该岛的战斗机增加到300架"喷火"，足以应对敌人的任何挑战。

6月，马耳他得到了进一步的喘息机会。隆美尔夺取了英军在图卜鲁格（Tobruk）的庞大基地，拥有了宝贵的燃油和其他物资库存，因此他说服上级，不再有必要入侵马耳他，并要求将选拔参加"大力神行动"的部队划归他指挥，以加强在北非的兵力。

与此同时，努力确保该岛补给的护航队遭到了敌方海空军的猛烈打击。只有少数商船设法通过，局势如此令人绝望，连潜艇也用来运送少量重要物资。很显然，除非大型护航队的大部分船只

◀"为了向它勇敢的人民致以敬意，我将乔治十字勋章授予马耳他岛要塞，以见证其足以名垂青史的英雄主义和奉献精神。"——英国国王乔治六世

一座岛屿英雄般的忍耐力

在第二次世界大战中，平民首次在极大程度上被卷入了战争，有些时候几乎等同于军队。认识到这一点后，1940年9月，英国国王乔治六世在伦敦遭遇闪电战的高潮时刻设立了乔治十字勋章，用于奖励平民的英勇行为，其级别等同于授予军人的最高奖项——维多利亚十字勋章。1942年4月15日，这位国王为了鼓舞人心，向马耳他岛及其人民授予乔治十字勋章。这枚勋章由新任总督戈特勋爵带到马耳他岛，他在瓦莱塔总督府举行了一场简朴而又庄严的典礼，在千万人的注视之下将勋章交给了该岛人民。1943年6月20日，国王亲自乘"曙光女神"号（HMS Aurora）巡洋舰登岸会见了岛上居民、守军及其指挥官，感谢他们像英雄一样坚持不懈，并引来了人们的欢呼。

▲马耳他的城市在轰炸中受损严重，但许多平民躲在岩洞中，避免了严重的伤亡。袭击之后，整条街可能都被瓦砾堵塞，电力线路和煤气管道常常被切断，供水也被长期切断。马耳他人至少不用更多地担心火灾，因为从16世纪起，所有建筑物都是用石材建成的。

护航队：马耳他的生命线

马耳他需要的一切——燃油、弹药和食物，都必须由护航队运入，后者也成了敌方轰炸机和潜艇的重要目标，承受了可怕的打击。从东面的亚历山大港出发的护航队通常由少数快速商船组成，防卫严密。然而，德军因为意军在北非的惨败而介入此地，并将强大的轰炸机和战斗机部队调到马耳他打击范围内后，形势迅速恶化。许多商船在途中被击沉，其他一些船只在卸载货物时被击沉，很多货物尽管成功上岸并仓促疏散，但后来也被摧毁了。

因此，英军组织了更大的护航队，其中著名的行动有：1941年1月第一周从直布罗陀出发的"超额行动"（Operation Excess），"光辉"号航母就在这次任务中被击中；7月的"物质行动"（Operation Substance），它为马耳他带来了65000吨食物和弹药；1942年6月的"鱼叉行动"（Operation Harpoon）则带来了43000吨物资。

然而，到7月份，岛上的居民已经到了饥荒的边缘，他们的粮食定量甚至明显不如大西洋战役时期的英国。因此，英国发动了远比以前更大规模的救援行动。

参与代号为"基座行动"（Operation Pedestal）的大规模护航于8月2日从英格兰北部起航。14艘满载的商船得到了"Z部队"的保护，这支海军护航舰队包括2艘战列舰、3艘航空母舰、3艘巡洋舰和14艘驱逐舰。与这支舰队同行的还有由另外8艘驱逐舰护航的老式航空母舰"暴怒"号（HMS Furious），上面载有更多将飞往马耳他的"喷火"战斗机。英国

皇家海军的潜艇沿路巡逻。

舰队于8月初通过直布罗陀海峡，次日就被一艘意大利潜艇发现，于是展开了与敌方飞机、鱼雷艇和潜艇的持续战斗。"鹰"号（HMS Eagle）航空母舰、2艘巡洋舰、1艘驱逐舰和9艘货船被击沉，"不屈"号（HMS Indomitable）航空母舰遭到重创。但从抵达瓦莱塔的5艘货船（包括伤痕累累、于8月15日由两艘驱逐舰拖带靠岸的"俄亥俄"号油轮）上卸下的32000吨常规货物和136000吨油料，足以让该岛继续战斗。欢呼的人群在圣玛丽亚（马耳他的守护神）节迎来了"基座行动"的幸存者。

此时，岛上的居民能更好地抵御敌军的围攻。1942年11月，又一支大型护航队送来了补给，轴心国的围攻几乎已经破灭。

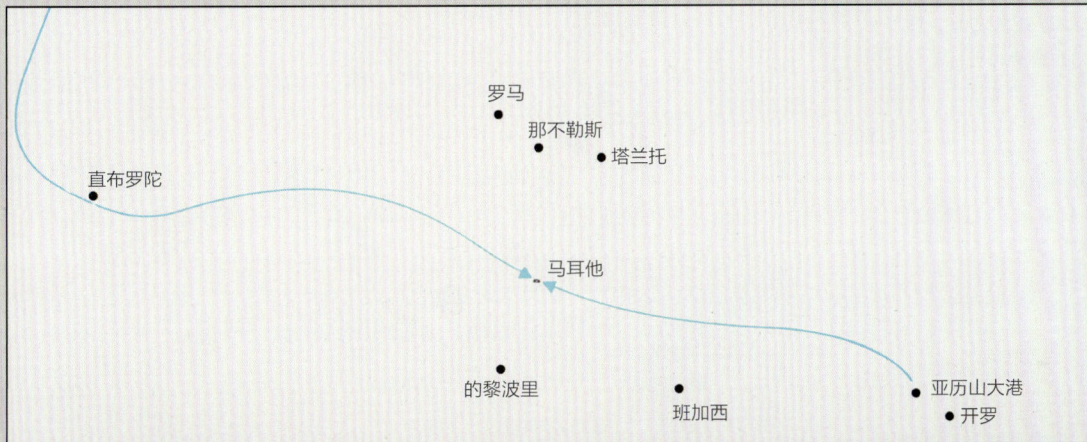

◀ 马耳他可以通过来自地中海东西两端的盟军护航队得到补给。战争初期，从直布罗陀方向来的路径较为有利，因为这样可以在敌方欧洲基地以南很远的地方航行，只会受到潜艇的威胁。从亚历山大港方向来的路径危险程度则随着北非战局的起伏而变化不定。

◀ "基座行动"期间，从"胜利"号航空母舰上拍摄的"不屈"号航空母舰及其身后的"鹰"号航空母舰。一架"青花鱼"鱼雷轰炸机刚从"不屈"号上起飞进行反潜巡逻。照片前方，"胜利"号的甲板上有它搭载的5架"海飓风"战斗机中的2架，它们随时准备紧急起飞。

58

能运送补给抵达瓦莱塔，否则马耳他就会沦陷。

8月初，英国皇家海军发动了"基座行动"，这是有史以来派往马耳他的最大规模护航队，全力以赴地救济该岛。在与敌机、鱼雷艇和潜艇的连续作战中，"鹰"号航空母舰、2艘巡洋舰、1艘驱逐舰和9艘货船被击沉，但是有5艘商船抵达瓦莱塔，使该岛能够继续战斗。

尽管轴心国通往北非的补给线再次中断，隆美尔也因战线拉得过长，燃油又一次极度不足，并在进军途中于阿拉曼（El Alamein）遭遇了伯纳德·蒙哥马利（Bernard Montgomery）将军，但马耳他同样再度面临饥荒的严峻前景。11月19日，岛上剩余的粮食已经不足以支撑两周，但此时由4艘货船组成的护航队得以通过封锁。此后，居民们再也没有遭受过围困之苦。

10月的一小段时间里，轴心国竭力向非洲军团运送更多燃油，于是恢复了对马耳他的闪电战。但在8天中，英国皇家空军击落了至少100架敌机，己方仅损失27架，此后该岛的上空恢复了平静。1942年11月，战局转而变得对隆美尔不利，马耳他遭到了一些猛烈的袭击。但当轴心国部队于1943年5月被赶出北非，这些空袭也逐渐停止了。盟军取得了这场战役的胜利。

1942年春季，德国空军和意大利皇家空军猛烈轰炸马耳他，该岛急需战斗机来对抗敌军飞机。

3月和4月，首批"喷火"战斗机从航空母舰上飞来，补充了当时防卫马耳他的少数"飓风"战斗机。但许多飞机被摧毁在地面，燃烧的飞机和弹坑常常导致机场无法使用。

3月和4月之间，英国皇家空军在陆军的帮助下做出了巨大的努力，改善了3个机场，共铺设43千米跑道，并加速了飞机的维护工作。到5月9日预计有64架新的"喷火"战斗机到来时，他们在塔卡里的基地有令人自豪的防爆疏散隐蔽坞和经过精心预演的飞机快速复飞规程。5月9日，马耳他遭到了9次空袭，最严重的一次发生在11时14分。

4个小时之前从美国航空母舰"黄蜂"号

◄每架"喷火"战斗机抵达时都被引导到一个隐蔽坞中，隐蔽坞是用石头砌成的，内衬沙包，但塔卡里的某些隐蔽坞是在崖壁上开凿的。飞机采用人工加油，在飞行员于座舱中做好起飞准备时，成队工作的地勤人员用23升的油罐为其加油。一名飞行员写道："人们生活在这里，只为了消灭德国鬼子……生活条件、睡眠、食物都不在考虑之列……与之相比，不列颠之战不过是小孩把戏。"

（USS Wasp）上起飞的一群新的"喷火"战斗机（4）正在准备降落。这些新飞机拥有最新的武器——装在机翼上的4门航炮。

驻马耳他战斗机中队的"喷火"战斗机（3）紧急起飞，为新来的战斗机提供掩护，它们大部分没有载弹，且燃油已将耗光。

炸弹在机场各处爆炸（1），有些飞机在降落时受损或被摧毁。

维修小组全天忙碌，填补弹坑（2），使机场一直维持使用。

塔卡里的主要防空手段是40毫米的博福斯炮（5），它们在机场边缘沙包堆起的阵地上保持着快速有效的火力，不经意间就能给进场的飞机造成进一步的危险。

塔卡里到处都修建了疏散隐蔽坞（6），以保护飞机免受攻击。隐蔽坞用填满泥土的油罐、轰炸中损坏的建筑物上的石块以及沙包修建而成，每个隐蔽坞中都有燃油、备件和弹药，并有5名地勤人员，可在6分钟内完成一架飞机的维护。许多新来的飞行员直接参与行动，对抗轰炸他们的敌机。

中途岛海战，1942 年 6 月

到1942年春季，日军已经占领了南太平洋和西太平洋的大部分地区，并需要保护已夺取的石油和原材料资源。为此，日本海军总司令、海军大将山本五十六制订了一项复杂的计划，准备在中途岛（Midway）伏击和消灭美国海军上将切斯特·尼米兹（Chest Nimitz）的太平洋舰队。这个小岛虽然贫瘠，却是战略上十分重要的前哨，拱卫着夏威夷群岛和美国本土的西部通道。

山本五十六的计划首先要求对太平洋北部的阿留申岛链发动一次佯攻。等强大的航母打击部队轰炸中途岛之后，步兵将实施登陆，而由他亲自率领的一支预备队将部署在中途岛到阿留申群岛的中点。由于他没有雷达，潜艇巡逻队将在预计的美军舰队航行路线上实施预警，使他有时间集中舰队，启动陷阱。最后，作为诱敌之计，日军岸上机构与一支不存在的舰队之间的通信往来公开广播，而山本的庞大舰队则在严格的无线电静默下出海部署。

然而，美军破解了日军的密码，知道对他们的太平洋基地发动的大规模攻击已经迫在眉睫。他们也采取了自己的策略，并且收效比山本更大。美国海军情报人员知道，AF是日军表示目标的密码，于是要求各个可能引来敌方进攻的阵地指挥官向总部报告各不相同的问题。中途岛埋怨海水蒸馏厂有缺陷，果然，不久之后截获的一封日本情报机构电文宣称，AF遇到了这种麻烦。

尼米兹上将预先知道了山本的整个计划，相应地做出了部署。他派出一支特遣部队前往阿留申地区作为预防手段，而在中太平洋，他将部队分成两个强大的航母战斗群，目的是在中途岛出其不意地打击自以为奇袭的日军。

美国第16特遣舰队，包括"大黄蜂"号（USS Hornet）、"企业"号（USS Enterprise）航空母舰，以及

珍珠港：受害者与幸存者

▲ 美国"肖"号（USS Show）驱逐舰的弹药库在珍珠港袭击中爆炸。

▲ 美国"列克星敦"号（USS Lexington）航空母舰。全长270米，最高航速33节，装备8门8英寸火炮（沉没时没有搭载这些火炮）、66架飞机。

▼ 美国"萨拉托加"号（USS Saratoga）航空母舰。全长246米，最高航速33节，装备12门5英寸高射炮、4门6磅炮和18挺高射机枪。

▲ 美国"企业"号航空母舰。全长246米，最高航速32节，装备8门5英寸炮、96架飞机。

日本是第一个认识到重型航空母舰在海战中潜力的国家，到1941年时，它已建造了6艘航空母舰，还有一些在建。但当日本毫无预警地于1941年12月7日8时25分出动360架轰炸机和护航战斗机袭击珍珠港时，其主要目标是美国太平洋舰队的8艘战列舰。除了在干船坞中的"宾夕法尼亚"号（USS Pennsylvania）之外，在港的所有舰艇（总数超过90艘）都受损或被摧毁。"亚利桑那"号（USS Arizona）战列舰爆炸，"西弗吉尼亚"号（USS West Virginia）和"加利福尼亚"号（USS California）沉没，"俄克拉荷马"号（USS Oklahoma）倾覆。

尽管从表面看，折损大半的美国太平洋舰队笼罩在一片硝烟之中，但日军并没有实现目标。以珍珠港为基地的两艘航母（"列克星敦"号和"企业"号）及其强大的巡洋舰编队此时漂泊在海上，它们刚完成了为威克岛和中途岛交付海军陆战队战斗机的任务，正在返航途中。就这样，尽管日军绝对相信航空母舰不可阻挡的威力，并且为此做了证明，但恰恰错失了他们应该尽全力抓住的猎物。因此，4艘美国航空母舰——"列克星敦"号、"企业"号、"萨拉托加"号和"约克城"号仍然在太平洋中作战。

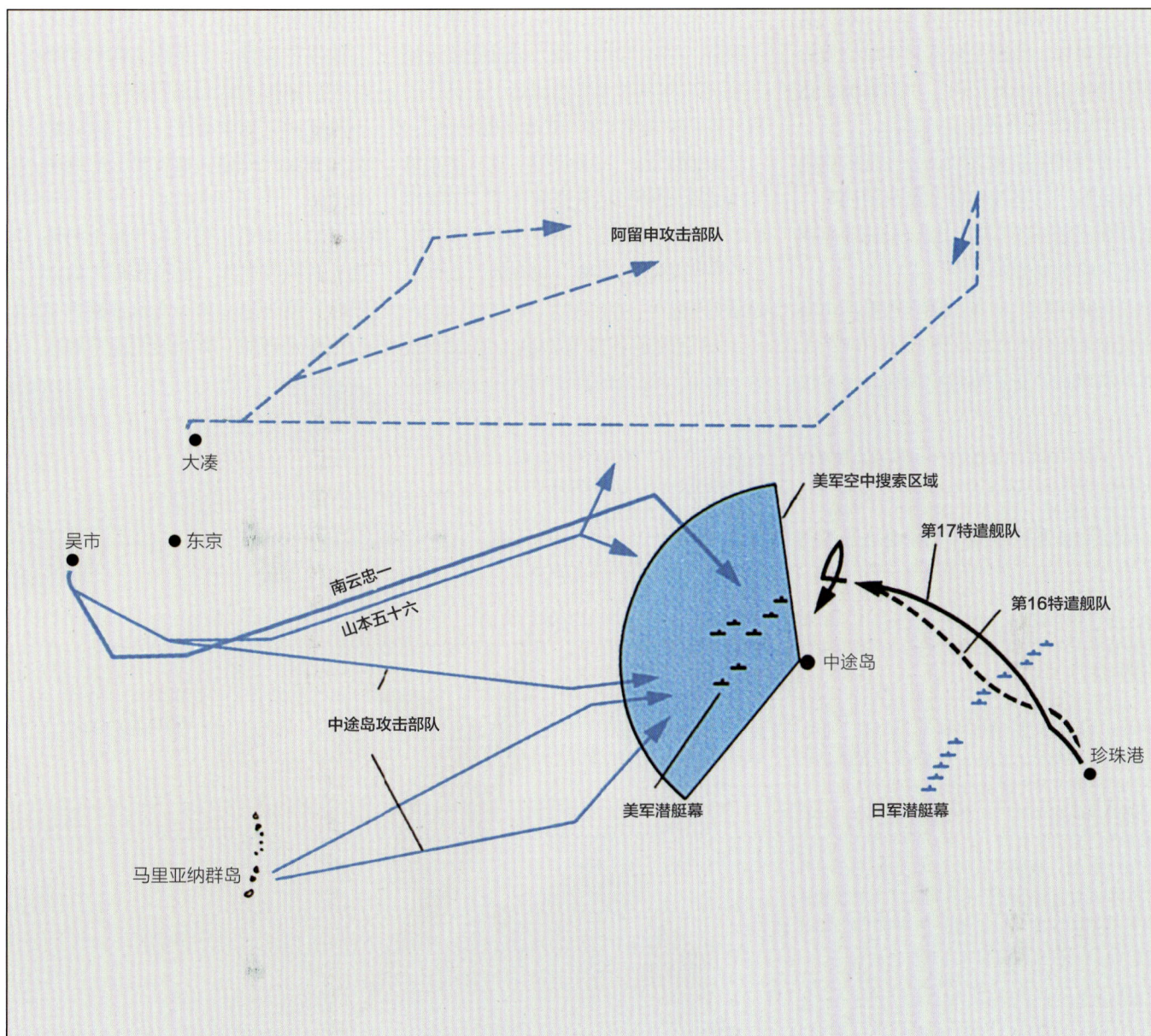

为之护航的6艘巡洋舰和9艘驱逐舰，它们在海军少将雷蒙德·斯普鲁恩斯（Raymond Spruance）的率领下出海。在珊瑚海海战中受损的"约克城"号（USS Yorktown）航空母舰在珍珠港快速修补后，与2艘巡洋舰和5艘驱逐舰组成了第17特遣舰队，该舰队由海军少将弗兰克·弗莱彻（Frank Fletcher）指挥，弗莱彻对后续的行动有战术控制权。

6月2日，两支美国特遣舰队在中途岛东北方约400千米处就位，等待着与日军作战，后者于5月25日到27日之间离开基地，但此后未见踪影。不过，日军没有发现弗莱彻和斯普鲁恩斯所率部队的位置，因为他们的潜艇抵达巡逻区时，

美军舰艇已经通过了这里。次日，日军按照计划攻击了阿留申群岛中的阿图岛（Attu）和基斯卡岛（Kiska），但美军没有太大反应，这令日军大惑不解。实际上，美军在南面3220千米处捕获了更大的猎物。大约在对阿留申群岛的炮轰开始时，一架美军远程侦察机在中途岛西南方1125千米处发现了敌方船队。美军确定这些船只是攻击部队的人员运输船。

6月4日破晓，第16和第17特遣舰队位于中途岛东北方320千米处。他们并不知道南云忠一的部队正在西面约400千米处出动飞机攻击中途岛，这支入侵部队包括4艘大型航空母舰——"赤城"号、"加贺"号、"苍龙"号和"飞龙"

▲ 日本海军大将山本五十六在攻击中途岛时将其联合舰队一分为五，先头部队是刺探军情的潜艇。但是美军破解了日军的密码，知道了他们的意图，并在日本潜艇抵达指定阵位之前将第16（斯普鲁恩斯率领）和第17特遣舰队（弗莱彻率领）调往中途岛。日军以北路部队和第2航空母舰打击部队（第2航空舰队）佯攻北面的阿留申群岛，但美军几乎无视这一行动。山本五十六的第1航空母舰打击部队（第1航空舰队，南云忠一率领）向东北方移动，然后转向东南攻击中途岛。第2舰队掩护集群、运输与支援集群、扫雷集群一同在更南面向东航行。与此同时，美国第16和第17特遣舰队在中途岛东北方会合。

号。一个小时后（5时30分），一艘美军"卡塔琳娜"飞艇发现了日军航空母舰并发出警报。与此同时，中途岛的雷达发现了160千米外的来袭敌机。

弗莱彻决定发动攻击，在他的旗舰"约克城"号迅速回收侦察机的同时，斯普鲁恩斯的第16特遣舰队全速冲向南云忠一的航空母舰。

与此同时，日军的第一波攻击由友永丈市大尉率领的72架轰炸机和36架护航战斗机组成，正在靠近中途岛。美军出动了26架布鲁斯特"水牛"式和格鲁曼"野猫"式战斗机拦截，但这些美国战斗机无法与当时太平洋战场上最优秀的战斗机——三菱"零"式战斗机匹敌。

从南云忠一的角度看，这次袭击算不上完全成功：尽管受损严重，但美军机场仍然能够使用。7时10分出现在日舰上空的鱼雷轰炸机和"掠夺者"轰炸机就是证明。

尽管此前侦察巡逻队一直没有报告，但这位谨慎的日本舰队司令怀疑美军战舰可能在这一区域，因此让第二波攻击待命，并装载鱼雷和穿甲炸弹以迎接可能到来的海军攻击。不过此时，他下令这些飞机改装燃烧弹和高爆炸弹，准备第二次袭击中途岛。

15分钟后，当飞行甲板上的地勤人员疯狂工作，更换轰炸机的武器时，南云忠一第一次从侦察机飞行员那里得知，有10艘美国军舰从

1942年6月4日10时20分，日军未能发现的美国俯冲轰炸机从高空扑向南云忠一麾下4艘航空母舰中的3艘。此时的气候条件——平静的海面和良好的能见度，对俯冲轰炸机很理想。

从"企业"号航空母舰上起飞的"无畏"式俯冲轰炸机（3）在10时05分左右发现了日军航母。15分钟后，这些轰炸机机动到位并向"赤城"号（5）和"加贺"号（2）航空母舰俯冲下去。

第一枚命中"赤城"号的炸弹引爆了装弹期间匆忙堆在机库内的炸弹。转瞬之间，该舰又被第二次命中，变成了一座炼狱。随着甲板下机库内更多的炸弹被引爆，巨大的爆炸反复重创这艘航空母舰。攻击开始45分钟后，日军放弃了"赤城"号。

"无畏"式俯冲轰炸机从14000英尺（约4270米）的高空猛扑下来，穿过日军护航舰艇密集的防空火力（4），在很短的时间里连续4次命中"加贺"号。"加贺"号立刻被无法控制的大火吞没。当天晚些时候，该舰被放弃，不久后沉没。

更早时对"苍龙"号航空母舰（1）的攻击被零式战斗机（6）击退。随后，美国"约克城"号航母上的轰炸机向其发动俯冲攻击，并命中3次，油箱和弹药库爆炸，很快将其烧成了一副骨架。这3艘航空母舰都在遭到攻击的16个小时内沉没。

386千米之外向他驶来。报告中没有提到航空母舰，尽管第16特遣舰队的"大黄蜂"号和"企业"号正在起飞战机。

南云忠一不得不撤销了重新装载炸弹的流程，命令他的飞机（有些仍然搭载鱼雷，其他此时已改挂炸弹）准备攻击美国舰队。8时20分，他接到了令人不安的消息：水上飞机飞行员报告，美军舰队后方有一艘航空母舰。尽管南云忠一此时认为有必要立即下令飞机起飞，但他却做不到，因为飞行甲板必须清空，以接收从中途岛返回的友永部队的飞机，这些飞机此时油料不足，很多还被击伤了。因此，他下令将所有飞机留在甲板之下，让尽可能多的轰炸机装上鱼雷。全速工作的"加贺"号飞行甲板人员将在机库中等待更换的炸弹堆起来，而不是将其送回装甲厚重的弹药库。这是一个权宜之计，但很快就带来了最为灾难性的后果。

9时30分，日本航空母舰的甲板上停满了友永部队的飞机，这些飞机没有油料，也没有武器。就在此时，美国第16特遣舰队的第一批117架飞机呼啸着进入了视野。在它们后面的，是晚一小时起飞的第17特遣舰队的另外35架飞机。但是，美军的攻击缺乏协调。从"大黄蜂"号和"企业"号航母起飞的机队，包括低空飞行的道格拉斯"毁灭者"鱼雷轰炸机和为其提供掩护的格鲁曼"野猫"战斗机，以及高空飞行、不受保护的道格拉斯"无畏"式俯冲轰炸机，它们穿越云层，飞向南云忠一的舰队。

来自"大黄蜂"号的15架"毁灭者"在没有护航战斗机保护的情况下，迎着50架正在实施战斗空中巡逻的"零"式战斗机和密集的防空火力，发动了第一波攻击。这些飞机都被击落了。接着，来自"企业"号的14架"毁灭者"飞进战区，损失了11架。"约克城"号的12架"毁灭者"抵达现场后，也发动了攻击，但只有2架幸存。速度缓慢的"毁灭者"遭到了"零"式战斗机的猛烈攻击，未能损伤南云舰队的舰

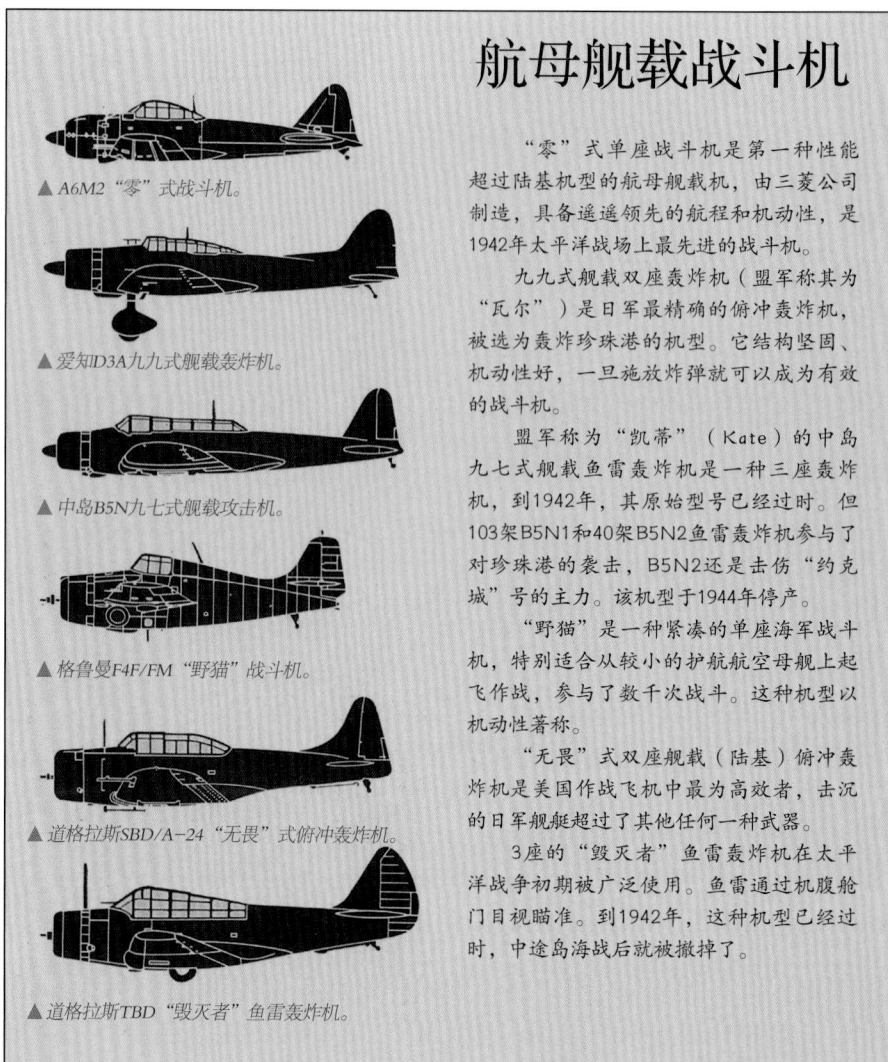

航母舰载战斗机

"零"式单座战斗机是第一种性能超过陆基机型的航空母舰载机，由三菱公司制造，具备遥遥领先的航程和机动性，是1942年太平洋战场上最先进的战斗机。

九九式舰载双座轰炸机（盟军称其为"瓦尔"）是日军最精确的俯冲轰炸机，被选为轰炸珍珠港的机型。它结构坚固、机动性好，一旦施放炸弹就可以成为有效的战斗机。

盟军称为"凯蒂"（Kate）的中岛九七式舰载鱼雷轰炸机是一种三座轰炸机，到1942年，其原始型号已经过时。但103架B5N1和40架B5N2鱼雷轰炸机参与了对珍珠港的袭击，B5N2还是击伤"约克城"号的主力。该机型于1944年停产。

"野猫"是一种紧凑的单座海军战斗机，特别适合从较小的护航航空母舰上起飞作战，参与了数千次战斗。这种机型以机动性著称。

"无畏"式双座舰载（陆基）俯冲轰炸机是美国作战飞机中最为高效者，击沉的日军舰艇超过了其他任何一种武器。

3座的"毁灭者"鱼雷轰炸机在太平洋战争初期被广泛使用。鱼雷通过机腹舱门目视瞄准。到1942年，这种机型已经过时，中途岛海战后就被撤掉了。

▲ A6M2 "零"式战斗机。

▲ 爱知D3A九九式舰载轰炸机。

▲ 中岛B5N九七式舰载攻击机。

▲ 格鲁曼F4F/FM "野猫"战斗机。

▲ 道格拉斯SBD/A-24 "无畏"式俯冲轰炸机。

▲ 道格拉斯TBD "毁灭者"鱼雷轰炸机。

艇。空战激烈进行的同时，日军飞行甲板人员一直都在努力地准备飞机，以便发动对美军舰艇的打击，根据报告，已有102架飞机做好起飞准备。9分钟之后（10时15分），南云忠一觉得自己已经

▲ "毁灭者"鱼雷轰炸机准备从"企业"号航空母舰甲板上起飞。从这艘航母上起飞的、对南云忠一的航空母舰实施第一波打击的14架飞机中，只有3架未被摧毁。这些飞机的机翼固定在水平位置，而贮存时则折起。返航时，飞机放下尾钩挂住甲板上的阻拦索（照片前方）以减速避免冲出跑道。

指挥官

▲ 斯普鲁恩斯和尼米兹

▲ 南云忠一

▲ 山本五十六

日本海军大将**山本五十六**（1884—1943）十分了解美国人，因为他曾就读于哈佛大学，并担任过日本驻华盛顿海军武官（1925—1927）。1939年，他被任命为日本联合舰队总司令。尽管反对与德国结盟，但他却强烈支持与盎格鲁－撒克逊人开战，对袭击珍珠港负有主要责任。他的第1航空舰队指挥官海军中将**南云忠一**（1887—1944）是一位才能出众、精力充沛的将领，但在中途岛海战时已显老态，变得犹豫不决，而且过于轻易地批准参谋们提交的计划。此外，他并不适合指挥第1航空舰队，因为他的专长是鱼雷战。南云

忠一后来被任命为中太平洋舰队指挥官，奉命负责马里亚纳群岛的防御，美军成功地在塞班登陆之后，他自杀身亡。

美国海军上将**切斯特·W.尼米兹**（1885—1996）是一位才华横溢的组织者和战略家，1941年12月31日被任命为美国太平洋舰队司令，此时日军对珍珠港的袭击刚过去不久。他将所有军官都留在原来的岗位上，相信这场灾难"可能发生在任何人身上"，也坚信他对手下的信任有助于重振士气。尼米兹是中途岛海战获胜和随后消灭日本海上力量的主要功臣，是1945年9月2日在"密苏里"号（USS Missouri）战列舰上正式接受日本投降的将领之一。

海军上将[1]**雷蒙德·A.斯普鲁恩斯**（1886—1969）是第16特遣舰队的指挥官，他沉着果断而又能够接受建议，对敌人的意图有高度的预见性，同时又总能出敌不意。他非常不喜欢抛头露面，在退役后没有接受过任何采访。当美军发现南云舰队时，斯普鲁恩斯的上级、海军上将[2]弗兰克·J.弗莱彻正在回收飞机，因此下令斯普鲁恩斯先行接敌，从而使这位能力极强的指挥官能够独立行动，最后显著地影响了战役的结果。

[1]译注：当时军衔为少将。
[2]译注：当时军衔为少将。

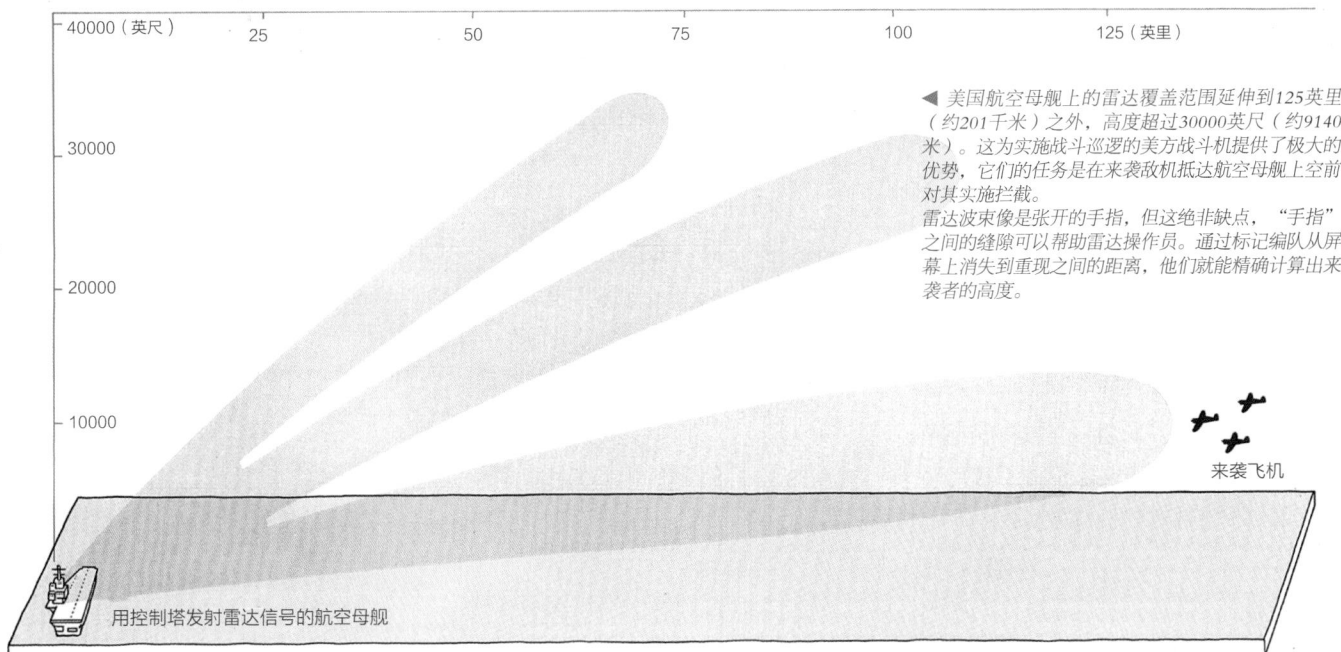

◀ 美国航空母舰上的雷达覆盖范围延伸到125英里（约201千米）之外，高度超过30000英尺（约9140米）。这为实施战斗巡逻的美方战斗机提供了极大的优势，它们的任务是在来袭敌机抵达航空母舰上空前对其实施拦截。
雷达波束像是张开的手指，但这绝非缺点，"手指"之间的缝隙可以帮助雷达操作员。通过标记编队从屏幕上消失到重现之间的距离，他们就能精确计算出来袭者的高度。

来袭飞机

用控制塔发射雷达信号的航空母舰

重新占据主动，允许这些飞机起飞。

但就在这一刻，无人知晓的威胁潜进了日军航空母舰集群上空14000英尺（约4270米）处。此时，实施战斗空中巡逻的日本战斗机在击溃"毁灭者"鱼雷轰炸机后处于低空，油料和弹药都已消耗殆尽。尽管南云忠一的水兵们仍在警戒鱼雷攻击，但从"企业"号和"约克城"号起飞的道格拉斯"无畏"式俯冲轰炸机已顺利抵达目标上空。

55架"无畏"式俯冲轰炸机以整齐的列队，呼啸着扑向毫无防备的日军，就在煮熟一个鸡蛋的工夫，它们就改变了太平洋战争的进程。两枚炸弹，一枚454千克，一枚227千克，命中了南云忠一的旗舰"赤城"号；4枚454千克炸弹命中了"加贺"号；最后，3枚炸弹击中了"苍龙"号。这3艘日本大型航空母舰及其搭载的大约200架飞机的命运就此注定。

就在美军的袭击即将结束时，已在袭击中途岛的行动中损失了三分之一舰载机的"飞龙"号航空母舰接到命令：以所有可用的飞机发动一次反攻。11时，18架俯冲轰炸机在6架"零"式战斗机护航下起飞，径直飞向弗莱彻的部队，后者的位置一直在一架日本侦察机的监控之中。只有8架俯冲轰炸机突破美军防御飞到"约克城"号上空，攻击后只有1架逃生，但这次孤注一掷的攻击并不算失败。3枚227千克炸弹击中了这艘航母，造成了严重的破坏。

与此同时，斯普鲁恩斯的舰队未受到阻碍，向东北航行，准备将麻烦制造者"飞龙"号赶出这片水域。"企业"号上起飞的24架"无畏"式俯冲轰炸机和随后从"大黄蜂"号上起飞的另外16架搜寻起日本航空母舰，并在17时发现了正在6架"零"式战斗机护卫下航行的"飞龙"号。敌军战斗机拦截了领头的"无畏"式俯冲轰炸机打击编队，但后续部队4次命中"飞龙"号。南云忠一的最后一艘航母变成了一片火海，次日早上，它的护航驱逐舰用鱼雷加速了它的

▲ "无畏"式俯冲轰炸机即将对日本舰队的舰艇发起俯冲攻击。这些轰炸机机翼后缘上的孔洞可以在飞行员俯冲时更好地保证瞄准的稳定性。

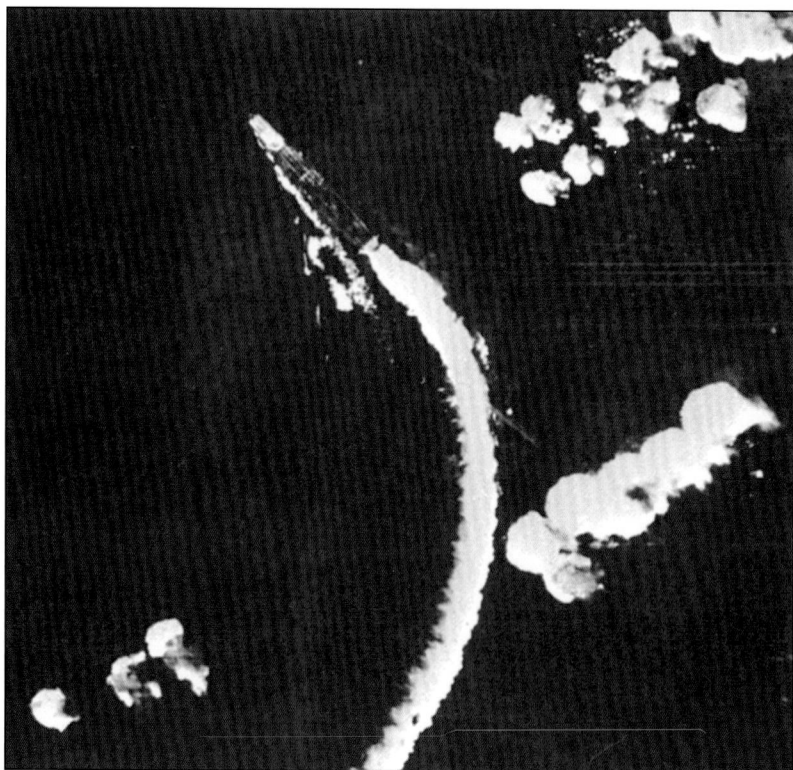

▲ 日本"飞龙"号航空母舰以之字形路线航行，以规避美国B-17轰炸机的攻击。这种权宜之计在对付鱼雷攻击时效果较好，因为潜艇的机动性远不如轰炸机，后者可以寸步不离地紧跟目标航向的改变。4枚炸弹很快连续爆炸，使"飞龙"号飞行甲板上的飞机起火，导致进一步的爆炸。该舰最后被护航驱逐舰的鱼雷击沉。舰长和以此舰为旗舰的第2航空舰队司令山口多闻皆与舰同沉，后者把自己绑在舰桥上，以表明必死的决心。

灭亡。

6月4日夜色降临时，弗莱彻命令第17特遣舰队转向东行，避免与南云舰队的余部遭遇。6月5日2时55分，山本五十六为己方的损失而震惊，撤销了进攻中途岛的行动并退却。

"约克城"号之殇

美国航空母舰"约克城"号从战争爆发起就一直在战斗，但在珊瑚海海战中遭到重创。它费尽艰辛，拖着一道16千米长的油迹，于5月27日抵达珍珠港，港内为此鸣响汽笛，水兵们也致以欢呼。以它的受损程度，通常需要三个月的时间进行维修，但在1400名船厂工人的努力下，它在48个小时内就能够再度航行。5月30日，它离开港口，重新加入弗莱彻率领的第17特遣舰队。

在中途岛海战中，"约克城"号起到了重要作用。它所搭载的俯冲轰炸机和"企业"号的同类战机一起，成就了摧毁南云忠一的旗舰"赤城"号及其姊妹舰"加贺"号和"苍龙"号的功绩。不过，"飞龙"号仍在，并出动了18架俯冲轰炸机，向"约克城"号发动了报复性攻击。

"约克城"号正在回收其"无畏"式俯冲轰炸机，警报声突然响起。它暂停飞机着舰，停止加油操作，并用化学性质不活泼的二氧化碳气体清洗供油系统，以降低舰艇被命中时发生爆炸的危险。

日军的炸弹3次命中"约克城"号，造成了严重的破坏和火情，火势很快就变得无法控制。两个小时后，该舰再度遭到攻击，4架九七式鱼雷轰炸机在仅457米的距离上发射了鱼雷。"约克城"号以急转弯勉强躲过了两枚鱼雷，但舯部被两枚鱼雷击中，无法动弹。当它开始明显倾斜，让人担心有倾覆之忧时，全体船员已安全地转移到了其他军舰上。

即便到了这个时候，美军仍然希望能拯救该舰。它被拖往珍珠港，但6月6日又被一艘日本潜艇发现，并被后者发射的两枚鱼雷击中。次日拂晓，这艘伤痕累累的航空母舰最终倾覆，沉入海底。

▶ "约克城"号被"飞龙"号舰载机投下的3枚炸弹命中后，舰上的消防和救援人员正在紧张地工作。

▲ ▶ 美国海军的每一艘大型舰艇都有徽章，"约克城"号的徽章图案是栖息在大炮上的美国白头鹰（上）。航空母舰上的各个中队往往使用带有幽默色彩的非正式标志，如第3战斗机中队（VF-3）的"菲力猫"（右）。

▲ "阿曼"号（USS Hamman）驱逐舰开到受损的"约克城"号旁边，为其水泵提供电力。后来，两舰皆被鱼雷击中。"阿曼"号断为两截，在三分钟之内就沉没了，舰上的深水炸弹在水下爆炸，导致81名跳入水中或被爆炸冲击波投入水中的舰员身亡。

◀ 一枚炸弹落入"约克城"号的烟囱中，摧毁了4座锅炉中的3座；另一枚炸弹在弹药库附近爆炸，第三枚炸弹则在飞行甲板上炸出了一个洞。

瓜达尔卡纳尔岛战役，1942年8月—1943年2月

1942年夏季，取得胜利的日本陆军忙着巩固在东南亚、东印度群岛和太平洋岛屿上夺取的庞大地域。与此同时，"东京玫瑰"的英语宣传广播不断带着嘲讽的口吻询问著名的美国海军陆战队的下落。8月7日，她终于发现：他们正在瓜达尔卡纳尔岛（Guadalcanal）登陆。

瓜达尔卡纳尔岛是所罗门岛链中一个偏远、不为人知的岛屿，当美军得知日军正在那里修建一个机场，它突然间被赋予了重大的战略意义。如果允许敌军轰炸机从那里出动，那么为盟军在澳大利亚和新西兰的建设项目提供物资的、从美国横跨太平洋的重要补给线路就会受到侵害。

想要消除这一新的威胁，速度至关重要。美军计划人员在海军作战部长、海军上将欧内斯特·金（Ernest King）的敦促下，仓促地构想了第二次世界大战中美军首次大规模陆上攻势。7月2日，攻击日期被定在了8月1日。这次攻击由海军舰艇、飞机和作战人员共同实施，行动总指挥为南太平洋司令部指挥官、海军中将罗伯特·L.戈姆利（Robert L. Ghormley），他对这次冒险并没有多大的信心。

唯一经过两栖登陆训练、适合这次任务的部队是亚历山大·范德格里夫（Alexander Vandegrift）的美国海军陆战队第1师，该师的先头部队刚刚抵达新西兰，开始为期6个月的实战训练。范德格里夫要求给他更多的时间进行集结，但金上将只同意延迟一周，因此这次仓促决定的突击改到了8月7日。

就这样，1.9万人的美国海军陆战队第1师仅带着60天的补给、足以应付10天激烈战斗的弹药就扬帆起航了，甚至都没能带上该师的全部交通工具。更麻烦的是，海军特遣部队指挥官、海军少将弗兰克·弗莱彻只给了范德格里夫2天的时间完成登陆，而不是后者希望的5天，

美国海军陆战队

美国海军陆战队号称美军中最强悍的部队。他们的训练最为严格、残酷，以至于新兵筋疲力尽，甚至常常昏倒。这些训练的目的首先是摧毁官兵们的个性，然后将其打造成高效的战争武器。他们的头发被剃光，名字被编号所取代，连吃饭时也必须坐直。虽然明令禁止体罚，但这种现象司空见惯，并且常常只是因为微不足道的过失。许多受训人员放下步枪时，战友们会看到他鼻子出血，那是教官的杰作。

与这种压制个性的做法相配合的，是一项深思熟虑的政策，目标是将新兵群体熔炼成一个充满自豪感并自成一体的单位。为此，海军陆战队（或称"海上陆军"）已发展出自己的一套语言：茅厕被称作"一个头"（A head）；信息如果是推测性的，被称作"毒品"（Dope），确认后则称为"话语"（The word）；陆战队员不会去"休假"，而是被"赋予自由"（Granted liberty）；他们不会对军官说"是，长官"，而是说"对，对，长官"（Aye, aye, Sir）。陆战队员以自己的韧性为豪，有些人认为，喝生发油比喝无害的啤酒更有男子气概。

成为无情的杀手之后，陆战队员在作战中毫无怜悯心，往往显得残暴。有些时候，陆战队员会在夜间悄悄越过敌军防线，找到两名正在睡觉的日军士兵，然后割断其中一个人的喉管，让他的战友在第二天看到死尸。不管人们如何看待这种非人道的训练方法，其他任何美军部队能否忍受瓜达尔卡纳尔岛战役期间的恶劣条件并取得胜利，都是值得怀疑的。

◄ 陆战队第1师的第一拨攻击部队于9时10分登上隆加角以东5486米的"红滩"（Beach Red）。这条长1463米的战线上空无一人，日军没有在这里布雷，使得登陆行动未遭到任何损失。登陆的陆战队员人数不多，这可能导致日军低估了他们的能力。

◄ 一艘改装为登陆艇的小艇正在运送第二拨部队登岸。这些船只没有活动的舱门跳板，因此士兵们不得不手工搬运装备和武器到岸上。这项任务十分费力，往往根本无法完成。

◀ 盟军通过澳大利亚海岸警戒局（*Australian Coastwatching Service*）得到了敌方在其占领区内调动的详细情况。海岸警戒人员大部分是殖民者或者当地官员，熟悉那里的民情和地形。他们躲藏于日军战线之后，用无线电向澳大利亚总部发送有关部队、飞机和船只调动的情报。马丁·克莱门斯（*Martin Clemens*）曾担任英国驻瓜达尔卡纳尔岛的地区专员，直到日军占领该岛，是最有效的海岸警戒人员之一。他藏身于丛林内一个巧妙伪装的隐蔽所中，手下有大约60名土生土长的侦察员。

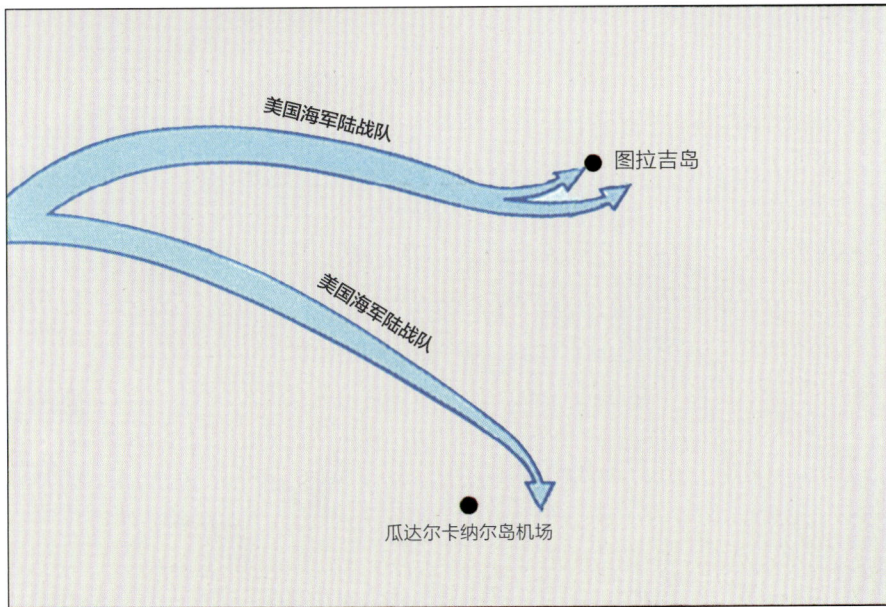

◀ 日军在中途岛战败后，太平洋战争的关键区域转到了西南方向。为了加强对占领区的控制，日军计划从新几内亚北岸的基地横跨该岛，夺取盟军在莫尔兹比港的基地，同时加强在所罗门群岛的阵地。与此同时，美军正在计划沿着新几内亚海岸、所罗门群岛向拉包尔推进。然而，1942年7月5日，侦察机确认了澳大利亚海岸警戒人员的报告：日军正在瓜达尔卡纳尔岛修建一条飞机跑道。

瓜岛靠近所罗门岛链的西南端，长145千米，宽40千米，中部多山，森林和沼泽密布。只要占领了该岛，就能控制这一地区。如果日军完成机场的建设，不仅能挫败盟军重夺所罗门群岛的企图，还可能严重干扰美国和澳大利亚、新西兰之间的补给线，而盟军为未来部署而实施的建设项目正在澳、新两地推进。

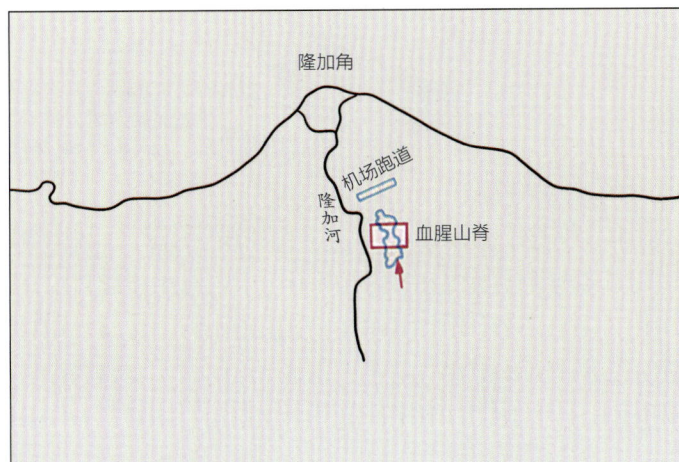

◀ 美国范德格里夫少将率领的陆战队员在坚守瓜达尔卡纳尔岛上重要机场一个多月后已是疲劳不堪，却又在这时迎来了他们最大的考验：川口清健少将以大约3000名步兵，向亨德森机场发动进攻。他们经一条1.6千米长的开阔山脊逼近，这条山脊的下方就是机场跑道南面的茂密丛林。范德格里夫将这个山坡的防御任务交给了梅利特·埃德森上校和第1突袭营、第1伞兵营余下的700名官兵。

1942年9月12日夜间，日军在己方舰艇和飞机的轰击之后发动攻击。在照明弹不时发出的可怕强光之下，战斗一直持续到第二天的夜里。埃德森的部队被迫退回到亨德森机场方圆914米的范围内，但川口清健的部队也损失惨重，最终不得不从陆战队所称的"血腥山脊"后撤。

因为弗莱彻不希望自己的军舰（尤其是3艘航空母舰）过多地暴露在敌人的空袭之下。

巡洋舰和驱逐舰进行了3个小时的炮火准备，之后海军陆战队披挂上阵，在弗莱彻的航空母舰舰载机的掩护下发动进攻。主力部队前往瓜达尔卡纳尔岛北部海岸隆加角（Lunga Point），而一支6000人的小部队则前往斯凯拉克水道（Skylark Channel）对面32千米远的图拉吉（Tulagi）—塔纳姆伯格（Tanambogo）—加武图（Gavutu）小岛群。瓜达尔卡纳尔岛上的登陆有些混乱，但几乎没有遇到抵抗。不过，措手不及的日军很快回过神来，开始轰炸抛锚的运输船只和滩头，那里杂乱无章地堆放着各种物资和装备。

与此同时，美国海军陆战队向内陆4.8千米那个未完工的机场攻击前进，在36个小时内就占领了该机场。但是，他们的形势已经变得岌岌可危，范德格里夫十分怀疑能否守住瓜达尔卡纳尔岛。8月8日，当舰队司令弗莱彻决定撤出航空母舰时，局势开始恶化，这一举动使还未完成卸货作业的运输船只失去了空中掩护，它们也不可能维持原有的阵位。如果航空母舰离开，运输船只也必须离开。当晚，敌军采取了行动。海军中将三川军一率领5艘重巡洋舰、2艘轻巡洋舰和1艘驱逐舰，神不知鬼不觉地进入斯凯拉克水道，在40分钟内击沉了1艘澳大利亚皇家海军巡洋舰和3艘美国巡洋舰。

8月9日，未受保护的运输船跟随弗莱彻的舰队出现在海平面上，船上有3000名尚未下船的陆战队员、该师的半数补给和很大一部分储备弹药，以及大部分铁丝网和重炮。这些舰艇何时返回，甚至是否返回都不得而知，因此范德格里夫和他那筋疲力尽的部队认为自己被海军抛弃了，是可以理解的。

尽管如此，面对不利局势，陆战队员仍然竭尽所能，用日军的食物和能找到的可食用植物根茎、椰果补充日益不足的定量食物。他们用缴获的武器弹药加强防御，并用未受损的敌军工程设备加紧施工，争取尽快完成机场的建设。与此同时，日军悄悄运来了新的突击部

埃德森将手下的美军官兵部署在山脊西边的坡上（5），东边（2）则由伞兵营的官兵把守。他们蹲在铁丝网保护的散兵坑中，用步枪、机枪、迫击炮和手榴弹击退日军不断发起的进攻。

第1突袭营官兵（6）的阵地在山脊和向西731米的隆加河之间，他们不断与渗透的日军巡逻队交火。当手下官兵面临被切断的危险时，埃德森下令他们退回到主防线上。

川口清健的各营部署在山脊两侧（3、4），一次又一次地突袭长满青草的开阔山坡，但都被陆战队员的密集火力打退。在两夜的战斗中，有超过600名日军官兵阵亡。

在强大的压力下，埃德森最终撤到山脊顶部。第二天夜间战斗结束时，他的手下在机场跑道上方最后一座小山（1）掘壕据守。陆战队员们在亨德森机场附近炮兵阵地的火力支援（以及天明后的空袭）下，最终在那里遏制并击退了日军的进攻。

队。8月20日凌晨，在一木清直大佐的指挥下，日军对美军发动了第一次大规模反攻，他信心满满，认为可以一举消灭美军。日军分成三个波次，在伊鲁河口攻击范德格里夫的左翼，但遭到美军精准火力的大量杀伤。日军的进攻被击退，并付出了1000人阵亡的代价，这令一木清直难以承受，他切腹自杀。

当天晚些时候，第一批美国飞机——12架道格拉斯"无畏"式俯冲轰炸机和19架格鲁曼"野猫"战斗机——降落在岛上的机场，这个机场这时已被称为"亨德森机场"，以纪念中途岛战役中阵亡的海军陆战队飞行员洛夫顿·亨德森（Lofton Henderson）少校。这批飞机的到来令范德格里夫将军倍感宽慰。

日军最高统帅部最终完全察觉到，美国海军陆战队打算保住在瓜达尔卡纳尔岛的立足点，不习惯于逆境的他们迅速采取行动，试图重新夺回主动权。此时，所谓的"东京快车"登场了。由满载官兵的驱逐舰和运输船组成的快速船队在夜间穿越"海槽"，在靠近美军防区的地方卸下陆军官兵。

双方的海军和空军都竭力破坏对方的瓜达尔卡纳尔岛增援计划，并在此过程中遭受重大损失。与此同时，美国海军陆战队顽强地守卫着自己的防线。无论是酷热的天气、热带常有的暴雨、毒虫、老鼠、不良饮食、疟疾和痢疾，还是战斗中的危险——敌方的炮击、轰炸和突然从四周茂密丛林中发起的凶猛步兵攻击，范德格里夫麾下的将士们都坚韧地承受了下来。

9月初，"东京快车"成功地运送川口清健少将麾下的多个营登陆。这支部队的大部分官兵都向内陆移动，由南面进攻亨德森机场，日军认为，这一区域的防御不像海岸周边那么坚固。

9月12日和13日夜间，川口清健猛攻他与机场跑道之间的山脊。但在山脊上严阵以待的是美国海军陆战队中最强悍的一些人——由绰号"红麦克"（Red

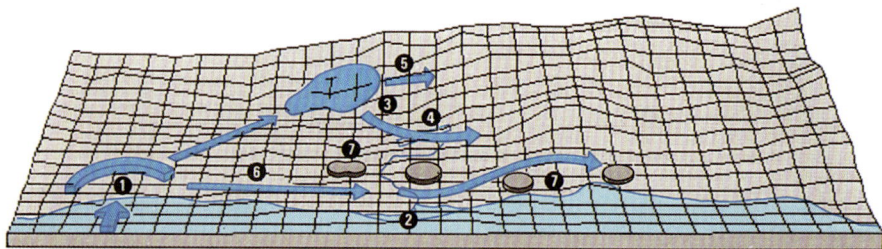

▲ 瓜达尔卡纳尔岛登陆示意图

为时6个月的瓜达尔卡纳尔岛战役分为3个不同的阶段。在第1阶段中，图拉吉岛的登陆行动遇到了日军的猛烈抵抗，后者往往采取自杀性的攻击行动；而海湾对面的情况正相反，美国海军陆战队第1师（1）立刻在瓜达尔卡纳尔岛北岸的隆加角东面（2）获得了一个立脚点，几乎没有遇到什么抵抗。他们实现了战术奇袭，在36个小时内，一个纵队（3）就占领了主要目标——一座在建的机场（4），这个机场后来被美国海军陆战队命名为"亨德森机场"。同时，一个分遣队（5）对更靠近内陆的高地进行了试探。另一支美军部队（6）沿海岸前进，完成了对4个日军营地的包围（7）。美军建立了一条向内陆弯曲，西起库库姆、东至特纳鲁（Tenaru）的环形防线，此后陆战队员可以自由地完成机场跑道的建设，准备供美国飞机使用。

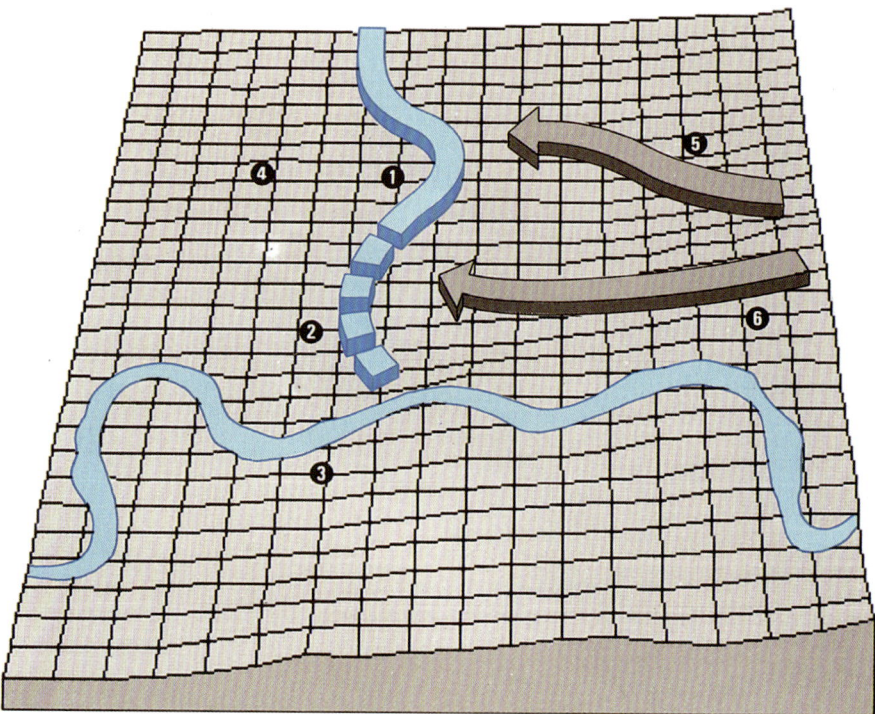

▲ 血腥山脊

梅利特·埃德森上校的主阵地（1）在长满青草的山脊（4）南端，与北面不到3千米的由美军把守的重要机场之间存在便捷通道。巡逻队（2）在山脊和附近的隆加河（3）之间的丛林里掩护他的侧翼。一支强大的日军部队在崎岖地形中艰苦行军，从岸边的基地绕了一个圈，于9月12日夜间对这道山脊发动了两路突袭（5、6）。他们的意图是攻下山脊，然后重夺机场。这次攻击一直持续到13日夜间，最后日军遭遇失败，被美国海军陆战队击退。

Mike）的梅利特·埃德森（Merritt Edson）上校指挥的一个突袭营和一个伞兵营。这些前线部队得到了另一个陆战队步兵营和炮兵的支援。

美军防线尽管在激烈的苦战中后缩，但并没有崩溃。14日拂晓，日军死伤者遍布山坡，这个战场因此得名"血腥山脊"。据估计，日军官兵阵亡600

人，另有600人负伤；美国海军陆战队的700人当中，有40人阵亡，103人负伤。

埃德森史诗般的防卫战结束5天后，自8月7日登陆以来第一批大规模增援部队和补给物资开始运抵。战绩显赫的陆战队第1师和亨德森机场上同样具有非凡勇气的各型飞机机组人员终于可以减轻一些压力。

指挥官

▲ 戈姆利

▲ 埃德森

▲ 田中赖三

从某种程度上讲，美国南太平洋司令部指挥官、海军中将**罗伯特·L.戈姆利**（1883—1958）成为战役指挥官是一个不幸的选择，因为他对所罗门群岛的局势毫无信心。在整个战役期间，他一直对结果持悲观态度。海军上将尼米兹对戈姆利缺乏信心感到烦恼，希望找到一位更有进取心的指挥官。10月18日，他以美国海军最有经验的将领之一——海军中将威廉·F.哈尔西（William F. Halsey）代替了戈姆利。

戈姆利不是瓜达尔卡纳尔岛战役中唯一持悲观态度的人。日本海军少将**田中赖三**（1892—1969）是一名久经战阵的驱逐舰舰长，曾指挥过中途岛登陆部队，他被任命为瓜达尔卡纳尔岛增援部队的指挥官。人称"顽强者田中"的他坚信，瓜达尔卡纳尔岛是无法防御的，陆军应该在被消灭之前撤出。最高统帅部最初无视他的建议，这很不明智，因为"东京快车"的低效很快证明了这一建议的合理性。尽管他的驱逐舰成功地多次抵达目的地，但运送的人员和补给从不足以实现目标。最后，经过6个月毫无意义的战斗，日军残余部队从该岛撤出。田中对军事形势做出的悲观判断尽管合理，但仍然导致他被解职。

梅利特·埃德森上校（绰号"红麦克"，1897—1955）是美国海军陆战队在血腥山脊之战中的指挥官，他是一名典型的陆战队员，坚韧且沉默寡言。他强烈提倡部下依靠土地生活，能以敌人为生就更好了。9月7日，他们漂亮地实现了这一目的，在太午角（Taivu Point）对一个日军补给站实施海上突袭，他们的突击艇带着大米、罐头食品、蔬菜以及大量啤酒、清酒满载而归。

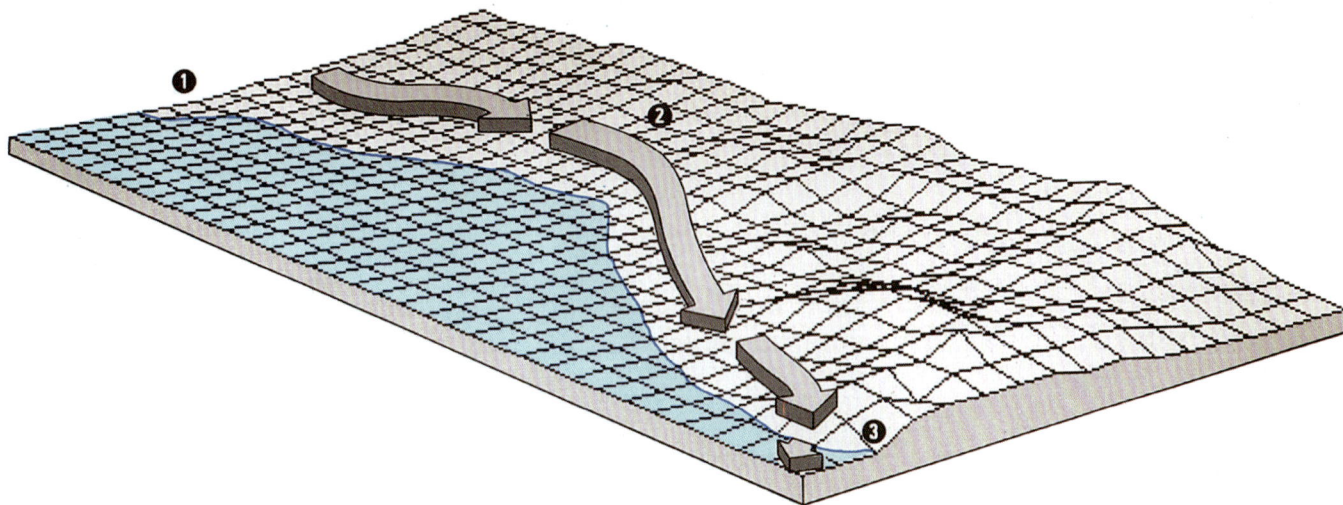
▲ 日军撤退路线

1942年年底，美军得到了增援，岛上的兵力达到了近5万人。日军增援岛上部队的企图多次被亨德森机场的美军飞机挫败。1943年1月初，强大的美国生力军开始从其在隆加角附近的防线（1）上西进，驱赶面前的日军（2）。寡不敌众的日军已决定从瓜达尔卡纳尔岛撤出，这些行动的目的是掩护主力部队撤往埃斯佩兰斯角（3）。2月1日到7日，在美军的猛烈攻击下，仍有约1.3万名日军由此撤出。虽然遭到了失败，但日军仍然证明自己是高效、纪律严明且勇气十足的对手。

就在美军增加滩头阵地，在库库姆（Kukum）修建另一条战斗机跑道并全面加固阵地的同时，日军也在加紧投入兵力，试图将美军赶出瓜岛。敌军主要集中在马塔尼考河（Matanikau River）西岸靠近河口处，直接面对美军的右翼。9月余下的时间和10月初，这一区域发生了多次血战。

10月9日，日军在该地区的高级指挥官百武晴吉中将来到瓜岛指挥作战。他带来的增援部队使日军兵力增加到2万人，再加上格外的炮兵部队，他计划在10天内发动决定性的一击。与此同时，在铁丝网的另一边，由于第1支涉足瓜达尔卡纳尔岛的美国陆军部队——第164步兵团抵达，范德格里夫将军的兵力比日军多出了3000人。

百武中将的计划几乎是一个月前川口惨遭失败的行动的翻版，他要求6000名官兵向内陆开进，从南面攻击亨德森机场，另外3000人同时向美军右翼发动突击。攻击日期定在10月19日，但由于日军主力纵队仍在茂密的丛林中苦苦挣扎，这一日期多次改变。

百武晴吉最终将行动日期改到10月24日，但因为误解，较小规模的侧翼进攻提前24小时发动，结果被美军粉碎。随后，血腥山脊成了日军在10月24日和25日夜间两次集中攻击的目标，这两次攻击均被击退，日军伤亡惨重。敌人继续投入更多的预备队，消耗战以同样无情的方式持续下去。

与此同时，美军的指挥官发生了变化。戈姆利被解职，南太平洋地区迎来了一位积极进取的新指挥官——海军中将威廉·哈尔西，他开始在瓜达尔卡纳尔岛投入大量美军部队。12月9日，指挥权又发生了一次变化，范德格里夫将军奉命撤出疲惫不堪的陆战队第1师，将指挥权移交给亚历山大·帕奇（Alexander Patch）少将。与此同时，越来越多的飞机和部队抵达瓜岛，到1942年和1943年之交，帕奇获得了空中优势，手上有了5万名官兵。相反，百武晴吉的兵力只

有美军的一半，且伤病员众多，补给不足，加之美军的空中和海上巡逻，他获得补充的希望十分渺茫。

帕奇以三个师的兵力西进，对马塔尼考河对岸的日军主阵地发动了一次大规模进攻。日军拼死抵抗，但美军兵力和火力占优，迫使其后撤。1月23日，百武晴吉设于库库姆伯纳（Kukumbona）的指挥部被攻陷。但在同一天传来消息，一支庞大的日本海军部队逼近，帕奇不得不短暂地停止进攻，因为如果这是一支登陆舰队，他必须重新进行部署。

30日又发生了一次类似的假警报，导致肃清残敌的进程被推迟。实际上，这两次发现的舰艇都是同一支日本驱逐舰部队，它们正准备运走步兵。2月

8日夜间，这些军舰靠近埃斯佩兰斯角（Cape Esperance），开始撤出部队。经过6个月漫长、血腥的战斗，瓜达尔卡纳尔岛战役结束了。

美军伤亡人数约为5600人，其中1500人死亡，而日军死亡人数达24000人。在激烈的海战和空战中，双方都遭受了巨大损失，但日军更难以承受舰艇、飞机和训练有素的机组人员的损失。

瓜达尔卡纳尔岛战役的胜利为美国陆军提供了通往东京之路的第一块真正的"踏脚石"。事实上，日本海军少将田中赖三指挥护航队通过"海槽"，为持续这场战役做出了很大贡献，但他坚信，"随着瓜达尔卡纳尔岛的战斗结束，日本的命运也就注定了"。

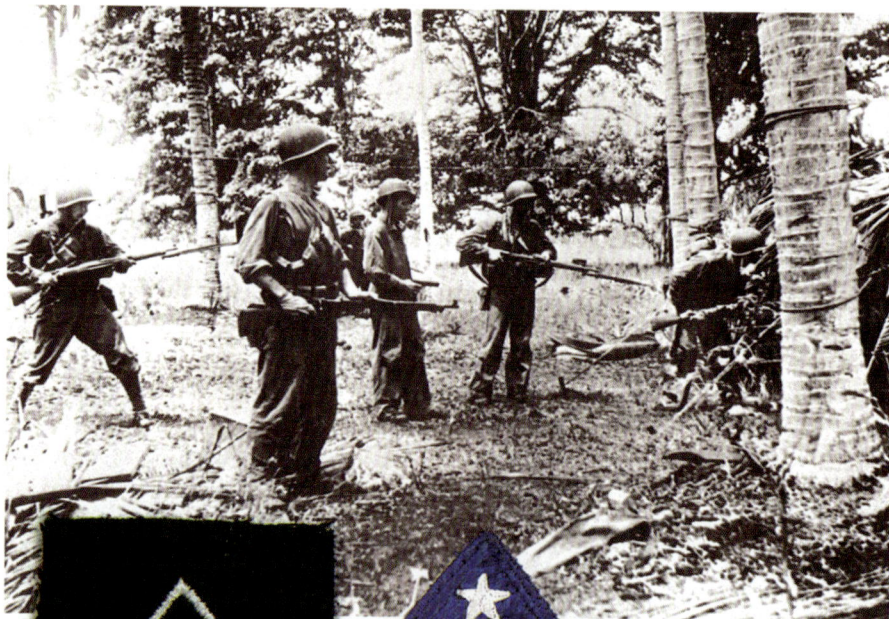

▲ 美国海军陆战队员携带弹药、背包、迫击炮和机枪，在丛林中搜索藏匿的日军。装备的重量使他们在穿越茂密、恶臭的灌木丛时更加艰苦。每个人每天需要两个水壶的水，但只能靠一壶水勉强度日，他们也没有足够的盐片以缓解丛林中酷热带来的影响。

▲ 左边是"海蜂部队"的徽章，"海蜂部队"是对美国海军工程营的爱称。这些作战部队接受了专业工程人员的训练，延长并维修了亨德森机场的着陆跑道。
右边是美国海军陆战队第1师纪念他们在第二次世界大战中参加的首次战役的徽章。

瓜达尔卡纳尔海战

海上交战对瓜达尔卡纳尔岛上的战斗结果至关重要，在该岛附近发生了4次大规模的遭遇战和许多较小规模的冲突。

8月8日夜间到9日凌晨，美军部队和补给仍在登陆瓜达尔卡纳尔岛，一支强大的日本巡洋舰和驱逐舰部队奇袭了守卫登陆场通道的美国海军部队。不到半个小时，就有3艘美国重巡洋舰与澳大利亚巡洋舰"堪培拉"号一同被击沉。日军没有任何损失，但错失了一个宝贵的机会：如果他们继续东进，可能击沉所有正在运送登陆部队和补给的美军运输舰船，并取得对该岛的控制权。

8月23日，在所罗门群岛东部，为日军运送补给的舰艇遭到拦截。次日，日军损失了"龙骧"号航空母舰和"睦月"号驱逐舰。

随后，在10月11日夜间到12日凌晨，两支舰队再次交战，这一次是在埃斯佩兰斯角附近的海上。混战之中，美军损失了"邓肯"号（USS Duncan）驱逐舰，日军损失了一艘巡洋舰和一艘驱逐舰。

10月底，丸山将军用日本联合舰队的飞机对亨德森机场发动大规模攻击。然而，美国"企业"号和"大黄蜂"号航空母舰已奉命在圣克鲁斯（Santa Cruz）群岛周围水域拦截这支部队。在随后的战斗中，日军遭受猛烈打击，但没有损失任何舰艇。而美国"大黄蜂"号航空母舰遭受重创，不得不弃舰；后来，它被日军的鱼雷击沉。

美军共计损失2艘航空母舰、7艘巡洋舰和14艘驱逐舰；日军损失1艘航空母舰、2艘战列舰、4艘巡洋舰和11艘驱逐舰。双方遭受的损失相差并不大，但有一个关键的差异：美国有雄厚的舰艇和人员储备，而日军已被不断的战斗耗尽了资源，尤其是在中途岛和珊瑚海的战斗已使它承受了无法弥补的损失。

埃斯佩兰斯角海战（1942年10月11日—12日）
萨沃岛海战（1942年8月9日）
瓜达尔卡纳尔海战（1942年11月14日—15日）
塔萨法隆加海战（1942年11月30日）
埃斯佩兰斯角
瓜达尔卡纳尔海战（1942年11月13日）
塔萨法隆加角
隆加角

◀ 日军在海上的损失并不能保障美国海军陆战队的安全，因为日军可以从肖特兰群岛（Shortland Islands）获得增援，问题是如何将他们送到瓜达尔卡纳尔岛。事实证明，最初使用的重型驳船容易遭到空袭，因此深知美军舰队的夜战技能不如己方的海军少将田中赖三决定在夜色掩护下运送人员。他使用快速驱逐舰组织了一系列的夜间冲刺（美国海军陆战队称之为"东京快车"），以此穿越"海槽"。这条狭窄但可以通航的水道位于所罗门群岛的两排岛屿之间，通向铁底湾（Iron bottom sound，又译"铁底海峡"或"艾恩博特姆海峡"），这一水域因盟军和日军在此损失的许多舰艇遗骸而得名。这些驱逐舰将部队和补给运送到特纳鲁和库库姆地区的美军滩头阵地两侧。

▲ 美国海军陆战队在瓜达尔卡纳尔岛的登陆行动得到了美国和澳大利亚战列舰及巡洋舰巨炮的支援（右）。岸上的部队也拥有中型火炮。
1942年9月15日，美国"黄蜂"号航空母舰（左）在瓜达尔卡纳尔岛沿海执行护航任务时，被一艘日军潜艇发射的3枚鱼雷击中，侧面炸开了一个大洞，燃油管道断裂。这些中弹部位引发的大爆炸，将该舰撕裂，导致193名船员死亡。"黄蜂"号被抛弃，最终被美国"兰斯道恩"号（USS Lansdowne）驱逐舰发射鱼雷击沉。除了一架飞机之外，其他所有舰载机都降落在"大黄蜂"号航空母舰上。

阿拉曼战役，1942年10月—11月

1940年6月向同盟国宣战时，墨索里尼在利比亚已经有百万大军。在与之相邻的埃及，守卫英国重要基地、苏伊士运河和通往阿拉伯油田门户的，是一支仅有3.6万名官兵的部队。墨索里尼不顾一切地想要征服埃及，向阿道夫·希特勒证明，意大利法西斯也能够取得辉煌的胜利。

9月13日，鲁道夫·格拉齐亚尼（Rodolfo Graziani）元帅率领的意军5个师向埃及境内迅速推进，在马特鲁港（Mersa Matruh）的英军主防线前掘壕固守。12月9日，阿奇博尔德·韦维尔（Archibald Wavell）上将率英军发动了代号为"指南针行动"（Operation Compass，又被译为"罗盘行动"）的反攻。意军伤亡惨重，后退至少800千米。

墨索里尼1940年在北非的失败令希特勒担忧，他认为有必要向士气低落的意大利军队伸出援手。因此，1941年1月，机敏的装甲兵指挥官埃尔温·隆美尔上将[1]被派往非洲沙漠，担任专门组建的装甲集群——德国非洲军团的指挥官。隆美尔在理论上是驻利比亚意军总司令伊塔洛·加里波第（Italo Gariboldi）上将的下属，但他立刻取得了前线指挥权。北非战事有时被称为"君子之战"，因为这是双方官兵在一个几乎没有平民和财产的地区进行的公平战斗，但到了这个时候，局面变得更加严峻。

隆美尔在1941年3月24日发动的第一次进攻中，立刻表现出了沙漠作战的天赋。到4月初，他就将英军大部赶出利比亚，只剩下图卜鲁格港的守军。韦维尔的反击（"战斧行动"）于6月17日在利比亚的哈尔法亚隘口（Halfaya Pass）被遏止。不到3周之后，英军任命了新的指挥官——陆军上将克劳德·奥金莱克（Claude Auchinleck）爵士。

11月18日，奥金莱克以新组建的第8集团军发动了第一次反攻，代号为"十字军行动"（Operation Crusader）。与此同时，围攻图卜鲁格的隆美尔补给不足，被迫退却。到1942年1月初，奥金莱克向西突破到韦维尔原来的位置，但英军的补给线拉得过长。隆美尔迅速反攻，到2月4日已推进到德尔纳（Derna）。6月21日，他攻占图卜鲁格，到7月，德军距离亚历山大港只有113千米。

英国首相温斯顿·丘吉尔对他所称的"严重且相当意外的危机"感到绝望，不远千里前往沙漠前线，亲自判断局势。尽管中东英军总司令奥金莱克上将已经接管了日渐衰弱的第8集团军的直接指挥权，着手将其重组为独立的战斗群，设法阻止隆美尔最新发起的、距离最长的推进，但丘吉尔仍决定更换指挥官。英国首相希望北非的行动尽快结束，为进攻意大利扫清道路，他知道，这一行动将给盟国的事业带来很大的益处。

在中东的英国和英联邦陆军总指挥权被转交给了陆军上将哈罗德·亚历

[1] 译注：时为中将，于当年7月晋升上将。

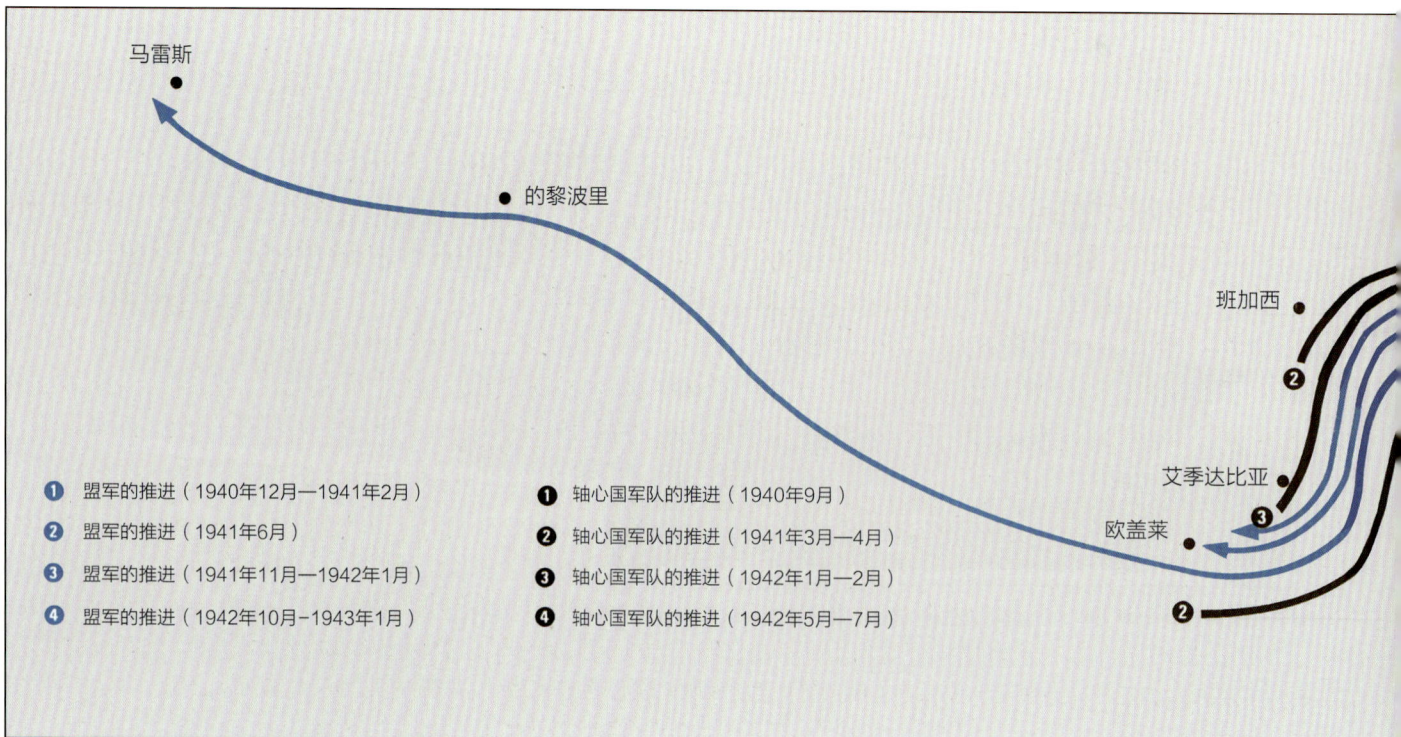

- ❶ 盟军的推进（1940年12月—1941年2月）
- ❷ 盟军的推进（1941年6月）
- ❸ 盟军的推进（1941年11月—1942年1月）
- ❹ 盟军的推进（1942年10月—1943年1月）

- ❶ 轴心国军队的推进（1940年9月）
- ❷ 轴心国军队的推进（1941年3月—4月）
- ❸ 轴心国军队的推进（1942年1月—2月）
- ❹ 轴心国军队的推进（1942年5月—7月）

马雷斯

的黎波里

班加西

艾季达比亚

欧盖莱

沙漠作战

恶劣的条件加剧了补给问题，官兵们在沙漠中的日常生活成了一种令人迷茫的体验。运输纵队不得不依靠指南针导航或者遵循当地人的足迹。图中向前线运送补给的车队是少有的幸运儿，他们有一条铁路作为地标，可以借此确定自己的位置。缺少自然特征增加了作战的危险，因为地形不能帮助官兵们免遭攻击，而壕沟（如图中右侧看到的）可能被敌方飞机发现。令士兵们痛苦的还有无处躲避的烈日和沙漠中酷寒的夜晚。

山大爵士，守卫埃及的第8集团军则由威廉·亨利·尤尔特·戈特（W.H.E. Gott）中将指挥。但是，戈特在接任之前就因为飞机坠毁身亡，这一重要指挥职务的第二人选——伯纳德·蒙哥马利

中将奉命从英国前往北非。8月初，他抵达沙漠，英军的命运即将发生戏剧性和永久性的改变。

与此同时，轴心国因先头部队深入埃及境内而产生的兴奋之情开始减弱，

▼1940年9月到1942年10月，沙漠之战发展成一系列连续的战役，轴心国军队和盟军先后占据主动，都推进了很长的距离，直到补给问题过大才被迫再次撤回主要基地。

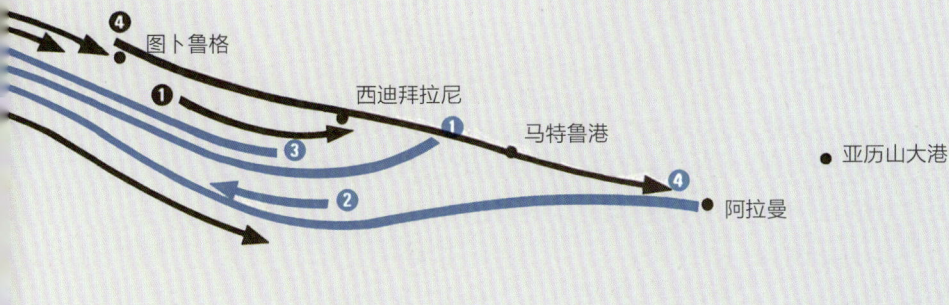

因为他们的补给状况恶化了。从班加西出发的车队取道北非沿岸的一条主干道，需要7天才能抵达前线，而从的黎波里的主要基地出发需要12天。盟军沙漠航空军几乎夺得了全面的制空权，在其重点打击下，轴心国补给车队最终抵达时往往已经折损大半。隆美尔为下一阶段攻击而请求的增援部队也不能令其满意：他们都是意大利军队。他说："我需要的不是更多的意大利师，而是德国官兵和德国装备，我只有依靠这些才能最终完成进攻。"

尽管遇到了这些困难，人称"沙漠之狐"的隆美尔仍然决定发动孤注一掷的进攻，最大限度地利用他之前取得的辉煌胜利。然而，他的豪赌没有成功：当隆美尔于8月30日进攻阿拉姆哈勒法（Alam el Halfa）时，等待他的是蒙哥马利。9月2日，轴心国部队不得不从海岸线上的阿拉曼向南延伸64千米直到无法逾越的盖塔拉洼地（Qattara Depression）的这一大片区域中撤出，这是一条有稳固侧翼的狭窄通道，英军已经认识到它在战略上的重大意义。在这里部署纵深防御，可以有效地阻止敌军进一步深入埃及境内，而且还可以成为极好的反攻发起点。

由于轴心国军队处于守势且仍然缺乏补给，蒙哥马利信心十足地从阿拉曼防线后方向前推进，他的任务是将第8集团军锻造成一支实力强劲、装备精良的部队，能够痛击隆美尔。在奥金莱克打下的基础上，他大大增强了部队的士气，囤积大量武器弹药，以确保他的部队拥有压倒性的火力优势。

丘吉尔对英军在阿拉姆哈勒法夺得主动权大喜过望，渴望着保持这种节奏。他催促蒙哥马利利用两周后的9月满月期间乘胜追击，因为这段时间光线充足，步兵和装甲兵可以在沙漠的夜间安全行动。第8集团军新任指挥官拒绝了这一要求，他知道，他的部下尚未为他所设想的那种重锤式的大规模攻击做好准备。首相不得不克制自己的急躁心情，

▲ 飞越平坦、荒芜的沙漠时，伪装是飞机唯一的掩护。

▶ 通用半履带车是这种地形中最有用的车辆。德国SdKfz人员运送车可改装用于多种目的，包括武器平台，但这辆车上的符号表示它用作牵引车。低矮的引擎盖带来了宽阔的视野，非常适合侦察。在凹凸不平的路面上，转向系统可以从控制前轮转为控制履带。

指挥官

▲ 隆美尔

▲ 蒙哥马利

德国陆军元帅**埃尔温·隆美尔（1891—1944）**长相英俊，风度翩翩，曾在第一次世界大战中赢得铁十字勋章和普鲁士最高奖项——功勋勋章（Pour le Mérite）。他于1939年晋升少将，参加了多次战役，用战绩证明了自己是一位闪电战大师。

隆美尔是一名出色的战地指挥官，在沙漠作战的挑战中不断成长。很快，他取得的一系列胜利不仅征服了自己的部队，还征服了盟军：英国第8集团军对阿拉曼的进攻，是在他缺席的情况下发动的。返回非洲后，隆美尔重整部队，顽强抵抗，使某些英国指挥官建议退却。但是，隆美尔的才能不适合消耗战，因

此最终退却的是他。隆美尔和他在西部沙漠的对手**伯纳德·蒙哥马利中将（1897—1976）**很快认识到作战宣传的价值，两人都建立了某种个人崇拜。

第一次世界大战期间，蒙哥马利曾在法国服役，随后在印度和巴勒斯坦服役。第二次世界大战爆发后，他被派到英国远征军，参加了敦刻尔克撤退。1942年，在英军连遭失败，士气被恶劣的条件所侵蚀，似乎已不可能取得胜利的时候，他被丘吉尔任命为第8集团军的新任指挥官。

蒙哥马利擅长自我宣传，深信有力的集中指挥的价值，有意宣扬自己的领导人形象。与此同时，他通过强化纪律和训练，鼓励士气低下的部队恢复自信和认同感。不过，他时刻准备着调整计划，这从他在取得突破后迅速制订"增压行动"（Operation Supercharge）计划就可以看出。隆美尔在战斗中表现出了更多的才华和领悟力，而蒙哥马利的最大优点在于实现目标的坚定决心。

在北非取得胜利之后，蒙哥马利率领第8集团军在西西里岛和意大利作战，后返回英国参加即将到来的诺曼底登陆。1944年，他晋升为陆军元帅。

▼ 英国第7装甲师肩章。

▲ 英国第5高地师肩章。

▲ 英国第8装甲师肩章。

▶ 德国非洲军团徽章。

盟军各师士兵佩戴的肩章和德国非洲军团的徽章为沙漠之战参与者的军服和装备赋予了个性。这些鼓舞士气的徽章中，最有名的可能是右上角的"跳鼠"肩章。这种小动物非常适合在沙漠生活，英国第7装甲师官兵将其用作自己的标志，他们也赢得了"沙漠之鼠"的爱称。

蒙哥马利本人戴着一项有两种徽章的坦克兵团贝雷帽，或者带有多个徽章的澳大利

亚式宽边软帽。他一直都深知团队精神的重要性，利用各师的特性，根据其特殊能力指派他们需要完成的任务。

等待着10月份的满月期，蒙哥马利一丝不苟的准备工作将在那时完成。

蒙哥马利的计划代号为"轻足行动"（Operation Light-foot），其成败的关键在于出其不意。重要的是，隆美尔应当无法准确预测出攻击的时间或者方向。虽然不可能装作没有准备任何进攻行动，但英国和英联邦部队还是对北面的主要部队驻地和装备集中处做了伪装，并且在南部修建了巨大的假集结区，试图使"沙漠之狐"闻不到危险的气味。这些假设施以精心计算的速度修建，使隆美尔认为在11月初之前，盟军不会发动任何进攻。

10月中旬，英军进攻前夕，第8集团军共有19.5万名官兵、1351辆坦克（其中包括285辆新的美制"谢尔曼"坦克）和1900门火炮（包括从2磅反坦克炮到中型火炮的各种型号）。轴心国军队有10万名官兵、510辆坦克（其中300辆是性能较差的意大利型号）和1325门火炮。

就在第8集团军忙碌地进行攻击前的准备时，蒙哥马利展现了他的戏剧天赋，为新闻界送上了一份大礼。这位一贯严肃的高级将领穿着随意的制服，头戴非常规的双徽章坦克兵团贝雷帽或者饰以团徽的澳大利亚式宽边软帽。他融入官兵们当中，发表诸如"绝不后退、绝不投降"之类的战斗演说以鼓舞士气。官兵们对他十分爱戴。"蒙蒂"是主教之子，在攻击前夜的致辞中，他表现出了坚定的信仰，祈祷"全能的主"在即将到来的战斗中给予支持。

10月23日，为了确保保密到最后一刻，第8集团军的突击部队一直待在他们的狭长掩壕中，即便如厕都必须保持隐蔽。这种小心谨慎的做法起到了应有的效果。直到当天21时40分，猛烈的弹幕射击开始，轴心国军队才意识到大规模进攻迫在眉睫。

主攻之前，1000门火炮猛烈轰击德军和意军阵地，此时第8集团军指挥官却在床上。蒙哥马利为了这一夜袭计划弹

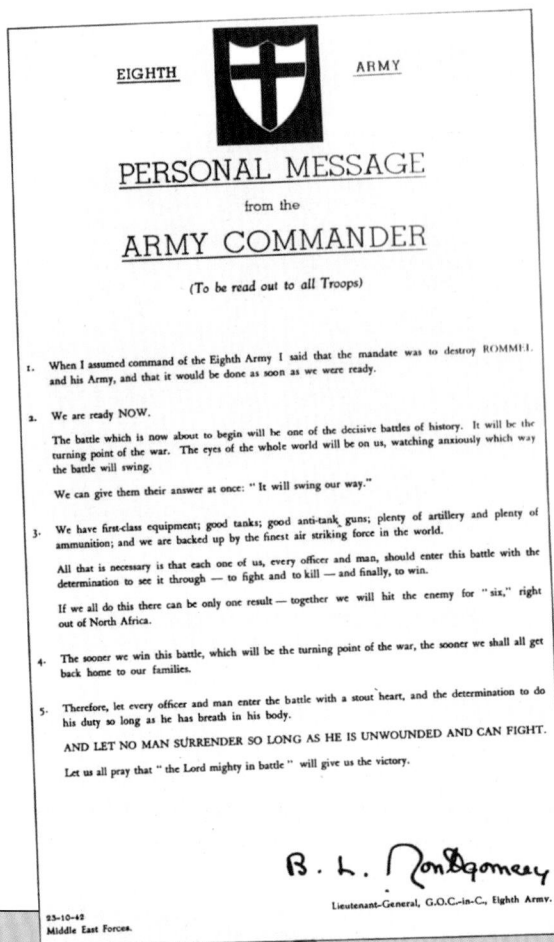

▲ 蒙哥马利在"轻足行动"前夕致第8集团军官兵的信，信中内容体现了他的信念："士气是战争中最重要的因素。"蒙哥马利认识到，要确保持久的胜利，部队的战斗精神必须达到顶峰。他对各级指挥官的讲话更具实质性，强调积极态度的重要性，因为他知道最初的攻击之后，将会有持续数天的残酷"狗斗"，担心指挥官们缺乏勇气。

欺骗与诡计

在一个缺乏自然特征掩护的地形中，伪装和欺骗是战术的重要组成部分。双方部队很快就接收了沙黄色的装备，来提供某种隐蔽。更具欺骗性的做法是在假雷区中埋设真地雷，这样既节约了弹药，又能诱使毫无戒备的士兵涉险。

在"轻足行动"的序幕中，盟军采取了大规模的欺骗行动，使轴心国军队相信，攻击行动在南面进行。北面真正的盟军补给集中处得到了伪装，而南面的辅助部队则补充了假的坦克（上图）、卡车、火炮甚至输油管道。就在战斗开始之前，作战用的火炮和坦克从南面出发，它们都盖上了漆成卡车外观的麻布。这一复杂的欺骗行动代号"伯特伦行动"（Operation Bertram），成功地骗过了敌方的空中侦察，这要归功于韦维尔将军在沙漠之战开始时建立的专业伪装单位。

地雷和雷区

地雷在沙漠作战中起到了主导作用，在没有天然屏障的地方建立起了人工障碍。它们在攻击时充当战略支援手段，或者形成防御周界。在这次战役期间，地雷的种类和部署方法变得日益复杂。

泰勒地雷（又称"盘子"）往往只有反坦克引信，几个连的步兵从上面走过都能安然无恙，从而诱使随后的坦克被炸毁。反步兵地雷可能给数十人造成不同程度的伤害。德国制造的S型地雷特别可怕，

有人踩上这种地雷时，它的三叉压力引爆器被触发，地雷飞到空中，在齐腰的高度爆炸，射出数百颗钢珠。

1942年2月之后埋设的地雷数量巨大。双方都用新布雷带将许多旧雷区连接起来，形成一个宽阔的"沼泽"。在阿拉曼，如何在10月23日夜间到24日凌晨在这些雷区上清理出通道成了一个大问题。不过，有了新型地雷探测器，士兵们就不再需要在地上匍匐前进，用刺刀去试探地雷了。

清除地雷后，穿过雷区的路径会用白色的锥体和标示带标记。夜间会放置一些木杆，用于支撑一根两端有防风灯的横木，以便看清路径。这些灯放在空油罐中，油罐面向进攻方向的一侧切开一个小孔，敌人不会看到任何灯光。绿色玻璃用于表示已经清除地雷的一侧，琥珀色的玻璃则代表危险的一侧。红色灯光警示未清除的雷区。

▲ 波兰探雷器的外形就像是直立的吸尘器，使用时从操作员面前的沙子上扫过，如果有地雷，就会在工兵的耳机中产生高音啸叫声。这种探雷器的唯一缺点是：在敌人火力下站直身体需要巨大的勇气。

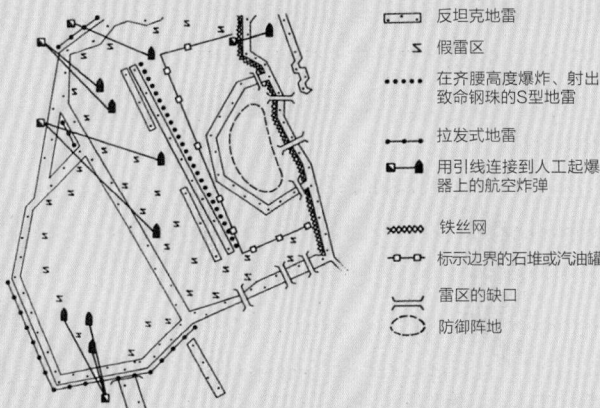

- ▭ 反坦克地雷
- 假雷区
- •••• 在齐腰高度爆炸、射出致命钢珠的S型地雷
- 拉发式地雷
- 用引线连接到人工起爆器上的航空炸弹
- ✕✕✕✕ 铁丝网
- 标示边界的石堆或汽油罐
- 雷区的缺口
- 防御阵地

▲ 隆美尔在这次战役期间广泛使用"魔鬼花园"（Devil's Garden）雷区。上面的框图基于盟军缴获的一张地图绘制，展示了这种致命的精巧布置。雷区中很有策略地布设了不同种类的地雷，以达到最佳效果。德军留下了穿越雷区的路径，引诱英军部队进入一个杀戮场。即便盟军官兵在1942年10月之前已经接受了清除此类雷场的危险工作的训练，但雷区中遍布诡雷和绊网，他们的存活很大程度上要依靠运气。

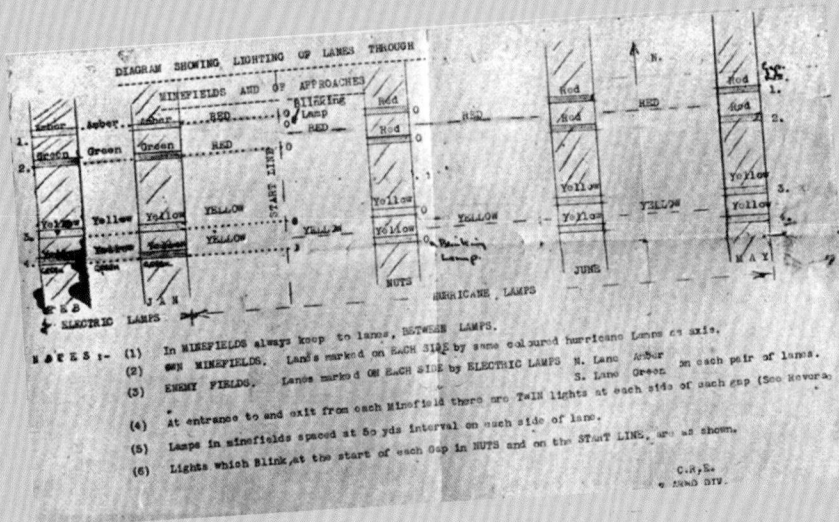

◀ 这张框图基于英国第7装甲师下发的一份文件绘制，该师参加了"轻足行动"南线的佯攻。图中说明了盟军雷区的灯光标示方式，以及敌方雷区（"一月"和"二月"）的起点。10月23日夜间，英军第44师突破了这两个雷区。

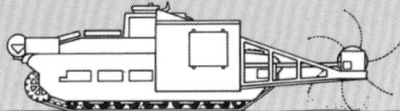

◀ "蝎子"（Scorpion）式扫雷坦克用装载在一个旋转滚筒上的连枷引爆前方的地雷，从而开辟一条道路。工兵将引爆坦克错过的地雷。"蜗牛"（Snail）卡车用柴油标记安全路径。

精竭虑，现在，计划的执行就交给作战部队了。他的观点是，自己留在前线并不能带来什么好处，好好地睡一觉，在次日早上掌控局面对他的部队更好。

轴心国军队很不幸，他们那充满灵感且鼓舞人心的主帅——陆军元帅隆美尔，在第8集团军发动进攻时正在奥地利休病假。雪上加霜的是，希特勒任命临时接替隆美尔的格奥尔格·施图姆（Georg Stumme）上将在10月24日早晨的侦察行动中因心脏病去世。希特勒立刻打电话给"沙漠之狐"，让他返回埃及。与此同时，暂时代行非洲军团指挥权的里特尔·冯·托马（Ritter von Thoma）不得不竭尽所能，面对一场大规模的进攻。

第8集团军很快发现，雷区的纵深远超他们的想象（某些地方长达8千米）。而且，他们遇到了极其激烈的抵抗，尤其是来自德军的反抗。两天的激战结束后，英军开始丧失进攻的动力。伤亡人数已达数千，余下的突击部队也都筋疲力尽，因此蒙哥马利打消了原来的想法，即持续战斗直到北面的第1、第10装甲师和南面的第7装甲师突破轴心国军队防线。随后，他制订了新的计划，准备在几天之后实现突破。

隆美尔返回后，于10月27日向基德尼山脊（Kidney Ridge）周围英军战线上的突出部发动了一次强有力的反攻，但遭到盟军的痛击，伤亡惨重。随后，蒙哥马利在10月28日夜间到29日凌晨再次转入攻势，派出澳大利亚第9师向北威胁海岸公路。澳军在敌方阵地中建立了一个突出部，并顶住了德军的多次反攻。同时，隆美尔猜测蒙哥马利发动的进攻是为了削弱轴心国军队实力，为沿公路干道发动进攻做准备，于是决定打破轴心国部队的"紧身衣"式部署（即将德军部队夹在被认为普遍不可靠的意大利部队中间）。他将所有德军部队集结在南部侧翼，准备进行孤

"轻足行动"开始后，第51高地师的步兵在向重兵把守的目的地米泰利亚山脊（Miteirya ridge）推进时，必须夺取轴心国军队的多个据点。虽然这只是行动的一小部分，但高地师官兵的夜间行动是整条战线上大部分战斗中的典型。图中的视角是高地师的左翼，此时黑卫士团（Black Watch）第7营在推进的中途标志处超越了卡梅隆高地人团第5营。

英国皇家炮兵集结的大批火炮提供了令人毛骨悚然的弹幕（3），它们在攻击步兵抵达之前打击轴心国军队的阵地；之后，将火力投向下一道防线。这种火力支援模式一直持续到最终目标实现。

轴心国军队据点（2）得到了米泰利亚山脊（1）下方散布的、纵深达5千米的雷区的保护。苏格兰士兵用苏格兰城镇的名称为其命名，盟军必须在沙尘和夜色中，逐一将其清除。

面对敌军的机枪、迫击炮和炮兵火力，阿盖尔和萨瑟兰高地团第7营的官兵以疏散队形推进（4）。为了鼓舞他们已十分高涨的士气，指挥官们让团属风笛手冲锋在前，用乐声召唤战友参加战斗。这些步兵移动的速度很快，不久就远远地冲在了为他们通过雷区而扫清道路的皇家工兵之前。

在苏格兰步兵单位之间，为冲锋提供支援的，是皇家坦克团第50营的"瓦伦丁"式坦克（5）。然而，地雷、炮火、松软地面、沙尘、夜色和废弃车辆交织在一起，使坦克的速度大大降低。攻击展开时，步兵已经远远地冲在了坦克前面。

白色胶带（6）和经过遮蔽的防风灯标记出了攻击步兵的出发线。第一拨攻击部队于10

泰尔埃尔-阿恰其尔

北部走廊

拉赫麦小道

基德尼山脊

南部走廊

第8集团军

米泰利亚山脊

月23日22时在明亮的月光下出动，此时炮兵的目标从敌军炮兵阵地转向了前沿部队的阵地。

第8集团军在开始的弹幕射击中使用了1000多门野战炮和重型火炮，包括多个25磅炮连（7）。有一些步兵集群推进得太快，抵达了炮兵仍在打击的地点。

卡梅隆高地人团第5营的2个连（8）在左翼，迅速到达了距离出发线3.5千米的中途标志处。他们在那里等待接替自己的部队——黑卫士团第7营，后者将越过他们的防线继续推进。到夜晚将尽时，第51高地师已夺取了米泰利亚山脊。

注一掷的最后尝试，守住这条重要公路所在区域的阵地。不过，他也意识到自己的处境非常不利，为此制订了审慎的应急计划，以备部队可以沿着公路撤往向西97千米的富凯（Fuka）。

在英国，温斯顿·丘吉尔对第8集团军显然没有能力发动持续攻势而感到震惊。他觉得一个关键的机会正在被错失，指责蒙哥马利打的是"一场三心二意的仗"。然而，蒙哥马利丝毫没有受到这一苛刻批评的影响。他继续准备，为新的行动重新部署部队，这一代号为"增压"的行动将于基德尼山脊发起，这道山脊在隆美尔德军部队主要集结处的南面。

阿拉曼战役的第二阶段（也是最后阶段）始于11月1日夜间到2日凌晨。最初，敌人被打了个措手不及，但很快抵抗就加强了。不过，隆美尔知道自己无法坚守太久。由于缺乏在一场不断升级的战役中支撑部队的任何条件，他决定下令撤退。

11月3日，在战斗中的一个暂歇之后，饱受重创的轴心国军队开始撤退，但他们的命令却被希特勒本人驳回。希特勒向无动于衷的陆军元帅下达了一道脱离实际、言辞浮夸的命令："除了坚守阵地、寸土不让，将每一门炮、每一个人都投入战斗之外，不能有任何其他的想法。"

蒙哥马利盼望已久的突破发生在第二天一早。当英国第1装甲师和非洲军团残部在泰尔埃尔-阿恰其尔（Tel el Aqaqir）周围激战时，英国第7装甲师利用步兵在基德尼山脊以南薄弱的轴心国军队防线上打开了一个缺口。隆美尔知道，避免被包围的唯一方法就是撤往富凯。为此他需要希特勒的批准，后者很勉强地同意了。随后，他开始总撤退，试图尽可能多地挽救支离破碎的部队。但是，只有机动部队有可能逃脱：大量步兵，主要是意大利部队，成了俘房。

第8集团军于11月5日黎明开始追击，但非洲军团中唯一被切断的重要组

装甲车辆

◀**意大利M13/40中型坦克。**由于频繁出现故障，M13/40型坦克很快就被M14/41型取代，后者强大的108千瓦（145马力）发动机配备了过滤器。
公路速度：32千米/小时；行程：200千米；武备：1门47毫米炮、3挺8毫米机枪、1挺8毫米高射机枪。

◀**意大利AB40型装甲车。**AB40的前轮和后轮都可以转向，采用全轮（四轮）驱动，是一种机动性出色的侦察车辆。
公路速度：76千米/小时；行程：400千米；武备：3挺8毫米机枪。

◀**意大利CV33超轻型坦克。**在1943年停产之前，CV33在北非广泛用作火焰喷射车、无线电车辆或履带式补给车（弹药拖车）的牵引车。
公路速度：42千米/小时；行程：125千米；武备：2挺8毫米机枪。

◀**德国四号坦克。**1941年中期之前，这种可靠的中型坦克有时候配备长炮膛的75毫米炮，是非洲军团的主力。
公路速度：40千米/小时；行程：200千米；武备：1门75毫米炮和2挺7.92毫米机枪。

◀**德国SdKfz 232装甲车。**德军在整个战争期间都使用这种8轮装甲车，它是当时最先进的越野车辆，特别适合沙漠。
公路速度：85千米/小时；行程：270千米；武备：1门20毫米炮。

◀**德国SdKfz 250装甲车。**这种1940年推出的轻型半履带装甲车整个战争期间都在服役。它有13种改型，大部分是敞篷型号，许多部队（包括工兵和通信兵）都使用过。
公路速度：60千米/小时；行程：300千米；武备：多种多样，从轻机枪到反坦克炮均有。

◀**美国M4"谢尔曼"坦克。**第二次世界大战期间最广泛制造的坦克，它速度快、坚固且可靠。它的橡胶块履带使其在沙漠中有很强的机动性和效率。
公路速度：42千米/小时；行程：160千米；武备：1门75毫米炮、2挺3英寸机枪、1挺5英寸机枪、1具2英寸烟幕弹发射器。

◀**英国戴姆勒Mk I装甲车。**1941年起的英国陆军制式装甲车，戴姆勒公司制造的这种车辆具备动力转向、碟式刹车片和有限的四轮驱动能力，用于侦察。
公路速度：80千米/小时；行程：328千米（带辅助油箱）；武备：1门2磅炮、1挺7.92毫米机枪。

◀**英国通用载具。**通常被称为"布伦机枪运送车"，这种通用车辆可以运送人员和轻型武器，具有和卡车一样的控制装置。
公路速度：51千米/小时；行程：256千米（带辅助油箱）；武备：1挺布伦轻机枪或者1支博伊斯反坦克步枪。

蒙哥马利的计划："轻足"和"增压"

"轻足行动"是经过精心策划的战略，它的成功取决于多个因素，包括"伯特伦"欺骗计划的成功和雷区的迅速清除。蒙哥马利决定发动一次双管齐下的进攻，主攻方向在北线。长时间的密集炮轰之后，第30军的步兵将通过重兵把守的雷区推进。一旦打开缺口，第10军的装甲部队就将前移。这一艰难的行动只能在满月时实施，因此选择了10月23日到24日的夜间。

南线的次要攻击行动规模远小于隆美尔的预期，因为盟军集结的大量假部队骗过了德国空军侦察机。英国第13军的进攻目标是阻止敌人增援部队抵达北部战区，

并使一支轻型机动部队绕到轴心国军队阵地之后，将其切断。

由于轴心国军队防御坚固，第一次进攻未能实现目标——将战线推进到米泰利亚山脊之后，但盟军随后巩固了深入轴心国防线的一个阵地。他们从这个基地开始了一次瓦解行动，攻击敌军步兵师，吸引敌装甲师在第8集团军选择的位置作战。

澳大利亚第9师在北线的进攻和瓦解进程还造成了另一个对盟军有利的意外结果：德军部队前往北部战区增援，使本来就不可靠的意军在南线陷入孤立。

到10月30日，经过一系列的混战，双方步兵均已疲劳不堪，许多盟军指挥官建议撤退。

但蒙哥马利坚信，只要改变计划，就可能赢得胜利。

他利用德军装甲部队集中部署的机会，通过"增压行动"在德军和意军之间打入了一枚楔子。11月1日夜间到2日凌晨，炮兵密集射击之后，盟军再度发动步兵攻击。由于没有复杂的雷区需要清理，英国第9装甲旅以快速前移，占领了被德军仓促放弃的指挥部和轴心国的主要补给路线——拉赫曼小道（Rahman Track）。它之所以被放弃，是因为隆美尔预计会有来自北方的攻击。现在，德军与补给线和增援部队失去了联系，被迫撤退，这一次他们没有办法再集结力量反攻了。

战斗在所有英军指挥官都认为具有重要战略价值的区域内展开。深入内陆64千米的盖塔拉洼地是一个无法逾越的盐沼，它形成了战场的南部边界。轴心国部队控制着西边的天然屏障——米泰利亚山脊和基德尼山脊。盟军在阿拉曼以南高地上拥有两个有利的位置。

米泰利亚山脊前面的雷区减缓了"轻足行动"的速度。然而，在"增压行动"期间，山脊西面相对畅通的区域使第8集团军迅速夺取了拉赫曼小道和泰尔埃尔-阿恰其尔附近的一个敌方指挥部。

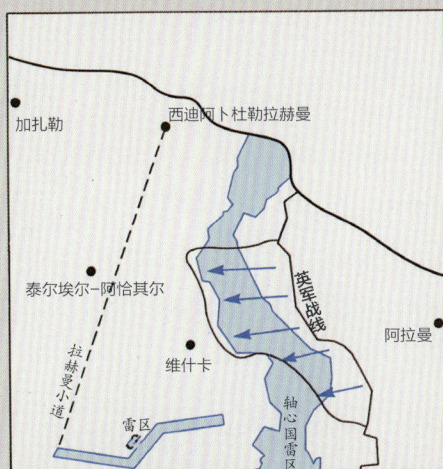

"轻足行动"推进范围

"增压行动"的推进和突破方向

◀昼间，巡逻队用枪上的刺刀发动了一次闪电般的进攻。

▶ 炮手们同样依靠出其不意的效果，但当他们在夜间射击时，火光照亮了他们所在位置，这一优势也就丧失了。

成部分是意大利第20军（机动军）的残部。英国第7装甲师和新西兰第2步兵师全速前进，希望向撤退的敌军打出一记"左勾拳"，却在富凯正南方被一片假雷区减缓了脚步，后来发现那竟是英军所布。随后，他们的燃油也耗尽了。与此同时，隆美尔正在准备进一步后撤129千米到马特鲁港。11月6日正午，一场突如其来的暴雨将沙漠变成了泥沼，完全阻止了英军的行动。切断隆美尔大军余下部分的机会丧失了。与此同时，"沙

漠之狐"利用了恶劣天气给予的时间，他后来也批评蒙哥马利没有继续追击。隆美尔集结非洲军团的所有余部——只剩下大约20辆坦克，尽其所能地沿着海岸公路将其送回后方。最重要的是，他希望撤退的部队远离第8集团军。

11月7日，在夜色掩护下，隆美尔抵达埃及和利比亚边境的塞卢姆（Sallum）。次日，他得到了美国将军德怀特·D.艾森豪威尔率领盟军在摩洛哥和阿尔及利亚登陆（"火炬行动"）

的消息。这是英美军队首次联合作战，也是盟军第一次从海上发起登陆战。现在，消耗殆尽的北非轴心国军队受到两条战线的挤压，已无力再战。

在阿拉曼战役的12天中，第8集团军给德军和意军造成了巨大的损失。隆美尔麾下的10万名官兵中，有半数伤亡或被俘，450辆坦克和大约1000门火炮被缴获或摧毁。（"沙漠之战"总共导

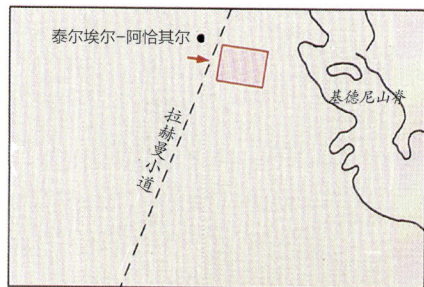

图中的情景出现在1942年11月4日9时，这是一个阳光明媚、晴空万里的日子，英国第22装甲旅的坦克最终突破了隆美尔的防线。他们还切断了拉赫曼小道——从海岸到沙漠的主要补给路线，敌人就是依靠这条路线将反坦克炮转移到另一个受到威胁的战区。

印度第5旅的3个步兵营——分别来自拉加普特纳步枪团、俾路支团和埃塞克斯团——在前一夜成功地推进6.4千米，为坦克打开一个缺口，之后挖掘壕沟固守阵地（2）。该旅展现了步兵夜袭的典范，消灭了敌军的反坦克炮和据点。此后，在持续的炮兵弹幕射击掩护下，他们在壕沟内等待坦克通过。

浓密的烟尘（1）表明，第22装甲旅的坦克正在前移以支援先头部队。

领头的坦克既有"谢尔曼"（3），也有"十字军"（4），它们在印度第5旅的壕沟之间推进，开往被摧毁的、正在燃烧的轴心国军队阵地。随着前几辆坦克通过缺口，越来越多的坦克开进，成为一股洪流，很快集结成巨大

致轴心国近百万官兵阵亡或被俘虏）英国和英联邦军队在阿拉曼的伤亡人数为1.35万人。在战斗中，他们有500辆坦克被击伤，但只有150辆无法维修，共有100门火炮被摧毁。

丘吉尔得知阿拉曼战役的最终结果后狂喜不已，命令全英国教堂打破1939年以来的禁令，鸣响钟声加以庆祝。后来，这位首相说："阿拉曼之前我们难求一胜，阿拉曼之后我们再无败绩。"

的装甲兵力量，机动到德军坦克背后没有布雷的区域，迫使它们撤退。

主战场以南的地区防御较为薄弱，那里的轴心国反坦克屏障（5）很快就被炮兵火力和进攻的步兵旅消灭。

颜色鲜艳的三角旗（6）在装甲车辆的天线上飘扬，标示所属单位和车辆指挥员的衔级。这些三角旗和其他旗子还可用于传达一般命令，如"集合"和"分散"。

寡不敌众时，非洲军团的坦克往往会转头撤退，期望英军像往常一样紧随其后，这样德军就可以将敌人直接引向精心部署和伪装的反

坦克炮，由后者进行近距离射击。

德军的Pak 38型50毫米反坦克炮最为有效，特别是在发射钨芯穿甲弹时。由于钨金属很重，因此需要用轻质金属将其尺寸增大到所需的口径。这种炮弹有很高的初速，但在飞行中很快就会减速。但通过配备锥形炮膛挤压炮弹，就可使射出的弹头口径变小，提高飞行速度。

进攻意大利的跳板

虽然不可能在沙漠中赢得欧洲战争，但英军在阿拉曼战役中取胜给德国造成了灾难性的后果。当盟军的"火炬"部队从西推进，而第8集团军从东发起进攻时，隆美尔发现自己陷入困境，被迫撤出北非，使这一地区成为盟军进攻西西里和随后进攻意大利的跳板。希特勒谈及德国在第一次世界大战中的失败时，曾反复说过他的国家绝不能再次同时于两线作战。可是不久，他的命运急转直下，将迫使他在三条战线上作战：苏联、意大利以及西欧（1944年6月后）。

斯大林格勒战役，1942年7月—1943年2月

从1942年"巴巴罗萨行动"开始以来，德国陆军遭遇了巨大的损失和惊人的艰难局面，但这并没有令希特勒感到沮丧。相反，他于1942年发动了一场大规模夏季攻势，目标是摧毁苏联的抵抗能力。身为长达1600千米的东部战线的最高战役指挥官，希特勒错误地认为苏联红军在冬季的战斗中已经动用了大部分人力物力，因此加紧向东线派出增援部队。他从罗马尼亚、匈牙利和意大利抽调部队，组建了一支从数量上看很强大的部队，这支部队装备精良，但其中一些单位的战斗力十分令人怀疑。

德军的主攻方向是南部的工业区和产油区，而在北面将继续努力夺取列宁格勒，中部战线则以固守为主。6月开始的攻势出乎苏军意料，德军以旧式闪电战的风格取得了创纪录的成功，也使希特勒变得过分乐观。7月23日，希特勒发布第49号命令，放弃循序渐进征服苏联南部的计划，准备从斯大林格勒入手。此时，他打算分兵同时进攻斯大林格勒和高加索地区。尽管德国将军们警告，他们的部队不够强大，无法同时实现两个目标，但希特勒不为所动。

斯大林格勒是弗雷德里希·保卢斯（Friedrich Paulus）上将率领的第6集团军和赫尔曼·霍特大将率领的第4装甲集团军的终极目标，他们分别于6月和7月初向东南方进军。如果不是受到希特勒的干扰，这一仗本可以不战而胜。希特勒将霍特的装甲兵调到南面的高加索，从而错失了在苏军组织防御之前进入这座城市的机会。

两周之后，希特勒命令第4装甲集团军转向东北，重新奔赴斯大林格勒，但良机已逝。8月9日，霍特因为补给不足而停在离城160千米处。与此同时，保卢斯的第6集团军已渡过顿河，8月23日抵达斯大林格勒以北的伏尔加河右岸，正在进入城郊。虽然驻守斯大林格勒的

盟国对苏联的援助

图中的苏联摩托化步兵使用的是美制装甲车。苏军去除了盟国供应的坦克、其他车辆和武器上的英美标志，因此官兵们认为这是国内制造的。从1941年10月，也就是德军入侵苏联不到4个月起，到1943年6月底，美国根据租借协定向苏联运送了价值约24.44亿美元的各类物资。尽管英国船只在运输中损失巨大，但由于原定送往英国的坦克和其他装备转运到了苏联，运输量还是在不断上升。1942年7月到1943年1月，美国每月分配给英国和苏联的坦克从1200辆增加到2000辆，后来又增加到了2500辆。此外，1942年7月到1943年1月，美国还提供了3600架一线飞机。

▲ 移动中的德军部队。

◀ 在德军发动进攻之前，斯大林格勒是一座现代化的大城市（上）。前方是纪念为社会主义革命献身的烈士的广场。在战役中，这座城市沦为一个死亡的躯壳（下），但在废墟之中，仍能分辨出它的一些特征。

1942年春季，希特勒下达了关于苏联战役的指令。本质上，北部和中部战线保持平静，将所有可用的部队都投向西南方，目标是占领高加索油田。南部集团军群先是奉命夺取克里米亚，随后从奥廖尔（Orel）—库尔斯克地区向东进攻，夺取沃罗涅日（Voronezh）。这一目标实现后，德军各部从沃罗涅日和第聂伯罗彼得罗夫斯克（Dnepropetrovsk）向斯大林格勒会聚。一旦夺取了这座城市，通往高加索的道路就畅通无阻了。

德军一开始取得了全面成功。到7月23日，他们已夺取罗斯托夫，此时苏军的处境已极度困难。令人吃惊的是，希特勒随后将第4装甲集团军撤出高加索战线，转向东北与第6集团军会合以占领斯大林格勒。与此同时，炮兵部队也离开该战线，以加强对列宁格勒的围攻。这大大削弱了南部集团军群，限制了向高加索油田的进一步攻击。对斯大林格勒进攻的推迟使苏军有机会增援该城，这座城市一直没有被攻陷。

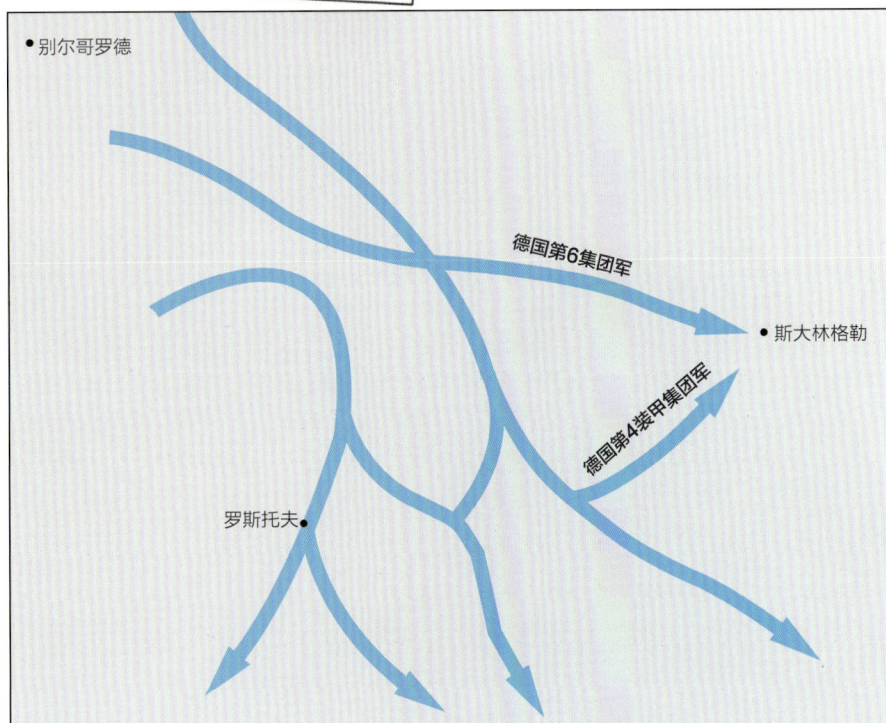

别尔哥罗德

德国第6集团军

斯大林格勒

德国第4装甲集团军

罗斯托夫

苏联第62和第64集团军顽强抵抗,保卢斯依然控制住了顿河和伏尔加河之间的缺口,在那里建立了空军基地和补给基地,并于9月2日与霍特取得了联系。

尽管连日激战,且遭受到多次轰炸,瓦西里·崔可夫(Vasili Chuikov)中将率领的苏军仍死守这座支离破碎的城市。德国陆军最高统帅部担心掩护顿河沿岸的第6集团军左翼的兵力不够,建议从斯大林格勒撤退以巩固这一战线,避免保卢斯因为苏军的突破而被切断。但希特勒反而从薄弱的顿河防区调动部队到第6集团军,要求他们拿下这座城市。

在第4航空队的轰炸机支援下,德国步兵和装甲兵穿过房屋不断倒塌的街道,发动了一次大规模突击。他们每前进一米,都会遭遇苏军的顽强抵抗,每座房屋、每个地窖甚至排水沟,都发生过激烈的近战。在这场旷日持久的血腥战斗中,苏军官兵表现出了坚定的决心。堆积如山的瓦砾使坦克难以有效行动,步兵主导了这场战役。经过一周的激战,德军终于抵达市中心。几天以

后,保卢斯的部队还突入了北部的工业区,但在9月29日被崔可夫部击退。

德军重新集结、加强力量,在坦克和俯冲轰炸机支援下于10月14日再次发动进攻,并连续10天猛烈打击苏军防线。由于众寡悬殊,苏军最初不得不退却,但他们在夜色掩护下,从宽阔的伏尔加河对岸运来了生力军和急需的补给。到10月24日,德国第6集团军在斯大

林格勒北部的进攻陷入停滞,无法驱逐顽强的苏联人。

曾经有将近50万人口的这座城市,此时已经没有剩下多少人了。希特勒极大地破坏了苏联的工业产能,但由于伏尔加河以东的铁路线仍在运行,南北交通并未被切断。这场战役已经变成了自尊之战:斯大林坚持要守住这座以自己的姓氏命名的城市;而希特勒希望夺

1942年10月，瓦西里·崔可夫将军麾下守卫斯大林格勒的苏联第62集团军遭受德国第6集团军的重压。从北部城郊工业区退却后，崔可夫不得不依靠夜间从东岸开来的渡轮运送补给，正如图上所示的10月16日的情景。冒着猛烈炮火渡河的运输船只大部分是渡船和汽艇，上面挤满了增援部队和武器弹药。

在6管烟雾发射器射出的照明弹（1）指引下，德以持续火力打击苏军在斯大林格勒破败的滨河地带（2）建立的阵地。

如果不是有深深的河谷（4）保护，苏军的伤亡将会更大，这些深谷切入伏尔加河西岸，直通战况激烈的工厂区。

苏军在河谷两侧挖掘地道，作为弹药库和急救站。崔可夫将军的指挥部也在其中一个地道里。有些地道里藏着"喀秋莎"火箭炮，它们可以迅速现身开火，然后在敌军火炮瞄准之前撤回安全地带。

斯大林格勒处理伤员的设施不足，因此伤员们被藏在河谷中，在夜幕降临后用完成补给任务的小船送回东岸（3）。许多伤员在小船遭遇德军炮火轰击时再度中弹。

苏军将重型和中型火炮放在树木茂密的伏尔加河东岸，使德军无法发现。但是，他们的高射炮（5）主要驻扎在伏尔加河中的小洲上。这些火炮可以在一定程度上保护步兵免遭敌军轰炸机的攻击。

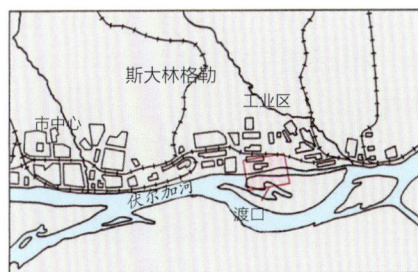

一般漆成黑色的渡船（6）正冒着密集的炮火开往伏尔加河西岸，甲板上挤满了增援部队。在水边不远处，苏联第62集团军正在抵御德军的进攻。崔可夫的一切需要都依靠这些船只，它们优先考虑运送的是弹药、补给和补充人员。

取该城，也是为了其象征意义和宣传价值。因此，德军准备对城南发动一次大规模突击。

随后传来的消息使希特勒不得不向南边派出援军，而不是援助东线。11月5日，隆美尔在阿拉曼战役中失利。8日，盟军在摩洛哥和阿尔及利亚登陆，有可能使轴心国部队陷入危险的钳形攻势之中。德军的这一失败给格奥尔基·朱可夫元帅带来了意外的好处，后者正准备在南部对德军发动一次反攻。他已经秘密集结了大量预备队，准备在苏军的传统盟友——冬季到来之时出动。

11月19日，苏军发动了一次大规模进攻，出其不意地击溃了斯大林格勒西北方的罗马尼亚第3集团军，使德国第6集团军的左翼暴露，印证了德国将军们在夏季的预想。24小时后，在南面160千米处，苏军击溃了守卫保卢斯右翼的德国和罗马尼亚混合部队。4天之内，这两个苏军突击集群就会合了。保卢斯将军和他的第6集团军（20万名作战人员和约7万名非作战人员）被切断了。

德国陆军最高统帅部请求希特勒允许第6集团军在苏军包围圈仍未巩固时向西突围。但德国空军司令赫尔曼·戈林毫无理由地声称，他的飞机可以每天向被围的第6集团军运送500吨补给物资，足以保证其战斗力。希特勒以此为保卢斯的生命线，于11月24日要求他加固阵地，等待救兵。

3天后，德国陆军元帅曼施坦因被任命为一支拼凑起来的部队——顿河集团军群的指挥官，奉命救援斯大林格勒。但是，他的目的并不是为保卢斯的撤退创造条件，而是要稳定德军在这座围城内的战线。曼施坦因于12月12日开始执行这项不令人称羡的任务，并于21日抵达斯大林格勒城外48千米处。曼施坦因知道苏军正在向他逼近，他无法长时间坚守前沿阵地，因此主动要求保卢斯突围与自己会合，以免为时太晚。但保卢斯决定，在希特勒没有直接下令撤出斯大林格勒之前，必须留在原地。

肉搏战

在斯大林格勒，德军被迫放弃了公认最为擅长的闪电战和包围战术，加入一场挨家挨户的争夺战，而在这种环境中，熟悉城内情况的苏军占有优势。

最激烈的战斗始于10月4日，当时保卢斯占领了拖拉机厂和城北的其他工业设施。战斗在每一个充满瓦砾和死尸的房间内展开，双方官兵从窗户和门廊扔出手榴弹，并用机枪火力覆盖整个地区。很快，双方近在咫尺，开始用枪托、铁锹和家具的残片相互攻击。

偶尔，疲劳会使战斗平息下来，之后狙击手开始大显身手。苏军在神射手上占有优势，为了恢复平衡，措森（Zossen）的德国狙击手学校负责人海因茨·托瓦尔德（Heinz Thorwald）飞到了斯大林格勒。随后，这位德国人与一名优秀的苏联狙击手展开了持续将近4天的跟踪决斗。大部分时候，德国人都躲在无人区中，以一块铁片和一堆瓦砾作为隐蔽。他的位置最终被对手发现，苏联狙击手的助手用手稍稍抬起头盔，德国人开枪后短暂地伸出头观察是否击中目标，却被一枪毙命。

◀ 苏军使用PPSh-41冲锋枪。这是苏联红军中最为常见的冲锋枪，它在战争期间制造了超过500万支，可以每分钟发射900发子弹。泥土、水、雪和冰对这种7.62毫米枪支毫无影响，镀铬的枪膛也不需要定期清理。

◀ 这些德国军士携带9毫米Mp 40冲锋枪。这种枪支的设计便于工厂加工，子承包商可以批量生产部件供以后组装，这在20世纪40年代是革命性的概念。它的唯一缺点是重量；装弹后超过5.4千克。

◀ 挨家挨户实施争夺战时，苏军采用小股部队相互支援的战术。他们的主要武器是手榴弹和冲锋枪。士兵们将手榴弹扔进一个房间的各个角落，用机枪扫射后再继续前进。

指挥官

▲ 保卢斯

▲ 曼施坦因

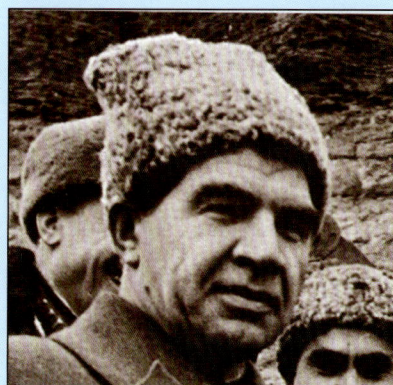
▲ 崔可夫

德国陆军元帅**弗雷德里希·保卢斯**（1890—1957）是一位经验丰富、精明强干的参谋军官，但事实证明，他在战场指挥上表现平平，既受到了上级的威吓，又完全低估了苏军在斯大林格勒的兵力。德国1939年入侵波兰和1940年入侵法国时，保卢斯一直是德军参谋部的成员。当年9月，他被任命为总参谋部军需总监。

斯大林格勒围攻战期间，希特勒为保卢斯的铁十字骑士勋章添上了一片橡叶，并将其晋升为陆军元帅。由于从没有任何这一级别的德国军人被俘，希特勒对保卢斯的投降之举十分厌恶，震惊于他竟然没有选择自杀，希特勒对手下说："他是我在这场战争中提升的最后一位陆军元帅。"战争结束后，当时同情共产主义的保卢斯退隐东德。

相比之下，苏联元帅**瓦西里·崔可夫**（1900—1982）是一位有独立思想（在战争开始阶段，他曾因这种独立思想而遭到降级）、想象力丰富的指挥官，对手下士兵爱护有加。他与官兵们住在一起，和他们一起在前线承受危险。而且，他知道击败德军的方法是

与之展开近战，这样后者的炮兵和空军就会因为担心误击己方人员而无法行动。崔可夫不仅拯救了斯大林格勒，还永远打破了德国陆军不可战胜的神话。

德军在斯大林格勒遭到惨败之后，战线得到了稳定，这很大程度上是由于陆军元帅**埃里希·冯·曼施坦因**（1887—1973），他可能是战争期间崛起的最厉害的战略家，1940年，他入侵法国的计划取得了空前的成功。

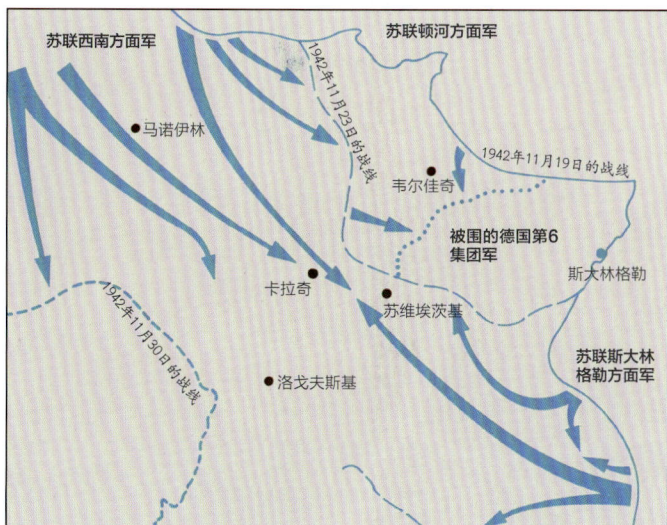
▲ 德军别无选择，只能使用战斗力低下、装备也较差的罗马尼亚部队保护在斯大林格勒的第6集团军侧翼。11月19日，严寒使潮湿的土地结冰，坦克又可以行动了，城北的苏军在罗科索夫斯基中将率领下西进，击溃了罗马尼亚部队。次日，安德烈·伊万诺维奇·叶廖缅科（Andrei Ivanovich Yeremenko）上将的部队向南发动进攻，突破了罗马尼亚部队的防线。22日，两支苏军在卡拉奇（Kalach）会合，25万德军就这样陷入了包围。

▲ 保卢斯希望在得到充足的空中补给的情况下守住斯大林格勒，或者在上述条件不成立时尝试突围。希特勒可能已经勉强同意第6集团军撤出以稳住战线，但当戈林承诺德国空军能够每天运入500吨物资时，他又做出了相反的决定。然而，这一任务超出了德国空军的能力。空运的前两天，德国空军只送来了75吨物资，后来数量有所增加，11月30日达到了100吨，但仍然完全不足以支撑一个25万人的集团军。随后，德军防区内的机场被占领或者摧毁，使飞机无法降落，德军阵地也就难以为继了。

德国援军且战且退，斯大林格勒战役的最后一个阶段开始了。对注定失败的德国第6集团军而言，这是一场悲剧。保卢斯的部队受到周围苏军越来越有力的挤压，没有合适的服装来抵御冰点以下的温度，而且戈林承诺的每日空运量不敷使用，所有必需品都已耗尽，但这支眼看弹尽粮绝的部队仍在做困兽之斗。

12月底，当保卢斯看到一些饥肠辘辘的部下只能以生的马脑为食时，他派出一名私人密使向希特勒汇报了亲眼所见的第6集团军的悲惨状况。但希特勒只是命令他坚守。

1月8日，康斯坦丁·罗科索夫斯基（Konstantin Rokossovsky）中将向保卢斯发出一份最后通牒，但后者拒绝投降。两天后，苏军向保卢斯的阵地发动了全面攻击。当苏军靠近保卢斯筋疲力尽、全无斗志的部队时，他电告希特勒，称局势已无望。保卢斯在战后的证词中说，希特勒的回答是："投降是不可能的。第6集团军将在斯大林格勒完成它的历史使命，直到最后一个人……"

结局不久就来临了。1月25日，苏军占领了德军的最后一个机场，阻止了任何补给物资进入，并结束了运走伤病员的急救飞行。1月31日，幸存者们通过与外界的唯一联系——电台听到了一条消息：希特勒高兴地将保卢斯大将晋升为陆军元帅。当天晚些时候，第6集团军最后一次广播，宣布苏军已经到了指挥部的外围。

新晋升的陆军元帅此时心力交瘁，他不得不率领多数残余部队向苏联第64集团军的米哈伊尔·舒米洛夫（Mikhail Shumilov）将军[1]投降。两天后，在这座饱经踩躏的城市北面包围圈中坚守的德国第11军也投降了。近百万投降官兵被押往条件严酷的战俘营（估计战后只有5000人从那里回到家乡）。希特勒因为这场惨败咆哮不已，并威胁要在军事法庭上审判保卢斯。然而，他最终还是为第6集团军的覆灭承担了责任。近15万名德军官兵死亡（是苏军承认的自身损失的三倍），保卢斯的所有

① 译注：他当时的军衔为中将。

▲1943年1月31日，德国第6集团军向苏军投降。但在斯大林格勒北部工业区的拖拉机厂，卡尔·施特雷克尔（Karl Strecker）上将率领的德国第11军残部仍在坚持。在之后的两天中，他们打退了苏军的多次进攻。直到2月2日，弹药耗尽的他们才选择投降。

火炮、机动车辆和装备都被缴获，德国空军损失了500架运输机。

尽管德国陆军在1943年年初还不能称为是一支残破的军队，但在东线的伤亡已经超过百万的情况下，又损失了一整个集团军，导致它再也无法复原。闪电战的所有辉煌胜利已成过去。希特勒在盟国集结全力对付他之前就透支了德国的力量，他将为这种愚蠢之举付出代价。

施特雷克尔将军的部队在拖拉机厂装配车间内（1），以瓦砾、废弃的机器和车辆为掩护拼死抵抗，给苏军造成了很大的伤亡。

德国守军（2）缺乏重武器，只能用剩下的一切——步枪、手枪和手榴弹来击退苏军的进攻。有些士兵只能用刺刀、铁锹和机器的残片展开凶猛的肉搏。

死尸和伤员（3）只能留在原地，因为在装配车间的残垣断壁中，既没有时间也没有地方对他们进行护理。

施特雷克尔的部下还有一部残余的电台（4）。他们由此听到希特勒的训诫，要求他们坚守到底。2月2日8时40分苏军逼近时，他们通过这部电台向外界发出了最后一条消息，告诉德国和他们的统帅，他们已经完成了自己的任务。

除了以步兵进攻装配车间，苏军还出动坦克（5）从墙壁倒塌处向车间内开火。9时，德军的所有抵抗都停止了。

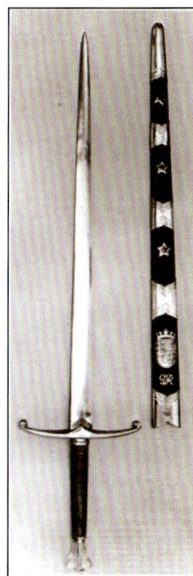

▲英国国王乔治六世适时地做出姿态，启动了一柄"荣誉之剑"的设计和制作。这柄宝剑以上好的钢材铸造，并有一个装饰华丽的剑鞘。根据国王的命令，丘吉尔在1945年2月的雅尔塔会议上将宝剑赠予斯大林。斯大林高举此剑，亲吻了剑鞘，并庄严地将其交给苏联陆军监察长克里门特·伏罗希洛夫（Kliment Voroshilov）元帅，后者不慎将剑掉到了地上。随后，这柄宝剑由一名苏联仪仗队员护送出了房间。

库尔斯克会战，1943年7月—8月

直到在苏联的第二个可怕的冬季结束，德军部队仍未从对第6集团军在斯大林格勒全军覆没的震惊中回过神来，他们评估了自己每况愈下的处境。与此同时，希特勒却在准备进行一场豪赌，其规模之大，连他本人后来都说，每思及此，心中便如翻江倒海一般。

从1941年夏季"巴巴罗萨行动"开始到1943年春季，东部战线发生的事件比其他任何一个战场都更能引起希特勒的兴趣。即便将德国陆军、武装党卫队和德国空军在这场残酷战役中已经遭受的巨大伤亡考虑在内，到此时为止，德军仍将最多的兵力集中在从芬兰湾延伸到黑海的战线上，这条横跨苏联领土的战线长度超过了1600千米。

由于盟军可能提前进攻意大利，随后还可能通过法国全面进攻西欧，希特勒意识到必须调整纳粹德国力量的这种不平衡状况，以便增援这些新的危险地区。但是，最近在坚韧不拔的苏联红军手中遭受的挫折使他清楚地认识到，如果他简单地抽调在苏联的战斗部队以提供更多的经验丰富的部队，就不可能不危及自己的处境，因此必须给予苏军迅猛的毁灭性打击。

前一年的春季，德军对苏军顿河战线上的伊久姆（Izyum）突出部进行了一场成功的包围战，令希特勒印象深刻，因此他决定，唯一适合于他拟议中的牵制行动的位置是160千米宽的库尔斯克突出部，这个突出部伸进了北面的奥廖尔和南面的别尔哥罗德的两个德军阵地之间。这一带尽管有数量不断增加的敌方一线部队守卫，但对希特勒来说是发动钳形攻势的理想位置。代号为"堡垒行动"（Operation Citadel）的这次进攻将有两大益处：消灭大量苏联红军部队，同时使德军战线变直、变短。

最让希特勒焦虑的是，必须在危险日益加剧的前提下，以最快的速度集

军事工业

从1940年法国沦陷到1942年，德国军事工业的产出一直很稳定。在东线的战争明显不能快速获胜的这一年里，尽管盟军对德国工业中心实施轰炸，但其产出仍然有显著增加。

1942年，德国生产了5700辆中型和重型坦克。次年，这个数字大约翻了一番，各类飞机的产量从14700架增加到25200架。至于火炮和迫击炮的产量，1943年也比1942年增加了一倍，弹药的生产也保持同步。此外，1943年生产的许多车辆和武器是更先进、更具杀伤力的新设计。因此，德军能够补充战斗中损失的车辆和武器，并为新部队提供装备，但其中的大部分最终注定要用于西欧的防御。

苏联拥有更强大的生产能力。由于人力几乎是无限的，他们在内陆修建了数百间巨型工厂并为之配备了人员，到1943年，这些工厂生产的坦克、飞机和各类武器数量不断增加。此外，美国和英国也运来了数量巨大的战争物资。

苏联还能够比德国更快地补充战斗中的损失，确保在战斗爆发时几乎始终保持着数量上占据压倒性优势的部队。

▲ 正在大批量生产的苏联T-34坦克（上）和德国"豹"式坦克（下）。

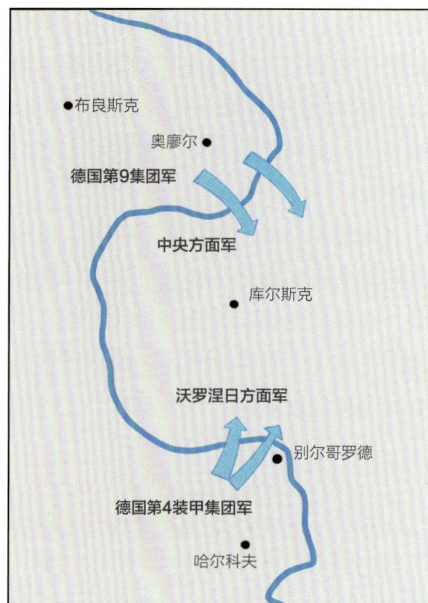

▲ 德军对库尔斯克的钳形攻势——"堡垒行动"，于7月5日开始。德军不知道的是，苏军不仅在人力上占据优势，而且在武器上也更胜一筹，并且驻守在新的反坦克防御设施之后。在北面，莫德尔的德国第9集团军付出了很大的代价，只推进了19千米；而在南面，德国第4装甲集团军尽管开始时更为成功，但在10天内只推进了32千米，之后攻势也被遏制了。
7月15日，得到大量增援的苏军发动反攻，最终逼近德军背后，消除了突出部。德国作战参谋部的瓦尔特·瓦尔利蒙特（Walter Warlimont）上将后来写道："'堡垒行动'不只是一场失败的战役，还将主动权拱手让给苏军，直到战争结束，我们再也没有夺回过。"

◀ 德国第6集团军在斯大林格勒投降后，德军稳定在北起列宁格勒、南到亚速海畔的罗斯托夫的一条战线上（主要依靠陆军元帅冯·曼施坦因的战略）。然而，在这条战线的中南段留下了一个巨大的苏军突出部，向外延伸到库尔斯克以西、奥廖尔和别尔哥罗德之间。如果苏军利用这一局势，两侧的德军部队将有被包围的危险。因此，德军计划从南北两侧发动进攻，消除这一突出部，从而缩短战线，以便能将部队调往其他战线。但苏军利用所谓的"露西小队"（Lucy Ring，通过瑞士运作，直接向莫斯科报告的间谍网）知道了德军的意图。这一预先得到的情报使苏军有时间在突出部建立了8条强大的反坦克防线。

结最强大的部队。实施一次战略撤退，全面缩短战线，就能释放部队到其他地方执行任务，并为希特勒的困境提供压力最小的解决方案，但他绝不愿放弃已经征服的苏联领土。当德军最终做好准备，他们已经集结了将近50个集团军和多个武装党卫队师，装备2000多辆坦克、约1000辆突击炮和1800架飞机。

向南穿过库尔斯克突出部颈部的攻击将由德国陆军元帅京特·汉斯·冯·克鲁格麾下中央集团军群的部队实施，瓦尔特·莫德尔（Walther Model）大将的

第9集团军担任先锋，该集团军拥有将近1000辆坦克。第6航空队为其提供空中支援。陆军元帅埃里希·冯·曼施坦因麾下南方集团军群的部队将在第4航空队的飞机协助下同时向北进攻，赫尔曼·霍特的第4装甲集团军（共有大约1200辆坦克）将作为冲入苏军阵地的一枚楔子。突出部的其他位置将由7个步兵师守卫。

然而，德军最终准备发动进攻时，苏军早已严阵以待。他们从4月初就知道敌军计划消灭库尔斯克突出部，一方面是通过观察敌军的准备有所察觉，但更

主要的是依靠在德国最高统帅部中的一名间谍发来的一系列报告。

在苏军总参谋长格奥尔基·朱可夫元帅的总体指挥下，苏军决定用自己的防御消耗德军，然后再发动大规模反攻。就算"堡垒行动"因为任何原因而被取消，苏军仍然将在1943年夏季发动大规模攻势，打破苏联红军只在对已有利的冬季时才发动进攻的既定模式。

在库尔斯克突出部内，北部防区由康斯坦丁·罗科索夫斯基大将的中央方面军（一个方面军大致相当于小的集团

军群）据守，南部防区则由尼古拉·瓦图京（Nikolai Vatutin）大将的沃罗涅日方面军据守。伊万·科涅夫（Ivan Koniev）大将的草原方面军在后方作为预备队。

苏军承认的兵力一向不准确，但突出部似乎有多达75个师和至少3500辆坦克，并得到大约3000架飞机的支援。在这些飞机中，许多都是比之前在东线上空的飞机速度更快、设计更现代化的型号。科涅夫还另有1500架的飞机作为预备队。但这些还不是全部。

苏军为了在开始自己的攻势之前挫败德军意料之中的进攻，已经在多处准备好了纵深达40千米的防线，包括数十万枚地雷、20000门火炮、6000门反坦克炮和1000具"喀秋莎"火箭发射器。

接着，一名德国逃兵向他们透露了攻击的日期和时间。有了这个有关德军攻击的最新情报，苏联红军炮兵在待命的德军部队前移之前先发制人地炮轰了德军集结点。一场规模庞大、不断蔓延、分散四处、惊心动魄的大战就此拉开了帷幕，大雨的来临使库尔斯克周围松软的玉米地变成了一片泥沼，战斗因此变得更加艰难。

希特勒一直期望着一场闪电般的装甲攻势，以南方集团军群和中央集团军群的突击纵队像推土机般横扫各自战线上的苏军，然后在开阔地上胜利会师，

苏军在库尔斯克会战期间部署的T-34坦克极多，德军不得不越来越多地呼叫空军支援。德国空军最为成功的空中突击部队之一，由新型容克Ju 87G"斯图卡"俯冲轰炸机组成，这种飞机是专门为打击坦克而改装的。事实证明，这种飞机具有很强的杀伤力，但德军拥有的该型飞机数量太少，没能对苏军在库尔斯克突出部集结的庞大装甲部队形成显著的影响。

汉斯-乌尔里希·鲁德尔（Hans-Ulrich Rudel）上尉是第二次世界大战中优秀的"斯图卡"飞行员，他开发出了一种几乎万无一失地摧毁敌方坦克的战法：从后方进入（1），瞄准T-34的车尾（2），那里是发动机的安装位置，也是装甲最为薄弱之处。此外，那里的金属上有发动机散热的排气孔，使其防护进一步变弱。

一辆T-34被"斯图卡"（6）的航炮击中爆炸（3），这架飞机是从后方向坦克俯冲下去的。对飞行员来说，重要的是不要俯冲得太靠近目标，以免被飞溅的金属碎片击中。如果敌方的战斗机不在场，一架"斯图卡"可以反复俯冲，一辆接一辆地摧毁纵队中的坦克，其目标始终是队尾的坦克。

容克Ju 87G"斯图卡"（5）是在波兰和法国证明了杀伤效果的Ju 87的直接改进型号。这种型号去除了俯冲汽笛、俯冲制动器和炸弹架，改为在两个机翼下面的吊舱中各安装一门威力强大的37毫米航炮（4）。

将困在突出部内的庞大苏军装进"口袋"。然而，情况并非如此。在两路攻击中，曼施坦因的北进在"斯图卡"俯冲轰炸机的有力支援下显得更有前景，但开始取得的进展因为松软的路面、雷区、空袭，以及苏军坦克、炮兵和步兵的坚定抵抗而减缓了。

经过48个小时的鏖战，德军仅向苏军防御体系中相互孤立的3个部分推进了11千米。随后，霍特的第4装甲集团军强力突进，势如破竹，令瓦图京惊恐不已，斯大林不得不亲自出面，匆忙调动坦克增援。在这短暂的一刻，希特勒的豪赌似乎将要得到回报。

但在一系列装甲兵的激烈交锋之后，苏军实用而又随处可见的T-34中型坦克充分展现了足以击倒所有最新型坦克的能力，霍特的进攻被遏制了。到7月9日，德军南路先头部队最多只从出发点推进了32千米。德军伤亡惨重，幸存下来的官兵也已十分疲乏。尽管此时的曼施坦因不愿相信，但库尔斯克是难以到达的目的地。

在北面，莫德尔的第9集团军进展更不顺利，第一天只推进了10千米，许多部队也就到此为止了。4天以后，他的一些坦克突入苏军防线内19千米。尽管他们作战英勇，但在如此猛烈的抵抗下，也几乎形不成闪电战。就在"堡垒行动"于苏军构造精巧的防御体系中破产之际，希特勒于7月10日得知英美军队已在西西里登陆，意大利（包括意军驻守的巴尔干）的崩溃可能近在咫尺。更令希特勒焦虑的是，朱可夫元帅在两天之后发动了他计划已久的夏季攻势的第一阶段——对库尔斯克以北的奥廖尔周围地区发动进攻，从而可能从后方打击莫德尔的第9集团军。经过一周的恶战，两条战线都未能取得任何突破，希特勒似乎想要撤销"堡垒行动"，将部队调到南欧的新战线。

就在莫德尔竭力想要跳出苏军在北面设下的陷阱时，曼施坦因说服希特勒，让他在南线继续进攻，他认为自己的部

库尔斯克会战中的坦克

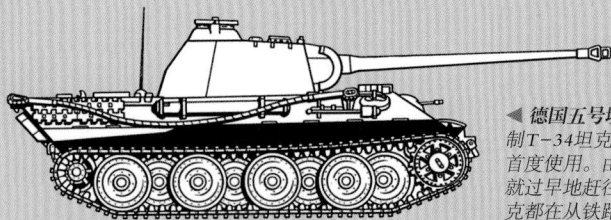

◀德国五号坦克"豹"式。它以苏制T-34坦克为模板，在库尔斯克首度使用。由于未经过充足的测试就过早地赶往前线，大部分该型坦克都在从铁路终点开始的旅程中出现故障。
最大速度：46千米/小时；行程：200千米；武备：1门175毫米炮和1挺机枪。

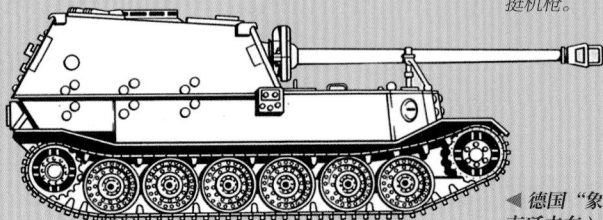

◀德国"象"式自行反坦克炮（坦克歼击车）。搭载一门威力强大、转动角度受限的88毫米炮，除此之外没有任何其他武器，步兵可以肆意对其发动攻击。
最大速度：30千米/小时；行程：150千米；武备：1门88毫米炮。

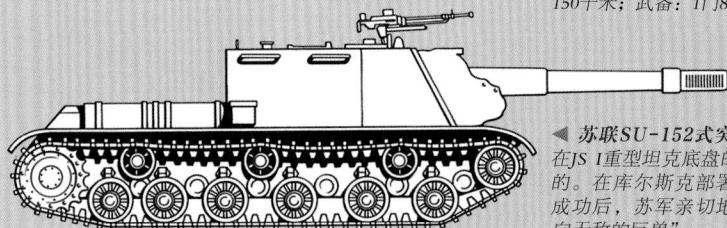

◀苏联SU-152式突击炮。它是在JS I重型坦克底盘的基础上制造的。在库尔斯克部署并取得巨大成功后，苏军亲切地称其为"所向无敌的巨兽"。
最大速度：36千米/小时；行程：209千米；武备：1门152毫米炮和3挺机枪。

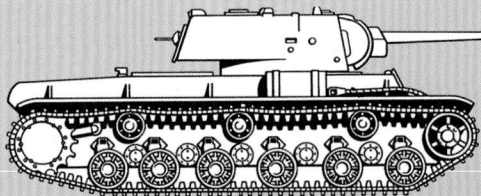

◀苏联KV-1重型坦克。1939年开始生产。当时，苏联是唯一制造重型坦克的国家。
最大速度：37千米/小时；行程：240千米；武备：1门152毫米炮和1挺机枪。

坦克和自行火炮主导了东线的历次战役。战争初期，德国三号坦克和四号坦克取得了压倒性的成功，随后它们越来越多地遇到了苏军坦克的阻击，其中最著名的是KV-1重型坦克和高效的T-34中型坦克。

由于德国坦克越来越多地与大批集结的苏军装甲兵交战，强大的坦克歼击车的需求显而易见。德国在战前曾试验过这种车辆，将反坦克炮安装在坦克的底盘上；现在，这种方案很快就被人们所接受。缴获的苏制76.2毫米炮被安装到了无炮塔的德国二号坦克顶部，为一系列自行火炮的发明拉开了序幕。绰号为"象"（Elefant）、重达60吨的"猎虎"式坦克歼击车，是战争中制造的最大的自行火炮之一，它安装了一门转动角度

有限的88毫米炮。多辆该型坦克歼击车匆忙赶往库尔斯克参战，在战斗中，它因没有机枪的保护而容易遭到步兵近距离攻击的弱点造成了灾难性的后果。德国坦克制造商试验了各种不同的装甲车辆，开发了两种很有前景的坦克——六号坦克"虎"式和五号坦克"豹"式，但在库尔斯克参战时，它们都还没有做好准备。

苏军也生产了一系列自行火炮，主要安装在T-34坦克的底盘上。其中最新的是SU-85，它安装一门85毫米炮，与SU-152一起参加了库尔斯克会战，后者是一种50吨重的突击炮，在JS I重型坦克的底盘上安装了强大的152毫米榴弹炮。

指挥官

▲霍特

▲莫德尔

▲瓦图京

德国**赫尔曼·霍特大将（1885—1971）**一头银发、身材瘦削，部下亲切地叫他"霍特爸爸"。霍特是步兵出身，在第一次世界大战中以上尉的军衔被派往德军总参谋部。从1935年起，他平步青云，并在波兰战役中统率第15装甲军。在1940年入侵法国的战斗中，他表现优异，手下的装甲军于5月13日率先渡过默兹河。霍特几乎总在前线与麾下官兵在一起。进攻苏联时，他指挥第3装甲集群，与古德里安和霍普纳的装甲集群一起，实施了1941年夏季和秋季的多次大规模围攻战。

德国陆军元帅**瓦尔特·莫德尔（1891—1945）**第一次世界大战期间在凡尔登服役，在战斗中负伤并因英勇作战而得到嘉奖。战争结束后，他留在陆军中，1938年3月晋升为少将。他参加了波兰和法国战役。1939年10月，他突破马其诺防线并攻陷凡尔登，重现了年轻时勇猛作战的情景。德军进攻苏联时，他的第3装甲师成了向第聂伯河进攻的尖刀。由于希特勒多次命令他在危险地带担任指挥，他赢得了"元首的消防队员"这一绰号。1945年，他的部队在鲁尔投降时，他开枪自杀。

苏联**尼古拉·瓦图京大将（1901—1944）**拥有优秀的指挥才能，曾在许多战区担任指挥官，特别是斯大林格勒、库尔斯克，他还指挥了解放乌克兰、重夺基辅的战役。1944年，他遭乌克兰民族主义游击队伏击身亡。

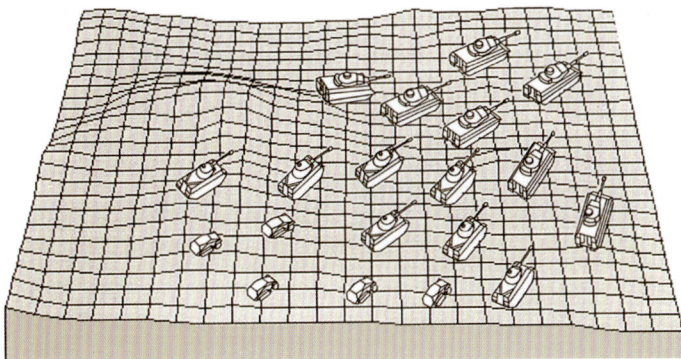
▲在库尔斯克，德军不得不放弃他们曾取得巨大成功的战术，即用狭窄的尖刀编队冲击敌方防线，然后以扇形展开，完成包围，因为苏军此时已加强了火力，能够摧毁这种矛尖式的攻击。德军发展出一种类似斧头的编队战术——装甲楔形阵（Panzerkelie），以"虎"式坦克的紧密队形在前，新的"豹"式坦克和四号坦克以扇形编队在后，携带步枪和手榴弹的步兵紧紧跟随在后面，步兵后面的则是乘坐履带式运输车的迫击炮及炮手。这种战术的目标是在敌方防线上打开一个足够强度和宽度的缺口，可以承受从两翼发起的反攻。

▲苏联"喀秋莎"火箭发射器开火时发出的尖锐啸叫声及其强大的火力足以打击德军的士气。卡车后部运送的是8条发射轨，每条发射轨各容纳2枚上下叠放的13.2厘米口径的火箭，这16枚火箭同时发射，但射高各不相同。由于发射轨从驾驶室上面向前方，瞄准时只需将卡车面向正确方向即可。"喀秋莎"火箭的射程为8000～8500米，重新装填需要5～10分钟。苏军往往并排部署数百辆这种发射车。

队很快就能在瓦图京的防御中杀出一条血路。希特勒在7月25日认识到此举希望渺茫，最终停止了注定失败的"堡垒行动"。他刚刚听到墨索里尼遭到废黜的消息，这一事实也影响了他的决定。

这场命运多舛的战役的幸存者被苏军接二连三的反攻捆住了手脚，随后被迫后退，多达10万名官兵、1000多辆坦克和数量大约相当的飞机被浪费了。其后的几周里，苏军在东线的其他位置同样施加了无情的压力。令德军震惊的是，苏联红军的指挥、装备和自信心都比以往更强了。

到11月，哈尔科夫（Kharkov）、斯摩棱斯克和基辅等重要中心城市均已被苏军夺回，他们成功地将敌人赶到322千米之外，甚至超出了所谓"东墙"（East Wall）那并不牢靠的保护范围。当补充人员、装甲车辆、飞机和燃油短缺，且拉长的补给线不断受到游击队袭击，因而不得不撤退重组时，德军部队匆忙、低效地修建了"东墙"这一以土方工程为主的堡垒群。纳粹宣传机器大肆鼓吹"东墙"，将其称作消灭共产主义势力的堡垒，但在现代战争环境下，它几乎毫无用处。希特勒在库尔斯克灾难性的豪赌——这也是有史以来最大规模的坦克战——加上朱可夫后续有力、猛烈的反攻，决定了德国的最终失败。

▲ 7月12日是一个酷热的日子，600辆德国坦克——霍特将军所能集结的全部力量——横跨干枯、尘土飞扬的草原，开向普罗霍罗夫卡（Prokhorovka），希望能在那里突破苏军防线上已被削弱的一段。这一图谋想要获得成功，取决于肯普夫特遣集团军的3个装甲师对逼近的苏军装甲预备队的侧翼进攻。然而，舒米洛夫的苏联第7近卫集团军在精心布设的雷区后深沟高垒，减慢了他们的推进。因此，霍特手下的坦克手尽管筋疲力尽，也不得不驾驶着已过度使用的坦克，在随后的8个小时内孤立无援地作战。他们面对的是以逸待劳的苏联第5近卫坦克集团军旗下的850辆装甲车辆。在这场历史上最为激烈的装甲战中，将近1500辆坦克展开了近距离的搏杀。双方都损失了大约300辆坦克，但苏军能够很快地补充坦克和车组人员，而德军却不能。

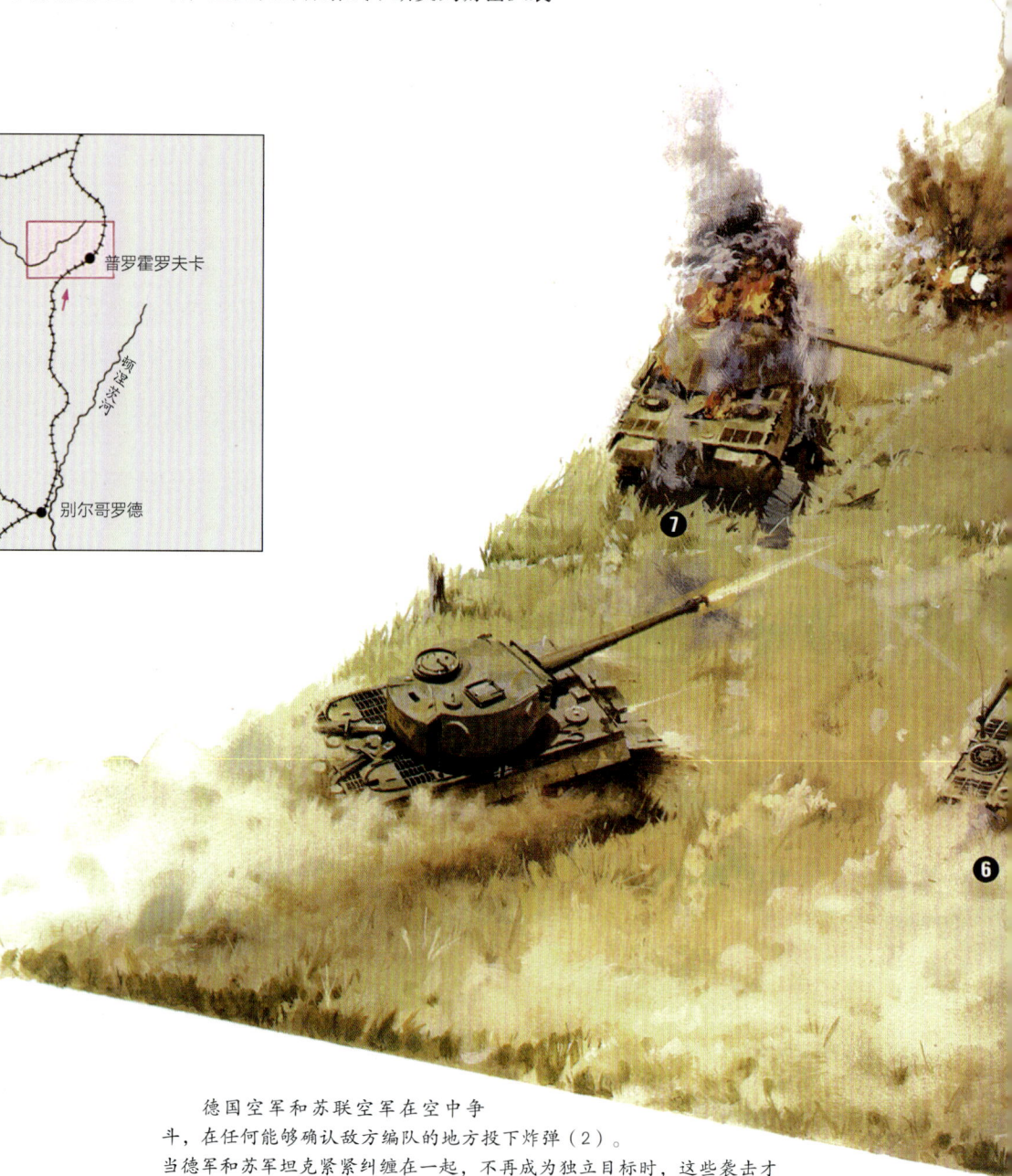

德国空军和苏联空军在空中争斗，在任何能够确认敌方编队的地方投下炸弹（2）。当德军和苏军坦克紧紧纠缠在一起，不再成为独立目标时，这些袭击才被叫停。

炸弹爆炸、大炮开火，坦克履带碾压着干燥的地面。在这种混乱之中，稠密的烟尘（1）导致一些坦克相撞（3）。

虽然苏联第5近卫坦克集团军拥有一些威力强大的新型SU-85和SU-152自行火炮，但他们在普罗霍罗夫卡的主力与其他战役中一样，仍是坚固耐用的T-34坦克（4），它们当时装备的是一

门76.2毫米炮。

德国六号坦克"虎"式（5）的主炮口径为88毫米，而五号坦克"豹"式（6）则安装了一门长炮管的75毫米炮，它们是第4装甲集团军的先锋。这些最新型的德国装甲车辆尽管很强大，但在一周的激战后急需保养。而且，在近距离的坦克格斗中，它们的火炮远程穿透能力也形不成优势。

苏联坦克指挥员发现，他们的T-34坦克与更重、更强的德国坦克相比并不逊色。只要能迅速地靠近，T-34就能轻松地击毁"豹"式坦克（7）。

安齐奥—卡西诺战役，1944年1月—5月

盟军于1943年9月在意大利登陆，4个月之后，他们停在了罗马以南121千米处。面对异常恶劣的天气和坚定的敌人，他们的推进逐渐慢了下来，挡住他们去路的是令人生畏的古斯塔夫防线（Gustav Line），在那一刻，这条防线就是德占意大利的边境线。意大利于9月8日投降，罗马—柏林轴心随之消失，但德国的军队在空军元帅阿尔贝特·凯塞林的得当部署下，准备利用其相当有限的资源，尽可能多地守住前盟友的国土。

古斯塔夫防线由一条地理位置优越的防御工事链组成，从亚得里亚海滨的奥托纳（Ortona）穿过阿布鲁齐山脉（Abruzzi Mountains），沿拉皮多河（River Rapido）延伸到汇入第勒尼安海的加利格里阿诺河（River Garigliano）河口。防线上最坚固和重要的地理特征是卡西诺山（Monte Cassino），它位于利里河谷（Liri Valley）之上，海拔518米，控制着通往罗马的主要道路。

到1944年1月2日，在近乎灾难的萨莱诺（Salerno）登陆战后，马克·克拉克（Mark Clark）中将率领的美国第5集团军已稳步沿着意大利西部海岸北上。美军还试图绕过卡西诺山并将其孤立，从而避免沿着山上的陡坡进行代价极高的直接突击，但没有成功。

与海因里希·冯·菲廷霍夫（Heinrich von Vietinghoff）上将的德国第10集团军进行一系列未分胜负的交锋之后，克拉克让他的部队休整，因为他已征得驻意大利盟军总司令、陆军上将哈罗德·亚历山大爵士批准，计划于1月12日再次尝试绕过卡西诺山。但是，这一次的计划中加入了新的因素。按照计划，美国第2军、英国第10军将在法国远征军的支援下发动一次足够有力的进攻，确保敌军将驻守罗马周围的预备队调往前线。与此同时，盟军还在完成

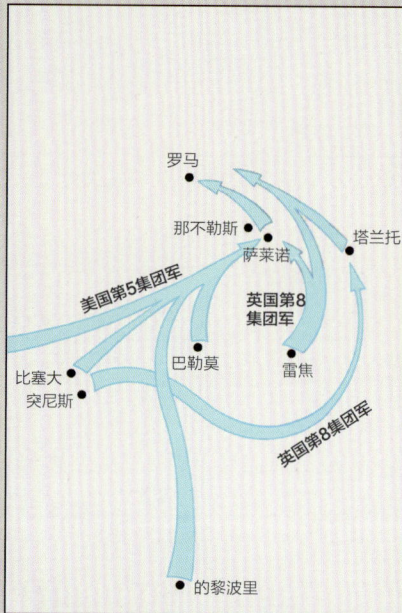

盟军进攻意大利

到1943年1月，盟军已经控制了地中海。下一步打击何处？英国人的观点占据了上风：盟军必须在西西里岛登陆，然后进攻意大利本土。从南部发动进攻，将在计划中的诺曼底登陆发起之前削弱德国在欧洲北部的资源；占领意大利，能给盟军提供机场，以便轰炸德国工厂和罗马尼亚油田。

1943年9月初，盟军从3个地方登上了意大利国土：英国第8集团军从西西里岛渡过了墨西拿海峡（Straits of Messina），第8集团军的第1空降师登陆塔兰托，美国第5集团军则在萨莱诺登陆。盟军的进攻最初几乎没有受到阻碍。10月7日，德国装甲师在沃尔图诺河（River Volturno）有力地阻击了美军部队，然后撤到古斯塔夫防线之后。随后战事陷入僵局，直到盟军从海上登陆该防线北面的安齐奥才得以突破。

一次两栖奇袭的准备工作，登陆地点选在古斯塔夫防线之后、沿意大利西岸向北89千米处，根据当时的预计，该地区的防御较为薄弱。约翰·卢卡斯（John Lucas）少将的美国第6军被选中实施这次代号为"鹅卵石行动"（Operation Shingle）的海上作战，英国首相温斯顿·丘吉尔一直在催促这一行动。不过，该行动需要美国总统的首肯，因为这将推迟从地中海抽调56艘美国坦克登

▲ ▶ 在北部海滩的部队运输舰正在运送英国第2步兵师官兵登岸。用胶带连接起来的标杆指示了已经清除地雷的路线。每个浮桥上的大型标志用来确保舰艇将部队送到预先安排的地点。

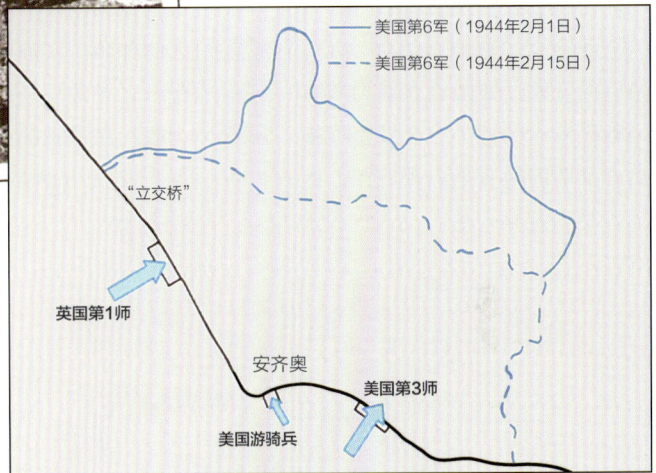

▲ 1944年1月22日，美国陆军第3师官兵在安齐奥以南登陆。图中，岸上（1）和靠近岸边（2）的2.5吨水陆两用卡车（DUKW）正在运送士兵、补给和弹药，它们是任何海上登陆行动中不可或缺的两栖车辆。

在浮桥（6）上卸载的是一艘坦克登陆舰（5），右侧还有另一艘坦克登陆舰（10）。其他舰艇在更远处的海上等待使用浮桥（3、7、9）。坦克登陆舰最多可运送60辆坦克或卡车，并且能够远洋航行。

坦克登陆艇（11）是带有艏门的自行驳船。坦克登陆艇能够运载3～5艘坦克，英军配备的型号能够抢滩，在0.9米的水深处将坦克送上岸。

远离岸边的军舰用于削弱敌军，它们先炮轰沿岸地区，登陆开始后则炮击深入内陆的敌方阵地。

步兵从运兵舰上乘坐步兵登陆艇（8）或突击登陆艇（4）前往岸上。步兵登陆艇是一种大型船只，部队从艇首两侧的跳板下船。突击登陆艇较小，可以用商船和运兵舰搭载，它们都被用吊艇柱放入海中。

陆舰（LST）的计划，那是为了此时正在积极准备的诺曼底登陆所集结的。

亚历山大告诉克拉克，1月22日凌晨2时开始的安齐奥登陆，目标是切断德军在罗马东南方阿尔巴尼群山（Alban Hills）中的主要交通线，并威胁古斯塔夫防线上敌军部队的后方。但克拉克在给卢卡斯的命令中将目标调低为占领和守卫安齐奥周围的桥头堡，然后向阿尔巴尼群山推进。结果是，关于这一行动的优先顺序发生了持续的争论。

不过，"鹅卵石行动"有一个充满希望的开始：登陆没有遇到抵抗，在这一地区的少数德军完全没有防备。但随后卢卡斯的所有精力都放在了将手下的部队——卢西恩·特拉斯科特（Lucian Truscott）少将率领的美国第3步兵师和威廉·彭尼（William Penney）少将率领的英国第1步兵师，以及他们的补给和装备送上岸，并确保阵地的安全。6天之后，他的登陆场界线最远点只从安齐奥向内陆推进了16千米，这也是几个月时间里到达的最远处。在伦敦，英国首相丘吉尔对此十分恼火。

德军自己也承认，1月22日和23日，他们在安齐奥附近没有任何规模较大的部队。实际上，英美突击集群与60千米之外的罗马之间没有任何阻碍，因为驻扎在那里的德军预备队已经匆忙南下，支援卡西诺周围的德国第10集军。但在这一危险局面暴露48个小时之后，第一批强大的德军增援部队开始抵达。驻扎在意大利北部的德国第14集团军指挥官埃伯哈特·冯·马肯森（Eberhardt von Mackensen）大将奉命击退卢卡斯。他很快就在安齐奥之后形如薄煎饼的平原上集结了至少8个师（其中有些是装甲师），并在周围群山上的有利位置部署了可观的炮兵支援。炮弹开始落到滩头的各个角落，德军步兵和装甲兵同时积极地沿着美国第6防御周界实施侦察和试探。阵地频繁易手，在一场恐怖的夜战中，一支767人的美国游骑兵部队只有6人安全返回己方防线。

克拉克将军又派出两个师增援安齐

1944年2月16日，马肯森将军率其第14集团军向盟军在安齐奥的滩头阵地发动反攻。德军在两天里将盟军的防御周界推后了6.4千米。2月18日，德军似乎准备突破"立交桥"（Flyover）附近的防线，"立交桥"是英军官兵为横跨安齐奥—安科纳主干道的二级公路桥所起的昵称。据守此地的是兰开夏郡忠诚团第1营，该团只有后方梯队作为预备队。2月19日是一个潮湿的雾天，这支兰开夏郡部队首当其冲地面对德军的全力冲击。

兰开夏郡忠诚团的A连（1）守卫"立交桥"（2）东侧的阵地，第1营的其余部队部署在该连的右翼。2月19日5时整，他们遭到了猛烈的炮轰，随后德军发动了一次步兵攻击。忠诚团前沿的一个排立即被击溃。

盟军炮兵军官用"立交桥"作为观察哨，因为在它上面能很好地观察北面平原上的德军阵地。然而，德国炮手很快发现了它在有效射程内，使其无法维持下去。

美军的"谢尔曼"坦克（3）开上安齐奥—安科纳公路，支援饱受重压的忠诚团官兵，部署在"立交桥"以西的戈登高地人团的

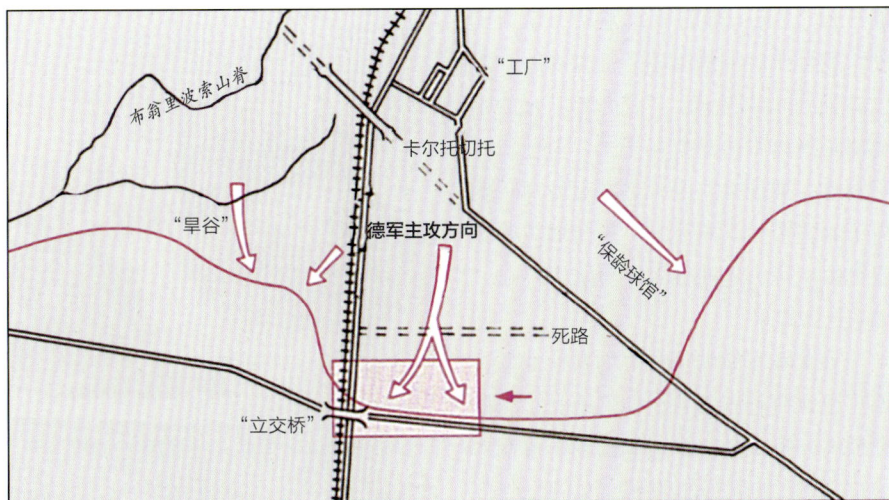

一个连（4）也及时伸出援手。

德军一个步兵营的先头部队（5）全副武装，在炮兵弹幕的掩护下冲向A连阵地，这一幕与第一次世界大战中西线的情景十分相似。德军穿过保护A连散兵壕的雷区和铁丝网，该连剩下的几个排经过一场肉搏后将其击退，但

至少损失了一半的官兵。

忠诚团官兵没有发现，更多波次的德军部队（6）冲出安全地带，组成了攻击队形。尽管德军步兵顽强作战，但他们现在已经疲劳不堪，缺乏突破英军防线的冲劲。

奥，整个2月，随着德军发动一系列反攻，战斗变得加倍激烈。马肯森的主要攻势于2月16日发动，两天以后，他的先头部队距离岸边只有10千米，但他们并不知道，挡住去路的只是在后方梯队支援下的盟军步兵组成的一条薄弱防线。盟军很幸运，这些德军一直陷于停滞，无法扩大战果。

在英美军队防御周界的其他地方，德军也保持着压力，但他们遭受了沉重的损失，特别是来自对德国空军占有大约10：1数量优势的盟国空军的猛烈打击。美国第6军的炮兵在弹药供应上也远比对手充裕，并利用这一优势取得了很好的效果。

激战之中，双方的一些营都减员到不足100人，克拉克决定，以健康原因解除卢卡斯的第6军军长职务，代之以更有魄力的卢西恩·特拉斯科特将军。

3月1日，马肯森不情愿地向空军元帅凯塞林报告说，他的部队不足以战胜盟军，所有进一步的攻击行动都已取消。出于同样的理由，特拉斯科特的部队也不足以突破德军的防线，因此战事陷入了长时间的僵局。这是一段阴森恐怖的时期，很容易让人想起第一次世界大战中的西线：在那段时间里，久战后疲惫不堪的官兵们不得不在严寒、潮湿和泥泞中忍受痛苦，同时还要在炮火连天的狭窄无人区中频繁地进行激烈的局部战斗。双方夺得和失去的地域从没有超过几米。

丘吉尔在登陆初期一直对美国第6军持批评态度，但后来他为"鹅卵石行动"写了一段恰如其分的墓志铭："安齐奥战役是一个充满机遇和希望破灭的故事，是一个我方有着巧妙的开端而敌人又迅速复原的故事，也是一个双方都表现英勇的故事。"

1月初，在准备"鹅卵石行动"的同时，盟军第15集团军群一直在猛攻古斯塔夫防线，付出了许多伤亡，但没有取得太大的进展。1月25日，也就是美国第6军在安齐奥登陆两天后，克拉克决定

▲ 德国伞兵尽管主要是为了空降任务而训练的，但也被视为一支精锐的步兵作战部队。然而他们很少得到充足的炮兵支援。在安齐奥，他们使用各式各样的车辆向滩头移动，包括SdKfz 232装甲车。

▲ 这辆德国四号坦克退入一间被部分拆毁的房屋，当成一门反坦克炮使用，这是当时德国陆军转入防御后常见的做法。到1944年，盟军已取得了压倒性的空中优势，出于保护的目的，德军隐藏或伪装了所有的坦克和炮兵。

▲ 英国炮手正在检查一门在意大利北部缴获的德国280毫米列车炮。这种火炮的最大射程达到61千米，其中一门隐藏在安齐奥附近的隧道中，向盟军防线发射重达250千克的炮弹，它得到了"安齐奥安妮"（Anzio Annie）的绰号。

▼ 战斗中使用的炮兵火力类型取决于目标的类型、距离和是否能从火炮阵地目视到。
榴弹炮以高弧线弹道投射威力强大的炮弹，对间瞄火力来说很理想，用于打击数英里外无法直接看到的目标。
反坦克炮一般用于打击进入视野的装甲兵。这种火炮发射高速炮弹，以平直弹道直接打击目标。
迫击炮以较陡的角度发射，打击近距离目标，可以将炮弹发射到堑壕内，用于肃清射击掩体或者部队可能隐藏的地方。

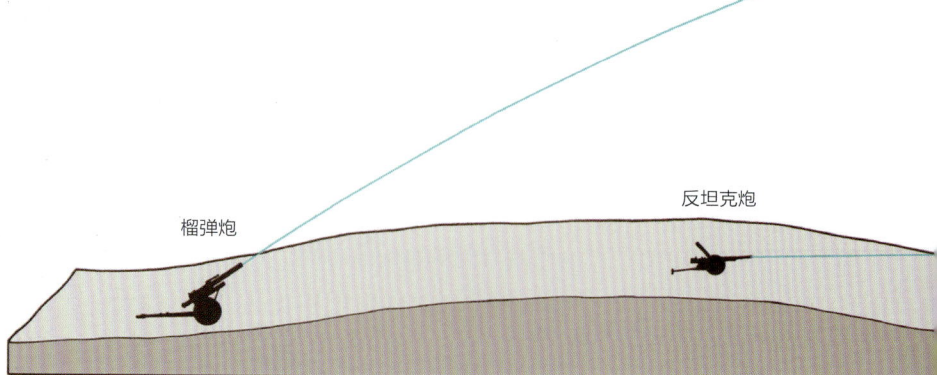

榴弹炮　　　　　　　　　　　反坦克炮

指挥官

▲ 凯塞林

▲ 弗赖伯格

▲ 克拉克

美国约翰·P.卢卡斯少将（1890—1949）过分谨慎，不适合需要即兴发挥的指挥职务。他没有突破安齐奥外围，而是等待增援。丘吉尔后来写道："我希望我们能将一只野猫扔到岸上，却只得到一条搁浅的鲸鱼。"

卢卡斯不久就被卢西恩·特拉斯科特上将①（1895—1965）取代，后者直率且自信，被部下称为"老沙嗓"（Old Gravel Mouth）。美国第5集团军指挥官马克·克拉克上将②（1896—1984）也是充满活力的人，他曾指挥了对萨莱诺的进攻，是一位坚定的军官，但批评者指责他喜欢在公众面前表现自己。他外出时左右总离不开记者和摄影师。

英国陆军中将、维多利亚十字勋章获得者伯纳德·弗赖伯格爵士（1889—1963）勇气超群，在两次世界大战中都曾担任战地指挥官。他像父亲一样关怀他的新西兰部队官兵。

不列颠之战中，德国空军元帅阿尔贝特·凯塞林（1885—1960）曾指挥第2航空队。1943年，他被任命为驻南欧德国陆军总司令。他是一名天赋异禀、经验丰富的军官，正是他说服希特勒，必须在罗马以南的防线上守卫意大利。

德国第14装甲军军长弗里多林·冯·森格尔·翁德·埃特林中将（1891—1963）组织了卡西诺的防御，讽刺的是，他是一名本笃会信徒。尽管他是忠诚的军官，却反对纳粹，他在卡西诺围攻战期间的努力并没有得到德国当局的承认和报道。

①译注：他当时的军衔为少将。
②译注：他当时的军衔为中将。

◀ 轻型飞机（如图中的Auster Ⅲ型）在炮击时作为空中观察哨。飞行员将观察弹着点，并向火炮阵地指挥官发送校射信息。

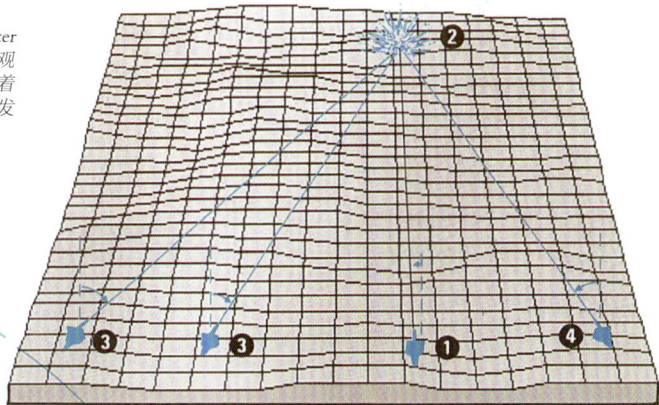

▲ 炮兵连的每一门炮都位于其所在火力地段的中心。火炮阵地指挥官负责计算指定目标的距离和方位，他先命令一门火炮（1）实施试射（2），然后根据弹着点进行校正以达到要求的精度，最后向炮兵连传递目标的距离和方位。试射炮左边的火炮精确地向火力地段右侧转动（3），右边的火炮则向左侧转动（4），以形成对打击目标的汇聚火力。

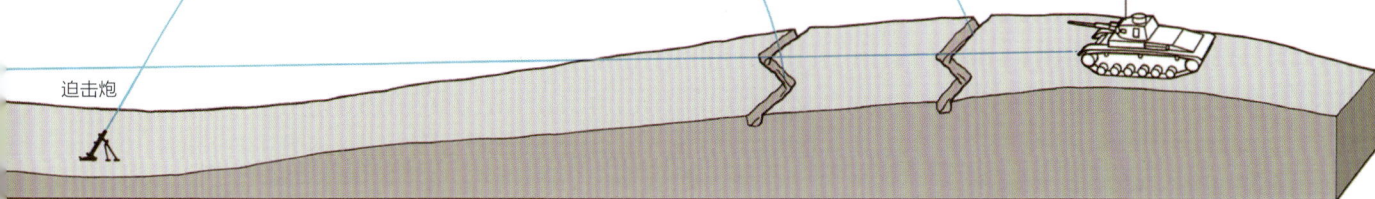

迫击炮

采取他一直试图避免的行动——对卡西诺山发动正面进攻。守卫这个山丘的是弗里多林·冯·森格尔·翁德·埃特林（Fridolin von Senger und Etterlin）中将的德国第14装甲军，其中包括一些德国陆军中残存的精锐部队。

德军所在的制高点地形最为崎岖，除了雷区和铁丝网的保护之外，还有多处布设巧妙、射界很宽的钢筋混凝土据点。对其发动进攻的是美国第5集团军中最后抵达战场的步兵师——查尔斯·赖德（Charles Ryder）少将的美国第34师。阿尔方斯·朱安（Alphonse Juin）上将的判断更为准确，他认为直接攻击卡西诺山看不到任何前景，但事与愿违，他的法国远征军为了牵制第34师正面的敌人，同时向右翼发动了一次突击。

数万名将士的漫长噩梦就这样开始了。双方都在白昼的泥泞和夜间的严寒中，迎着从不停息的轻武器火力和不时落下的炸弹展开厮杀。这是一种考验人们极限忍耐力的经历。尽管朱安的北非部队以英勇而优异的表现试图减轻赖德的压力，但到2月11日，第34步兵师已经沦为残兵败卒，却没能取得任何明显的进展。

尽管已经耗光了仅存的最后一些生力军，但克拉克接受亚历山大上将的建议——由其集团军群预备队接管卡西诺战役时，仍然显得很不情愿。这支部队包括伯纳德·弗赖伯格（Bernard Freyberg）中将的新西兰军（由新西兰第2师、印度第4师和英国第78师组成），它从意大利东岸的英国第8集团军抽调而来，那里的战斗没有这么激烈。很显然，美国第5集团军指挥官不希望英国军队在这个如此之多美军将士洒下鲜血的高地夺走胜利的荣耀。不过事出无奈，克拉克还是勉强同意了。

然而，在弗赖伯格重新发动进攻前，他提出了一个请求，这在当时和后来都造成了相当多的争议。当时有这样一个假定——这看起来似乎是错误的——德军使用卡西诺山顶建于14世纪的本笃会修

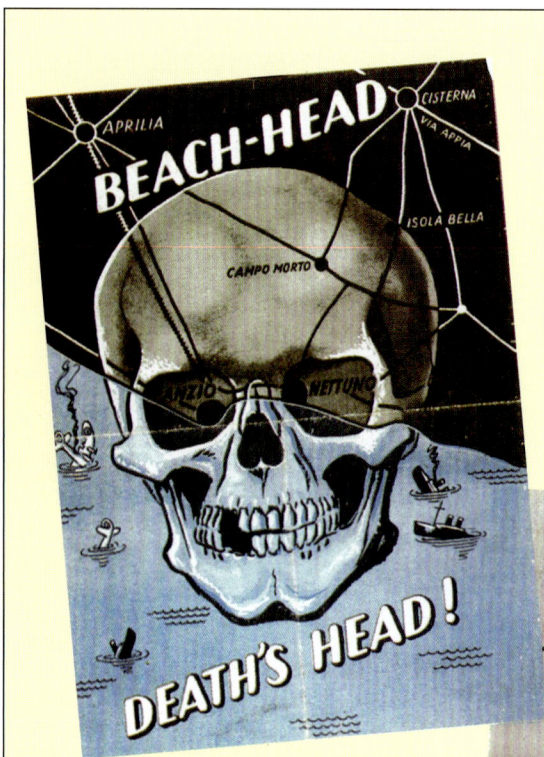

◀ 空投到安齐奥盟军部队的一张德军传单（上面的大字为"滩头，骷髅头！"）。

▼ "德国人，滚出去！"这张海报最初是在西西里岛张贴的，目的是让意大利人支持解放者——盟军。

宣传战

双方都利用宣传来削弱对方部队的士气。德国的宣传包括散落到盟军前沿阵地的传单。许多传单旨在破坏英美关系。投到英军部队阵地的传单往往描述工资更高的美军官兵引诱英国姑娘回家的情景，而针对美军防线的传单总是描绘肥胖、富有的犹太人在美国享受着奢侈的生活。

◀ 一名精疲力竭的盟军士兵正勉力从深泥中挖出一门4.5英寸火炮。1944年春季雨水不断，这使卡西诺以南的低洼地区成为泥沼。由于这种情况，这里和安齐奥的战斗发展成一场消耗战，而这正是盟军登陆行动所要避免的局面。

卡西诺修道院

卡西诺山位于那不勒斯和罗马之间，俯瞰利里河谷和6号公路，6号公路是通往内陆的、唯一适合机动车辆的道路。卡西诺山顶峰海拔518米，几个世纪以来都被视为圣所：在古典时代，这里有一座阿波罗神庙，公元524年，圣本笃（St Benedict）选择在这里建立他的修会的第一个修道院。

由于所在的位置极具战略意义，卡西诺修道院经常被攻占。公元581年，它遭到伦巴第人的洗劫，883年它被萨拉森人劫掠后焚毁，重建后于1030年再次被诺曼人摧毁。1349年，一场地震几乎将其摧毁。1799年，它又遭到大革命后的法国军队的抢掠。

尽管如此，这所修道院每次都得以重建、复原和进一步装饰。它是一个庞大的建筑群，围绕5个大庭院修建，看起来更像是一个巨大的城堡，而不是一个祈祷和冥想的地方。在1944年的战斗中被完全摧毁之前，它一直保持着教皇乌尔班五世（1362—1370年在位）设计的原貌。

在中世纪，这曾是千千万万信徒的朝圣之地，经过几个世纪的搜集，它已成为世界上最重要的图书馆之一，收藏着4万多份手稿和许多古代作家的现存著作。在肃穆的外表之下，多年来人们花费了无数心血，将修道院内部装点得美轮美奂、富丽堂皇，而教堂本身也在18世纪改造成了一座巴洛克风格的杰作。

这座历史悠久、设计与装潢都举世无双的圣所，恰好位于德军的古斯塔夫防线上，这条防线是盟军在1943年冬天遇到的巨大障碍。

◀▼ 1943年10月14日，德国军官拜访了年逾八旬、超脱尘世的卡西诺修道院院长格雷格里奥·迪亚马雷（Gregorio Diamare）。修道院很快就会处于前线，军官们希望将所有可以移动的艺术品送到安全处。院长极力反对，但两天以后，军官们开着满载包装箱的卡车返回。德军的宣传充分利用了这一救援行动。照片中显示了德军保管下的修道院艺术品，德国军人被描绘成直面盟军破坏的文明卫士。实际上，他们在强大的压力下才将包装箱交给梵蒂冈。院长、5位修士和1个守护小组留在了修道院中。后来，1944年2月15日，盟军的炸弹摧毁了整个建筑群（下图），他们不得不逃离。老院长手持一个木制大十字架，领头走向德军防线。

◀ 这一地区的德军指挥官弗里多林·冯·森格尔·翁德·埃特林将军开车把院长送到他的指挥部，院长在那里过了夜。之前，院长签署了一份文件，确认德军官兵一直没有进入修道院；现在，德国人要求他广播一份声明，称赞德军的克制。次日早上，将军亲自搀扶院长上车，将他送到罗马的一个本笃会隐所。然而，这位老教士的厄运还没有结束，他乘坐的汽车被德国宣传部长戈培尔手下的特工截住，他被迫再次发表广播讲话。不久之后，德国外交部部长冯·里宾特洛甫命令他的代理人再发表一份声明。对此，疲劳不堪的院长愤然拒绝合作，因为他意识到自己不再是受保护的宾客，而是一名囚犯。

道院作为炮兵观察哨，因此弗赖伯格希望轰炸此处。亚历山大和克拉克此前都不认为这座古建筑是合理的目标，但他们接受了这一要求，理由是战场指挥官认为这在军事上是可取的，能够拯救其部下的生命。于是，2月15日早上，222架轰炸机分成两批，向这座历史悠久的修道院投下了近450吨炸弹。尘埃落定后，义愤填膺的谴责从全球各地涌来，德军则进入废墟之中开始修建工事。

2月16日，印度第4师开始从东北发动进攻，选择的是与之前被击溃的美国第34师相同的推进线路，结果同样令人失望。进攻只能在狭窄的战线上实施，还需要通过山上由岩石构成的隘口。不仅在雨水冲刷的崎岖山路上为前线部队提供补给是个巨大的问题，而且所有的行动都要冒着坚决抵抗的敌人从坚固堡垒中射出的炮火。

新西兰第2师对山脚下的卡西诺镇西部发动的进攻，同样没有亮眼的表现。因此，三天之后，弗赖伯格将军决定结束这一阶段对高地的争夺，制订新计划。

与此同时，在战线的其他方向，德国第14装甲军尽管成功守住了关键区域，但他们越来越担心损失和预备队的缺失，因为一些预备队已被调往安齐奥前线。有些人担心，某些地方的防御不足以抵挡协调一致的进攻。

就在此时，处境艰难的双方都赢得了喘息之机，因为在一段时间里天气都特别恶劣，导致各项行动只能暂停。过了三周多，弗赖伯格才得以再次努力进攻德军据点。这一次，印度第4师将进攻修道院山东面的山坡，而新西兰第2师在新西兰第4装甲旅的支援下，将通过卡西诺镇发动进攻。但是，首先必须轰炸和炮击这个城镇。

3月15日，盟军在卡西诺的狭窄街道上投下了超过1000吨炸弹，随后用近900门火炮对这一地区实施了大规模的弹幕射击。中午刚过，弗赖伯格挥师向前，但他的坦克无法通过轰炸留下的瓦砾和

▲ 波兰第2军官兵向敌军阵地投掷手榴弹，他们对德军充满仇恨。得到夺取卡西诺山各个高地的任务时，瓦迪斯瓦夫·阿尔伯特·安德斯（Władysław Albert Anders）将军觉得，"胜利能给波兰的抵抗运动注入新的勇气，也将给波兰军队带来荣耀"。5月18日德军撤退后，波兰和英国国旗在修道院上空升起。

▲ 在卡西诺的废墟中，这名年轻的新西兰军官试图在航空照片的协助下确定自己的位置。所有地标都被摧毁，加上浓厚的尘烟，官兵们进入城镇时根本无法确定自己的位置。虽然从表面上看，这些新西兰士兵无视军纪，但他们在战斗中表现出了坚韧的职业精神。

▲ 英军步兵通过破败的卡西诺镇，其中一人手持汤普森冲锋枪，其他人则装备李−恩菲尔德步枪。由于瓦砾和炸毁的建筑物提供了完美的掩护，为了肃清坚定的德军狙击手，盟军花费了好几周的时间。

争夺卡西诺山的四场战役

突破古斯塔夫防线的战斗始于1944年1月12日，卡西诺山正是这条防线上的关键点。在盟军的右翼，法国远征军渡过拉皮多河，随后转向南面，试图包抄卡西诺山。与此同时，左翼的英国第10军设法渡过加利格里阿诺河并建立了一个桥头堡。但在战线的中央，面对卡西诺山的美国第2军因为德军的顽强抵抗而止步不前。随后，这里成为战线的关键区域。

对卡西诺山的进攻分为四个不同的阶段。在第一阶段中，美国第34师在右翼的第36师一个团及后面的法军的支援下，推进到距离修道院366米的位置，但在那里被遏止了。接替他们的是生力军——新西兰第2师和印度第4师。

对修道院进行大规模轰炸后，第二阶段开始了。印度部队试图从后方占领卡西诺山，而新西兰部队从南面发动进攻。两路进攻均被德军击退。3月15日，第三阶段以对卡西诺镇的轰炸开始。新西兰第2师进攻成为废墟的卡西诺镇，印度部队则沿山坡推进，这两支部队的攻势再度被遏止。

最后，盟军最大限度地集结部队——14个师，并以南非第6装甲师作为预备队。美国第2军在左翼渡过加利格里阿诺河，法军则在其右路取得突破。加拿大第1军和英国第13军在更东面突入利里河谷，对德军形成了巨大的压力，迫使德军最终从卡西诺山上的阵地撤出。

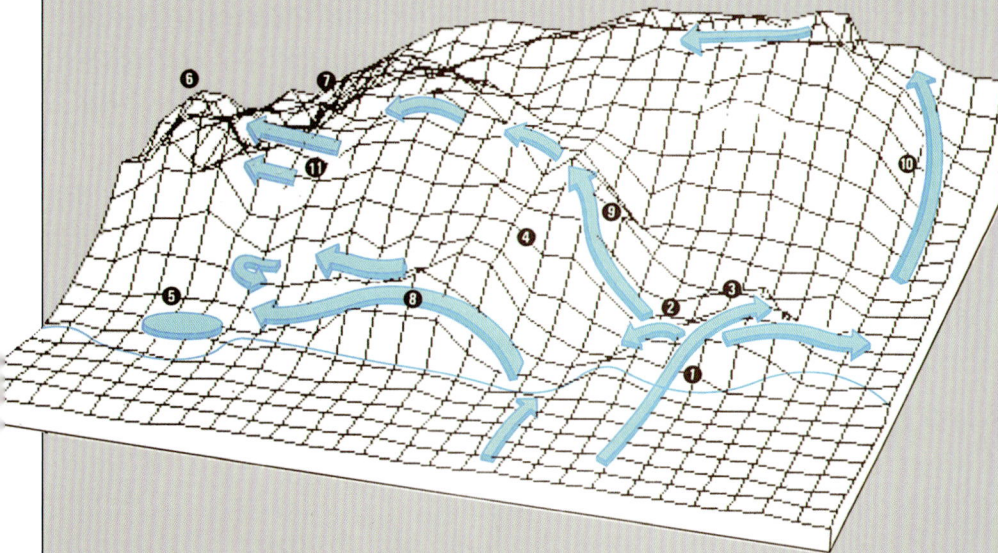

◀ **卡西诺山的第一场战役**

1944年1月底，突破拉皮多河上的德军防线之后，美国第34师（1）和第36师的一个团（3）位于卡西诺山麓的小丘上（4），准备南进将故军赶出卡西诺镇（5）、修道院（6）和周围山顶（7）的主要阵地。

3个纵队呈扇形展开发动进攻：第34师的一个团（8）开往卡西诺镇，其余部队则沿山脊而上（9），第36师（10）负责向外掩护右翼。攻击部队太过薄弱，无法攻克敌人的阵地，但由于他们的积极进攻，有一个营（11）推进到了距离修道院366米处才被击退。

当2月12日的行动因为恶劣天气而停止时，盟军已经在山上夺得了一个据点，距离修道院约1.2千米。

▶ **卡西诺山的第三场战役**

第三场战役于3月15日开始，首先是对卡西诺镇发起一场毁灭性空袭和炮击（1）。2时，新西兰第2师的将士在新西兰第4装甲旅的坦克支援下向该镇移动，以消灭守卫这里的德国第1伞兵营幸存者，登上卡西诺山西面的山坡（2），然后夺取修道院（3）和其他建有坚固工事的山峰（4、5）。新西兰第25营的3个连（6、7、8）进入镇中，第4个连（9）离开大部队，夺取控制修道院东部通道的城堡山（Castle Hill，10）。

当天夜里，更多的新西兰部队和印度第4师官兵进入卡西诺镇，但德军也加强了他们的阵地，展开近战，特别是在西面的一个德国据点周围（11）。盟军抵达的最远处是刽子手山（Hangman's Hill，12）。德军猛烈反攻，迫使新西兰部队停止前进。在山坡上，印度师的其他部队遭到了重大损失，没有明显的收获。战役开始后的第5天，弗赖伯格将军决定结束此次行动。

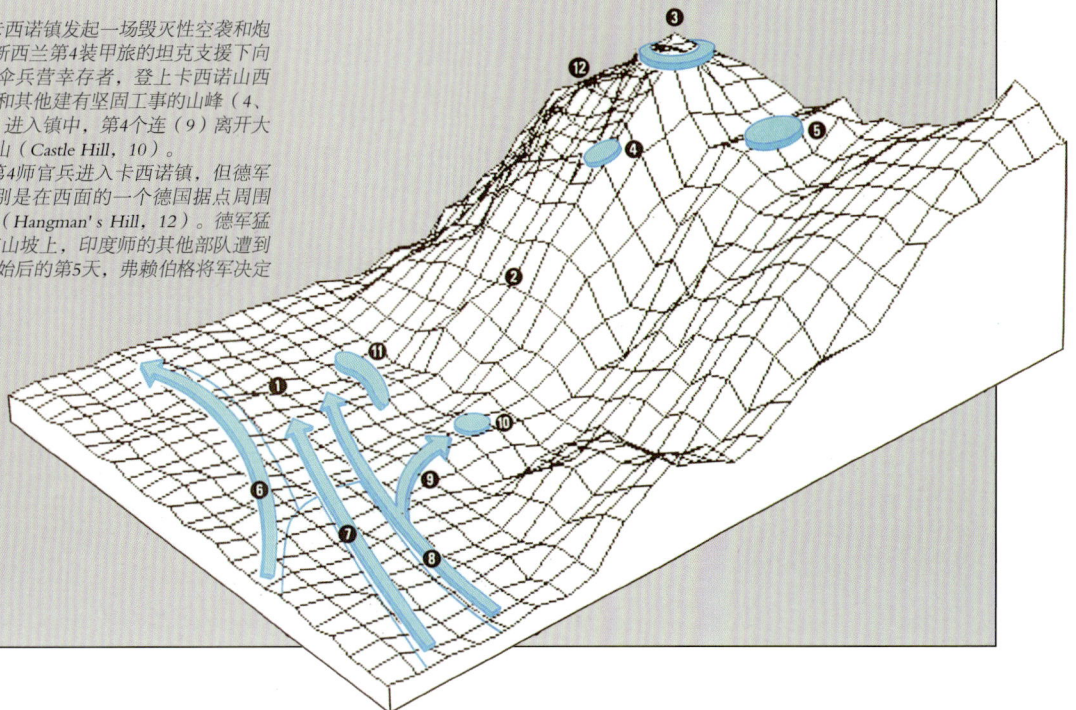

弹坑，步兵不得不面对精锐的德国第1伞兵师幸存下来的大约100名官兵。后者从废墟中站起身来，虽然还有些茫然，但依旧英勇善战。为了协助老兵们战斗，弗里多林·冯·森格尔·翁德·埃特林集中了所有火炮和尽可能多的弹药打击进攻者，同时紧急请求增援。

事实再次证明，盟军的攻击面太窄，无法压垮守军。双方都伤亡惨重。3月23日，在关于将如此大量的部队投入一场毫无回报的正面攻击是否明智的质疑声中，弗赖伯格的第二次突击被叫停了。

此时，亚历山大上将意识到，要想攻克卡西诺，突破古斯塔夫防线，并打通前往罗马的道路，唯一的方法就是组织一场大规模的攻势。他开始重新集结部队以准备"王冠行动"（Operation Diadem），主要是从战线较为平静的亚得里亚海抽调奥利弗·利斯（Oliver Leese）中将的英国第8集团军以应对从卡西诺延伸到利里河谷的战区，并调动马克·克拉克的第5集团军掩护从利里河直到海岸的战线。

5月11日，一切准备就绪。亚历山大在人员和物资上占据优势，到了战争的这个阶段，德军根本不可能在意大利集结相当的力量。即便如此，"王冠行动"最初的进展仍没有达到预期。在向利里河谷的推进不断加速之际，第8集团军右翼的波兰第2军经过了一周的激战，在卡西诺历经鏖战的山坡上又增添了不少伤亡。但当第8集团军的努力最终使菲廷霍夫无法守住古斯塔夫防线时，后者命令撤退，顽强的卡西诺守军极不情愿地接受了这道命令。5月18日，波兰部队兵不血刃地开进了修道院的废墟中。

"王冠行动"进行之时，亚历山大命令在安齐奥的第6军（此时已得到了7个师的增援）继续前进，突破1月22日以来驻守的滩头阵地，开往东北方向，切断德国第10集团军的撤退路线。但克拉克却指示该军北进扫清前往罗马的道路，后者也这么做了。6月4日，也就是盟军在诺曼底的大规模登陆行动开始两天前，美军进入意大利首都。撤退的德军部队得以向北逃脱，准备再战。

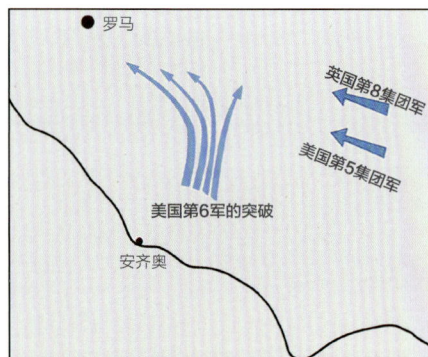

英国第8集团军
美国第5集团军
美国第6军的突破
罗马
安齐奥

错失良机

盟军夺取罗马之后，可以轻松地将面对重重压力且没有预备队的德军赶出意大利，还可能顺势占领维也纳并向中欧挺进。这一机会被挥霍掉了，主要是源于美国陆军参谋长乔治·马歇尔（George Marshall）上将的建议，他在艾森豪威尔同意的情况下选择了进攻法国南部以支援诺曼底登陆。

因此，凯塞林得以继续巧妙地执行其北撤行动，最终使遭到削弱的盟军进攻停止在哥特防线（Gothic Line）上。从1944年8月起，他在那里顶住了盟军的进攻，直到1945年4月德国崩溃前不久。

盟军在法国南部登陆是战争中巨大的战略错误之一，没有取得什么成效。德军在被包围之前就撤退了，诺曼底登陆的进程并没有受到影响。

第三次卡西诺战役始于1944年3月15日，那天早晨天气晴朗，轰炸机机组人员可以从高空清晰地看到目标。从8时30分起的3个半小时中，盟军轰炸机向卡西诺镇投下了超过1000吨炸弹，随后是900门火炮的轰击。此后，大约在14时，弗赖伯格将军麾下的新西兰部队才开始前移。

他们几乎立刻遇到了两个意外的障碍。第一个障碍是来自德国精锐部队第1伞兵师的大约100名官兵，他们在猛烈的轰炸中得以幸存，此时正积极地守卫阵地。第二个障碍是轰炸和炮击造成的弹坑和瓦砾堆，它们导致坦

从卡西诺经安齐奥，这条通往罗马——一座毫无战略价值的不设防城市——的艰苦和血腥之路花了5个月才走完，攻方付出了10.5万人伤亡的代价，守方的伤亡可能在8万人左右。从军事角度看，盟军从这一巨大牺牲中得到的唯一利益就是拖住了几个师的德军，让他们不能前往增援东线或已经驻扎在英吉利海峡沿岸的部队。

克无法前进。

盟军的轰炸和炮击使卡西诺没有留下任何完好的房屋（1）。这导致盟军误以为德军已经被全歼。

瓦砾堆（4）堵塞了街道，加上巨大的弹坑（5），有的宽度达18米，新西兰第4装甲旅的坦克（6）无法进入镇内。

因此，新西兰步兵（7）只能在没有坦克支援的情况下爬上成堆的混凝土和扭曲的金属，冒着德军猛烈的轻型武器火力，费力地穿过巨大的弹坑。当天下午，他们突入废墟中大约230米，遇到了大约100名官兵的抵抗，这些人都是德国第3伞兵团第2营的残部，他们躲在地窖和加固的碉堡中（3）。夜幕降临时，德军预备队渗透到镇中，开始动用炮兵打击攻击者。

德军坚守着镇后城堡山（2）上一座中世纪要塞的废墟，用狙击火力阻止了新西兰部队的进攻。最终，新西兰官兵设法绕到要塞后面。次日16时45分，经过一场艰苦的手榴弹对决，他们占领了这座要塞。

英帕尔—科希马战役，1944年3月—7月

1944年年初，英国和日本军队都已做好准备，在印度—缅甸边境地区的崎岖地形中继续发动攻势。威廉·斯利姆（William Slim）上将准备让麾下的第14集团军强渡钦敦江（River Chindwin），作为夺回缅甸（1942年春季沦陷）的前奏。当战斗在印缅边境长达1126千米、令人生畏的群山两端继续时，斯利姆一直在稳步积蓄力量，以便在中路发动猛烈打击。

主攻以杰弗里·斯库恩斯（Geoffrey Scoones）中将的第4军为前锋，出发点是曼尼普尔邦（Manipur）的英帕尔平原，这是数千平方千米的崎岖地形中唯一适合修建机场的区域。这里与迅速发展的大规模前方补给基地之间的地面交通，仅限于一条209千米长、蜿蜒向北进入阿萨姆（Assam）的狭窄公路。这条公路穿过海拔1524米的科希马（Kohima）关口，然后向下通往迪马布尔（Dimapur），那是一个庞大的后方中心，集中了维修厂、医院、仓库和训练设施。这条重要的公路在迪马布尔与同样重要的阿萨姆铁路交会，后者继续向北，为约瑟夫·史迪威（Josef Stilwell）的中美军队提供补给。

与此同时，牟田口廉也将军[①]计划在雨季到来之前派出他的第15军夺取边境关口，以挽救日本衰败的命运。他们的努力始于2月4日的"哈（は）号作战"，这是在南部若开地区的一次猛烈反攻，目的是牵制并拖住英国第14集团军的预备队。到当月中旬，日军将发动主攻，代号"乌（う）号作战"，但由于增援部队迟迟没有到达，这一行动被推迟到3月6日。

斯利姆和他的参谋人员对敌人攻击中部地区的意图十分警惕，并相应地调整了计划。一旦得知大批日军渡过钦敦

▲ "要塞山"（Garrison Hill）在科希马战役中一些最为激烈的战斗和炮击后的景象。这是抵挡所有日军攻击的"最后一搏"。曾经将这座山丘遮挡得密不透风的树木已经枝叶全无，几成齑粉的地面让人不禁想起第一次世界大战中索姆河的凄凉景象。一个补给空投时投下的降落伞孤零零地挂在枯枝上。

江，第4军突前的2个师——南路由D.T.考恩（D.T.Cowan）少将率领的印度第17师和东路由D.D.格雷西（D.D.Gracey）少将率领的印度第20师，将向英帕尔（Imphal）回撤。在那里，他们将为自己选定的地点作战，而敌人则摇摆于几乎不可能持续的漫长补给线末端。在64千米长、32千米宽的大片平原地区，担任预备队的是O.L.罗伯茨（O.L.Roberts）少将的印度第23师，以及印度第254坦克旅和皇家炮兵第8中型炮兵团。最后（但并非不重要），英军还有一个日军无法匹敌的强大火力来源：空军少将斯坦利·文森特（Staley Vincent）率领的英国皇家空军第221大队。

牟田口廉也最初的行动是派遣麾下精锐的第33师团的两个纵队，在柳田元三中将率领下向驻扎在英帕尔以南289千米的迪登（Tiddim）地区的印度第17师发动进攻，企图将其切断。柳田元三差一点就取得了成功。考恩的部队在前线

发生的激烈战斗中表现出色，但在脱离接触时略为迟缓。当他庞大的纵队（包括2500辆各式车辆和3500头驮兽）最终于3月14日沿着狭窄的道路后撤时，却经常被穿过丛林直插后方的敌军挡住去路。斯库恩斯不得不投入很大一部分预备队，才将第17师从潜在的危机中解脱出来。事实证明，印度部队的坦克兵力对柳田元三来说太强大了，他采取了一项日本将领不常用的措施——建议叫停进攻，因而立刻遭到解职。接替他的田中信男少将在迪登—英帕尔公路上展开了一场恶战。

与此同时，山本募少将率领第33师团的第3纵队以及第15军的大部分坦克和炮兵进入卡包山谷（Kabaw Valley），与山内正文中将的第15师团会合，试图击溃印度第20师。后者已撤到谢南山区（Shenam Saddle）周围的既设阵地，保护伯莱尔（Palel）、英帕尔两个全天候机场所在地。这一地区在随后的几周

通往迪马布尔

科希马

杰萨米

乌克鲁尔

尚沙

日本第31师团

根格勒东比

南士格姆山

英帕尔

比申布尔

日本第15师团

托邦

伯莱尔

谢南山区

锡当

100英里里程碑

迪登

日本第33师团

英国第4军在日军推进路线上撤出的阵地

英国第4军防御阵地

日军进攻方向

全天候公路

仅限好天气通行的公路

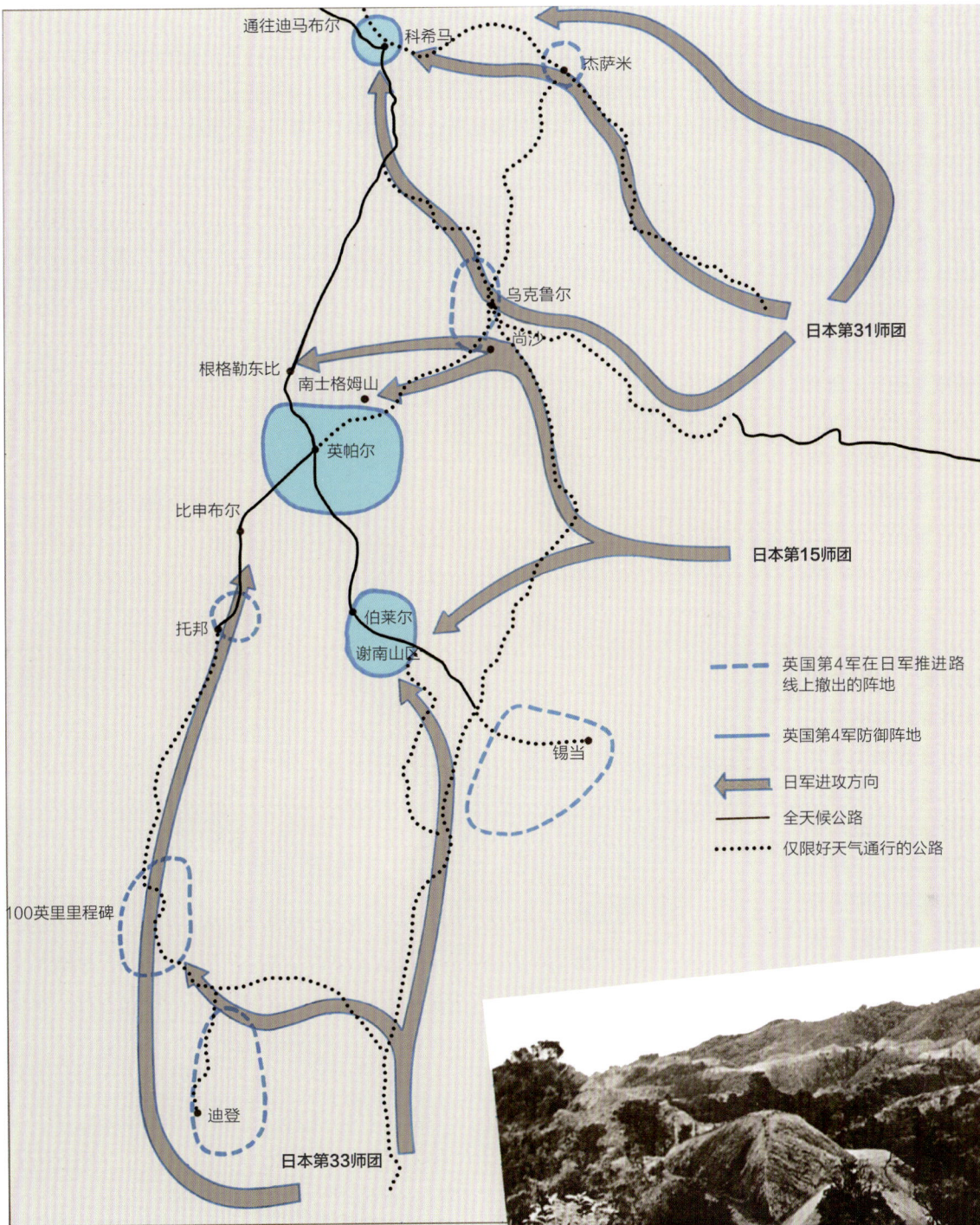

◀ 到1944年年初，英军已经做好了收复缅甸的准备。为了预先遏制这一行动，日本第15军军长牟田口廉也中将计划发动代号为"乌号作战"的攻势。该行动的目标是摧毁英帕尔的英军基地，从而切断南起迪登、北至科希马的防线。科希马本身也是"乌号作战"的另一个目标。

为了推进这一行动，日本第28军将先在若开地区发动代号为"哈号作战"的进攻。牟田口廉也料定，此举将吸引盟军预备队匆忙南调。一旦行动完成，他就可以攻击被削弱的主要目标——英帕尔。

斯利姆上将面临的任务是守住英帕尔，同时击退对科希马的进攻，两处作战相辅相成。

▶ 一辆英国坦克沿着蜿蜒的英帕尔公路巡逻。1942年，就是这样的地形导致英国第14集团军不得不撤退。当时条件非常恶劣，正如一位军长所写："官兵们在一条遍布几英寸深泥泞的小径上跋涉，艰难地爬上山坡；他们浑身湿透，在热病中苦苦挣扎。当空气变冷，他们仍寒交迫、瑟瑟发抖，但仍然一小时又一小时、日复一日地坚持着。"斯利姆将军也对将士们的坚韧不拔和团结一致赞叹不已。

内发生了多次激战，包括这次战役中唯一一次的坦克对决，但格雷西的部队总能挫败日军抵达英帕尔平原的企图。

"乌号作战"的第一周，英帕尔南面和东面的恶战加剧，时常还出现大混战，第4军预备队中的每名官兵都参加了战斗。斯利姆意识到，敌人逼近平原的速度比他预想的快得多，必须迅速抽调增援部队。为此，在盟军东南亚最高司令、海军上将路易·蒙巴顿（Louis Mountbatten）勋爵的慷慨支持下，斯利姆发动了远东规模最大的空运行动。从3月17日到30日，英美运输机群将印度第5师及其全部装备从南方482千米的若开前线运来。这些飞机离开英帕尔时运走了成千上万的非作战人员，这样一来作战人员将进行粮食定量，这一预防措施后来收到了成效。

在展开空运行动的同时，已经前移支援斯库恩斯防御的印度第50伞兵旅在战役关键时期为保卫英帕尔做出了重要贡献。该旅奉命沿小路前往东北方的乌克鲁尔（Ukhrul），与守卫这一进入平原通道的第23师的一个营会合。3月19日，他们的阵地遭到了日军第15师团和第31师团精锐纵队的攻击。经过两天激战，他们被迫撤退。

在乌克鲁尔以南约16千米的尚沙（Sangshak），他们又一次英勇地坚守阵地，这一次长达6天。由于众寡悬殊且饮水短缺，3月26日，这支英勇的阻击部队接到了突围撤往英帕尔的命令。他们的阻击战赢得了充分的时间，使印度第5师主力得以抵达部署，在一定程度上缓解了平原边缘的紧张局势。

4月8日到9日凌晨，日军对科希马守军的三段防线发动了一系列猛攻，攻势持续到第二天。最激烈的一些战斗发生在副特派员别墅周围，那是一个大约365米×274米的区域。守军在持续不断的近距离搏斗中坚守了10天，直到援兵赶到。

位于网球场区域之上的"要塞山"（1）发生了一些最为猛烈的战斗。这是理查兹上校指挥所所在地。

日军阵地周围的炸点（4）证明了两个印度陆军山炮连的精准炮术，炮手以炮火支援了被围困的战友。尽管从北面3200米处开火，他们射出的弹幕仍然准确地落在了英军前沿阵地前方仅仅14米的地方。

当英军撤到别墅之后，他们的前沿阵地（2）紧靠着网球场的西边（3）。日军很快就逼近到距离英军20米远的地方。

4月9日凌晨，日军摸黑攻占了副特派员别墅（5）和附近的另一所别墅（8）。

日军占领别墅区后，巧妙地利用阶梯形成的死角（6）重组和增援突击部队。

在这个激烈争夺的区域，大部分英国守军将阵地设在网球场后面的路堤（11）、网球俱乐部（10）周围及其后方的低矮土丘（9）上。

当守军在4月18日最终等来援兵，这一区域的所有树木（7）均已枝叶凋零，建筑物也沦为瓦砾。

在英帕尔，仍然有很多战斗，斯利姆本人在关于缅甸战役的《反败为胜》（Defeat into Victory）一书中对当年多变的局势做了精辟的总结："在广袤的荒野中，双方你来我往。前一天，战斗的焦点是地图上找不到名字的一座山丘，第二天就转移到了百里之外一个无人知晓的穷困小村。纵队、旅、师时而进军，时而后退，在血腥战斗中相遇又分开，编织成一幅难分难解的图景。"

3月中旬，英帕尔激战正酣，而在科希马一带，沿着与第4军在迪马布尔的主要基地相连的唯一公路向北97千米处，又出现了更大的潜在危机。斯利姆对这条公路暴露的漫长侧翼并不很担心。英国人断定，即便牟田口廉也真的派出部队前往科希马，想要穿越日军在钦敦江上的阵地和这条公路之间的64千米茂密森林，其部队规模也不太可能超过一个团，并且还没有炮兵支援。

出于这样的形势判断，英军只指派了阿萨姆团的一个营掩护科希马的东部通道，这里在"乌号作战"的早期阶段仍是英帕尔和迪马布尔之间的主要集结点。科希马村庄是仓储、行政和医疗中心，有许多后方梯队人员和民工。随后传来报告，敌军部队正向科希马集结。即便如此，守卫这个村庄的匆忙准备也没有引起应有的重视。

不过，斯利姆意识到日军的行动不仅危及第4军的补给和交通线，还威胁到未设防的迪马布尔大基地，因此做出安排，将强大的部队派往该地区。这一行动无法迅速组织起来，因此他派出休·理查兹上校前往科希马担任驻军指挥官，妥善组织防务。理查兹是一名50岁的步兵军官，遇事沉着冷静，有着丰富的丛林战经验。3月23日抵达后，他发现除了在基地东面警戒的阿萨姆团的一个营、素质值得怀疑的土邦部队的一个营以及阿萨姆步枪团的几个排之外，驻军还包括多个部队的零星人员，其中许多人不能熟练地使用武器。不过，科希马有着充裕的食品和轻武器子弹供应。

山炮

火炮的驮运总是会遇到一个问题：威力强大的火炮太重、太大，无法用一匹骡子运送，而能够用单匹驮兽运送的大炮又威力太弱，不能有效地在山地发挥作用。一般认为，这方面的解决方案出自俄国。1876年，一位炮兵军官建议，制造分为两部分、可用螺丝拼装在一起的火炮。这种火炮和后续的改进措施使印度第24山炮团得以在科希马防御战中为其武器选择部署地点。他们的火炮很容易人工搬运，具有很好的最小射角，而且非常精确。山炮团俯瞰科希马的阵地十分理想，它所提供的高度和距离使炮手们可以向日军持续、准确地倾泻炮火，自己则在敌方的炮兵射程之外。而且，这些火炮的操作者和指挥者都是经验丰富的炮兵。在科希马，他们在确定日军攻击时间和方向上变得越来越专业，往往被围的女王直属西肯特团发出的一条命令还未送达现场，就已经被执行了。

女王直属西肯特团在《从肯特到科希马》（From Kent to Kohima）一书中表达了对炮手们的感激之情："这些炮手的射击是如此谨慎和准确，能够根据要求打击网球场的另一侧，对我军却没有造成任何危险。"

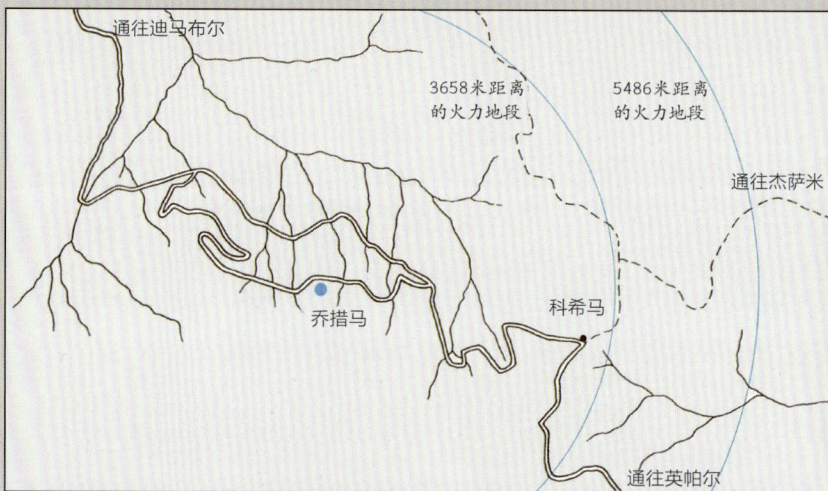

▲ 第24山炮团的火炮位于乔措马附近的丛林中，它们将自己伪装成一个自然村。这里距离公路足够近，火炮可以人工搬运到阵地上，其前方大约1097米的旁遮普山脊（Punjab Ridge）上有一个很好的观察哨。它们将在3200～3658米的距离上形成致命火力。在不可预知的时机，它们将火力地段延伸到5486米的距离上，给日军战线造成更大的破坏和伤害。

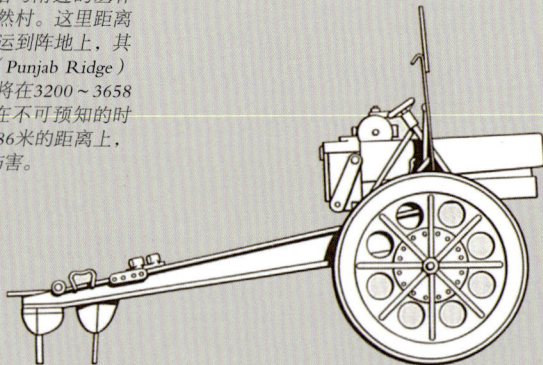

▶ 日本92式70毫米榴弹炮。每个步兵营都有2门这种火炮。

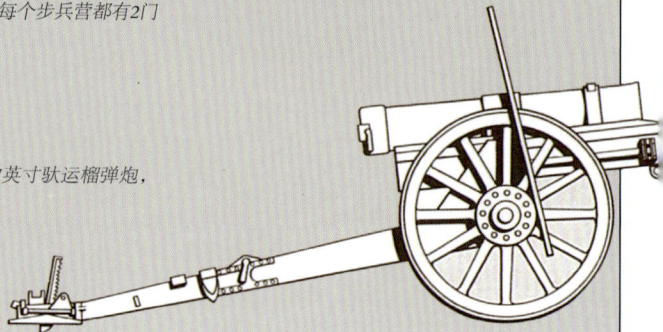

▶ 每个印度炮兵连有4门3.7英寸驮运榴弹炮，每门炮需要8匹骡子运送。

科希马的防御

英军完全预料到必须为保卫英帕尔而战，但并没有想到必须同时保卫科希马免遭猛攻。他们认为日军如果发动攻击，最多只能派出一个团的兵力穿越64千米的茂密丛林，切断从英帕尔平原向北进入印度的唯一公路。结果是，日军出动了整个第31师团及其所属炮兵部队。

从1944年4月5日开始的科希马战役分为三个阶段。第一个阶段是持续14天的围攻，理查兹上校和仓促拼凑起来的1500名

官兵顽强地顶住了佐藤幸德将军的第31师团的进攻，但在这一过程中，他们的防线不断被压缩。

解围之后，英军将可观的增援部队送到了前线，但是日军的抵抗仍然十分疯狂。经过3个半星期，英军才肃清了科希马山岭，每个碉堡和据点都不得不单独进行清理。

这场战役仍未结束。大量营养不良、疾病缠身但仍具有狂热战斗精神的日军官兵继续抵抗，英军不得不调来两个师消灭他们，并重新

打通通往英帕尔的重要公路。

佐藤幸德将军意识到形势无望，于5月31日在没有事先征得军长许可的情况下命令部下撤离科希马。他的上级牟田口廉也将军面对既成事实，出于面子问题同意了佐藤幸德的决定，但命令撤退的第31师团残部向南与正在英帕尔作战的第15团会合，他仍然幻想着可能在那里取得胜利。然而，不久之后，整个日本第15军都被迫撤退。

▶ **第一阶段**

佐藤幸德将军的第31师团于4月5日抵达科希马，迅速夺取其南部前哨"运输岭"（Transport Ridge，又称"GPT岭"）。兵力占优的日军（1）向守军施加了很大的压力，次日夺取了"监狱山"（Jail Hill，2），4月10日又占领"货栈山"（Detail Hill，又称"DIS山"，3）。"补给站山"（Supply Hill，又称"FSD山"，4）和"库基•皮盖山"（Kuki Piquet，5）均于4月17日夜间陷落，英军只能坚守"要塞山"和别墅区（6）。英军伤员在"医院岭"（Hospital Ridge，7）接受护理，那里是英军防线范围内最不容易暴露在日军火力下的地方。

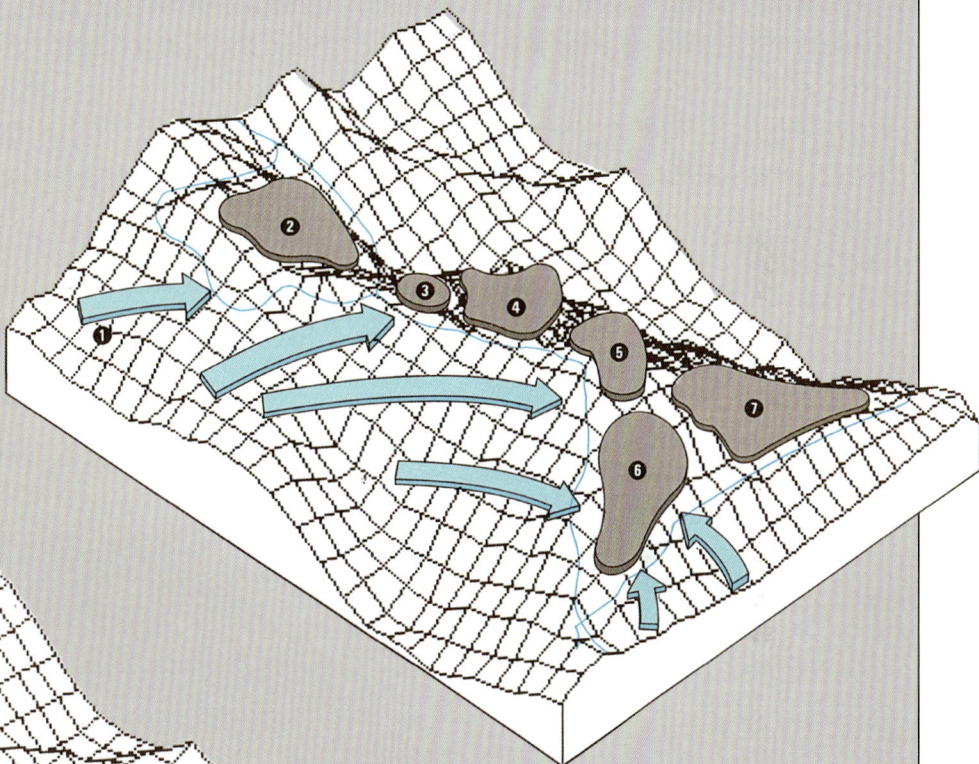

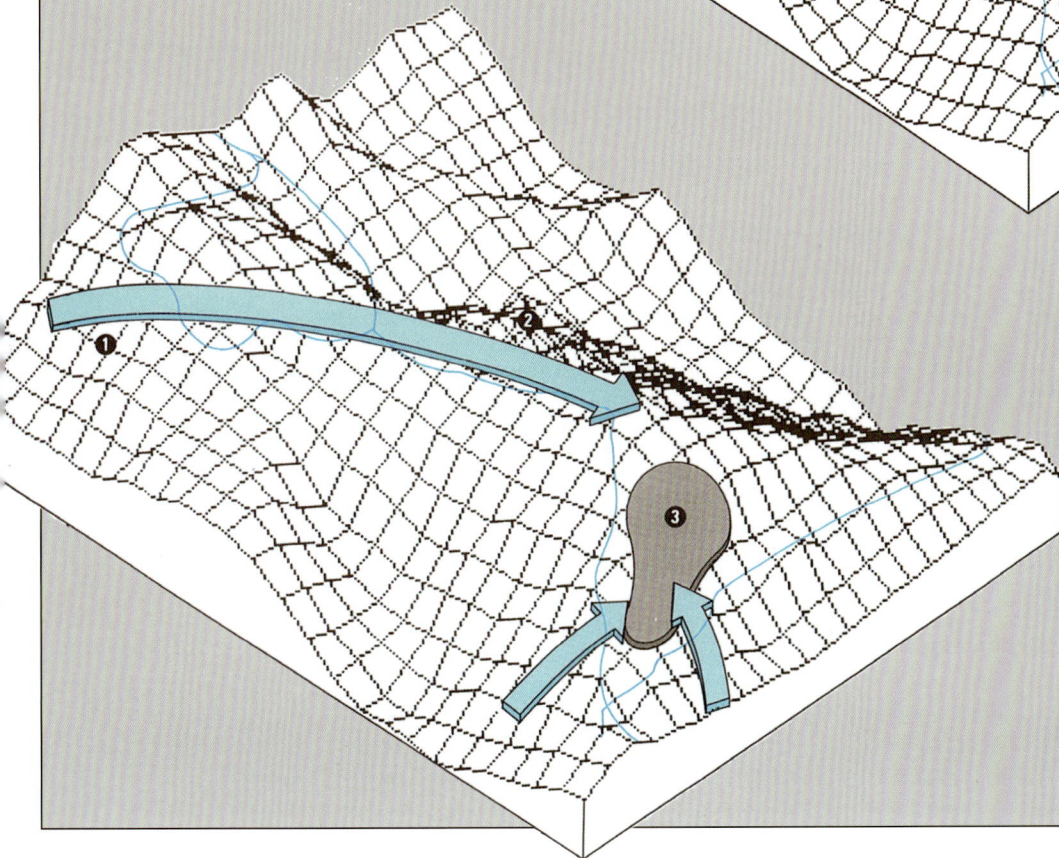

◀ **最后的突击**

4月17日夜间到18日凌晨，从4月5日起沿科希马山岭（2）逐个攻克守军据点的日军（1）夺取了"补给站山"和"库基•皮盖山"。理查兹上校的残部尽管疲惫不堪仍坚持战斗，他们已被挤压到"要塞山"上和别墅区内一个320米见方的区域（3），双方在这里激战多日。4月18日，消耗殆尽的守军终于等来了为其解围的第2师。

理查兹决定以科希马山岭作为防御的基础，这是一个1.6千米长、320米宽的山嘴，公路在山脚下有一个急弯。3月27日，他听到了令人震惊的消息：他所要抵挡的敌军不是预计中的一个团，佐藤幸德的整个第31师团正在向他逼近。3天后，日军成功地切断了英帕尔和科希马之间的公路，这支被孤立的部队不得不依赖空投补给。

随着危机降临科希马，守军不断接到自相矛盾的命令，在村庄里进进出出，茫然无措，同时也使理查兹本不为人羡慕的任务变得更加困难。他不知道

第二天有多少人能进入挖掘好的散兵坑中。不过，斯利姆下令从迪马布尔派来从若开前线飞回的印度第161步兵旅后，他的担心似乎烟消云散了。但就在该旅抵达科希马的当天，它又被派回去守卫后方的大基地，这一调动导致第161旅旅长给自己的部队取了一个绰号——"约克公爵的部队"。约克公爵的部队曾经开上山顶，但他们什么都没做就直接下山了。①

4月5日，日军步兵第一次与科希马守军交战，在土邦营大部临阵脱逃之后，理查兹上校高兴地看到他的杂牌军

得到了一支英国优秀部队的增援，那就是从第161旅被调来帮助防守这个关口的女王直属西肯特团第4营。随同西肯特部队前来的还有印度炮兵第24山炮团的一个连。理查兹的部队现在增加到1500名一流的战斗人员和1000名非战斗人员。

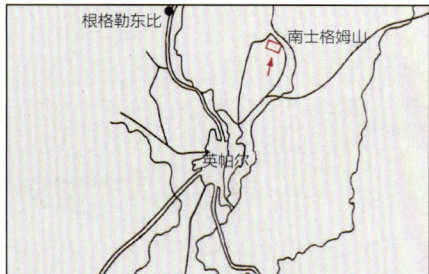

①译注：这个典故源于英国童谣《高高在上的约克老公爵》，嘲讽约克公爵弗雷德里克在佛兰德战役中的失败，原文是："高高在上的约克老公爵，他有一万士兵。他带着他们齐步走到山顶，又齐步向下走。当他们上山时，他们在向上走；当他们下山时，他们在向下走；当他们走到半山腰，真是不上也不下！"

▲1944年4月的第2周，日军第15师团第51联队占据了海拔1158米的南士格姆山（Nungshigum）上的阵地，从这座山上可以俯瞰英帕尔和西南10千米的主要飞机跑道。英军立刻意识到，如果让日军在那里大批集结，英帕尔将万分危急。

4月13日是一个炎热潮湿、阳光灿烂的日子，这天早上，印度精英步兵部队第17多格拉团第1营的2个连，在第3卡宾枪手团B中队的6辆坦克、第5师师属炮兵、2个中队的"复仇者"俯冲轰炸机和1个中队的"飓风"战斗机的支援下，合力将日军赶出了这个制高点。

"飓风"战斗机（1）正在扫射南士格姆山顶峰附近的日军阵地。这些霍克"飓风"战斗机经过改装，可以携带轻型炸弹，在远东广泛地用于支援步兵作战。

多格拉团发动进攻时，山顶周围的日军阵地（2）还没有重兵把守。日军展开了无畏的抵抗，付出了100人伤亡的代价。

6辆"格兰特"坦克（3）沿着陡峭的通道爬上南士格姆山，这令日军大为震惊。上山的道路坡度很大，以至于驾驶员无法看到前方的地面。坦克指挥员不顾个人安危，站在打开的炮塔舱门指挥驾驶员，同时用手榴弹（4）和手枪（6）骚扰日军。6名指挥员中有5人阵亡。

在顶峰，多格拉团第1营A连和B连（5）遭遇在空袭和炮击中幸存下来的日军的激烈抵抗，但他们最终以一次刺刀冲锋肃清了这道山脊。

尽管上校预计最多只需坚守几天，他知道斯利姆正在空运大批增援部队到迪马布尔，但他还是向所有阵地发放了14天的口粮和弹药，展现了惊人的先见之明。这些都是必要的。

佐藤幸德不仅率领1.5万名官兵完成了一项壮举——穿越阿萨姆丛林，还带来了75毫米步兵炮，向山脊开火。以短距离炮轰和雨点般的迫击炮弹、手榴弹为序曲，日军生力军向饱受压力的守军发动了一波又一波的进攻。日军占有压倒性优势的兵力开始显现效果，理查兹的防线随着外围阵地失守而不断收缩。在其中一个区域，两军之间隔着的只是副特派员别墅后的一个网球场。

在别墅区，人们还目睹了精准的炮术表演。来自第24山炮团的炮组无法在日军近距离炮击下部署，但该连军官在科希马西南方3千米的乔措马（Jotsoma）的一座山上指挥剩余的火炮射击。在那里，整个第161旅的部队在再次返回援助理查兹的途中被佐藤幸德的部队挡住了。不过炮兵的射击十分精准，在守军阵地正前方形成了一道防御弹幕。

在艰难的8天中，坚定的守军令人惊讶地阻挡了佐藤幸德的猛攻，随后便迎来了"黑色13日"。日军炮兵发现了满是伤员的医院战壕，而守军急需的饮水和迫击炮弹在空投中大部分都落到了敌人的战线之后。与此同时，佐藤幸德的步兵进攻达到了新的高潮。

不断减员的守军一直凭借附近的第161旅和随后沿公路从迪马布尔开来的英国第2师各部的援救承诺坚持着，但此时的他们已经陷入了绝望。即便如此，他们仍然鼓足勇气，在可怕的环境下又抵抗了4天，直至增援部队最终突破了日军在科希马以北设置的障碍。4月18日援兵抵达时发现，理查兹和部下挤在一个只有320米见方、臭气熏天且布满弹坑的区域内，他们虽然疲惫不堪却绝不退缩，伤亡超过了600人。

然而，科希马战役远未结束。日军

空中补给

在英帕尔—科希马地区，除了通往印度的、已被日军切断的主干道之外，其余道路都不适合重型车辆。因此，这一偏远地区的主要交通工具是骡子和飞机。骡子能够忍受炎热的气候，运送大量食品和弹药穿越茂密的丛林，经过狭窄的山隘。但在科希马和英帕尔同时被围的情况下，飞机变得极其重要，它们向科希马空投补给，向英帕尔空投增援部队、口粮、武器弹药和装备。

执行这项任务的理想飞机是道格拉斯公司的"达科他"型运输机，这种机型的最大载重量为3400千克，而且内部空间宽大，可以容纳吉普车和骡子。有时，驮兽被固定在一个平台上，用降落伞空投给无法进入的区域里的部队。这些飞机通常已经装载完毕，并且做好了在着陆后20分钟内起飞的准备。

"达科他"完成空投任务后在附近的英美丛林飞机跑道上降落，将伤病员接到印度的医院。能够使用这些飞机，主要是驻印英军总司令韦维尔将军于1943年向温斯顿·丘吉尔提出要求的结果。从那时起，所有飞机和补给优先供给中东战场和欧洲。

◀ 1944年3月24日，一架第194中队的"达科他"正在装载一辆满载补给品的吉普车。空运是为丛林中的前线部队提供补给的最快、最可靠的手段。日军在若开地区被击退后，盟军东南亚最高司令路易·蒙巴顿勋爵命令从中国抽调24架"达科他"，运送一整个师北上解科希马和英帕尔之围，这是缅甸战役中首度进行如此大规模的空运。

▶ 第194中队因为其"哈德逊"和"达科他"运输机机身上的标志而被昵称为"飞象"。1944年3月到7月，该中队每月平均飞行2000个小时，主要任务是为科希马、英帕尔守军以及在日军后方行动的"钦迪队"空投补给。该中队隶属于第177联队，后者在8个月中运送了31217名官兵，并后送了28898名伤病员。

英帕尔的防御

1944年3月，牟田口廉也将军率领第15军向英帕尔的英军基地发动代号"乌号作战"的进攻，并希望在三周之内实现目标。这种没有根据的自信导致他在交通线拉得过长且几乎没有任何空中掩护的情况下，在崎岖的地形中作战。他以为使用步兵武器、炮兵和少量轻型坦克就足以带来胜利。此外，他还认为没有必要为部队提供持续作战所需的口粮，而只发给部队数量有限的食物，他告诉手下，食物耗光后他们可以夺取敌人的补给来填饱肚子。

牟田口廉也命令第33师团沿公路前往英帕尔平原的南面和东面，第15师团则向北推进，并派遣第31师团前往科希马，切断其与英帕尔之间的唯一公路。他非常自信地认为，他的计划在战术上是合理的，肯定能取得胜利。

他的突击纵队最先对阵的是斯库恩斯中将的第4军。斯库恩斯预计到了日军的进攻，已经准备了防御计划。先头部队将后撤到坚固的阵地上，在那里守卫平原，抵御包围他们的日军部队。他们必须坚守和战斗，但可以忽略保持与其他部队交通线的畅通，因为口粮和弹药将通过空投补给。增援部队也由劳苦功高的"达科他"运输机送到这个自给自足的防御圈内。

由英国、印度和廓尔喀部队组成的守军在炮兵火力、坦克、战斗机和轰炸机的支援下令日军无计可施，迫使他们在付出巨大伤亡之后撤退，此时牟田口廉也的部队已经陷入了饥饿和疾病之中。

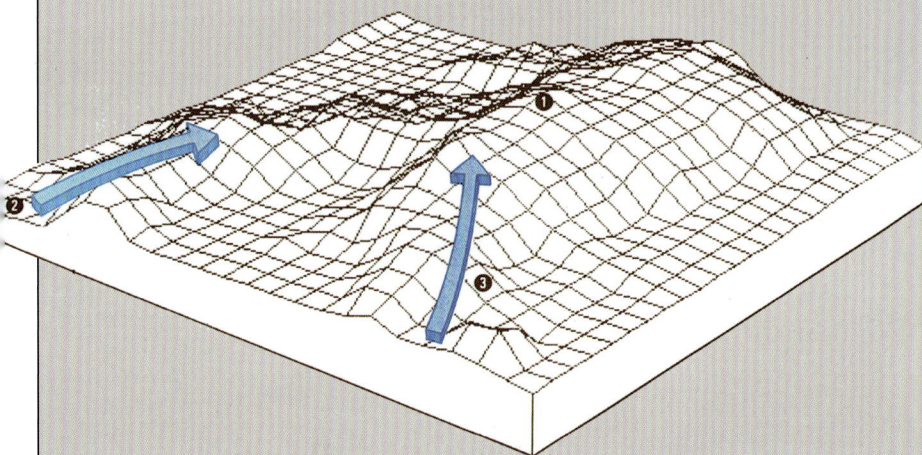

◀ 日军第15师团于1944年4月6日首次出现在南士格姆山（1）。虽然次日即被逐出，但他们在4月11日以更多的兵力卷土重来，占领了峰顶，威胁几英里之外平原上的英帕尔及其主要机场。4月13日，在猛烈的轰炸和炮击之后，第17多格拉团第1营的两个连在6辆坦克的伴随下，登上了通往日军阵地的两个陡峭山嘴（2、3）。经过一番激战，日军被迫撤出。

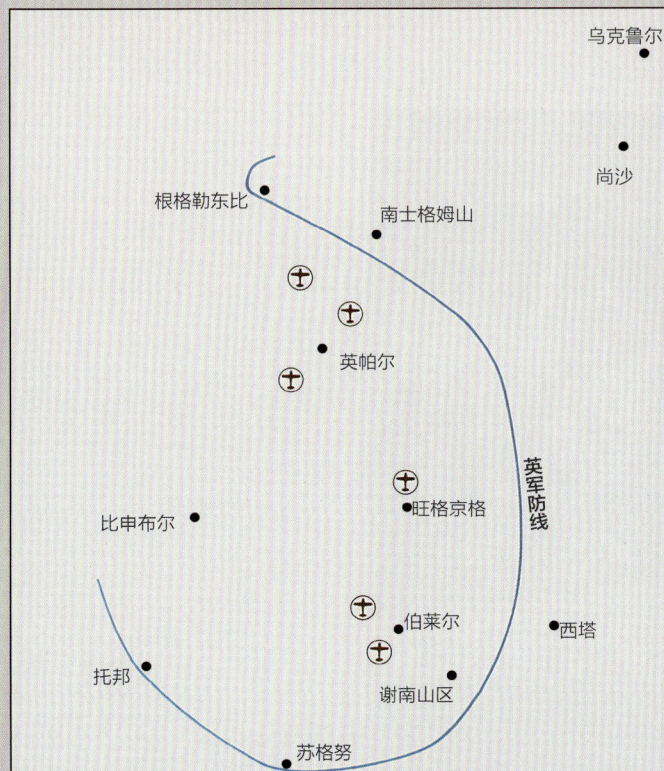

▲ 1944年4月，英军部队和坦克正在逼近南士格姆山。日军占领了比周围平原高出305米的峰顶，可以不间断地观察英帕尔的英军指挥部和主要机场。对英军来说，必须将敌人赶出这个制高点。在雨季到来之前，土地正处于最干燥的时期，坦克行驶之间尘土飞扬。

◀ 英帕尔平原战略地位极为重要，是唯一足以建造机场的平坦区域。自1942年5月遏止了日军的进攻之后，英军已将其开发成一个基地，准备从那里重夺缅甸。

抽调部分兵力，在他们占领的关口构筑了一条坚固的防线。斯利姆命令此时的科希马前线指挥官——第33军军长M.斯托普福德（M.Stopford）中将不断对佐藤幸德施压。到5月中旬，日军消耗巨大且补给不足，只能苦苦坚守，但并不准备投降。整个英帕尔平原都是这种局面，但很明显，"乌号作战"已经注定失败。

建立了3：1的人数优势之后，斯利姆全线发起进攻，即便在5月底雨季来临之时，他仍然保持进攻的势头。日军被迫一点一点退却。6月22日，英国第2师的坦克从科希马推进，在英帕尔以北16千米处与第5师的步兵侦察队相遇，宣告陆上交通线再次被打通。牟田口廉也的第15军此时已全面向钦敦江对岸撤退。在科希马和英帕尔周围的漫长战斗中，日军伤亡5.3万人，其中3万人死亡。斯利姆损失了1.6万人，但他现在可以着手重夺缅甸了。

◄▼ 雨季通常从5月下旬开始，在此之前会有断断续续的阵雨和长期的酷热天气。不过，到6月份，倾盆大雨会把热浪逼人、尘土飞扬的小路变成一片泥沼（左图），而灌溉该地区的河流则会泛滥引发洪水（下图），使得部队难以前进，有时甚至无法动弹。

► "缅甸之星"有很亮眼的绶带，是授予1942—1945年在东南亚服役的所有男女官兵的参战勋章。

◄ "飓风"战斗机的保养和维修比大部分其他飞机更容易。与更复杂的飞机不同，"飓风"采用金属管状框架，以木材和织物制成，熟悉这种飞机的机械师可以在战场上对其进行保养，而不必送到印度的维修厂。

指挥官

▲ 斯利姆

▲ 斯库恩斯

▲ 牟田口廉也

英国陆军上将**威廉·斯利姆**（1891—1970）思维异常清晰，为第14集团军中的所有部下注入了信心。斯利姆总是坚持，重回缅甸的最好机会是在渡过钦敦江之前取得对日军的决定性胜利，因为如果没能做到这一点，日军就有可能在东岸集结优势兵力对付他。因此，日军渡江进攻英帕尔，正好给了他梦寐以求的机会。

英国**斯库恩斯中将**（1893—1975）是一位善于分析的智者，斯利姆视其为所在战线上最有智慧的高级军官。斯库恩斯的命令是"守住英帕尔平原，消灭进入平原的任何敌人"，为此，他在各个战略要点周围组成了防御性的"方格"。斯库恩斯和斯利姆的战术行动非常优秀，却出现了一次误算：他们认为牟田口廉也只能出动一个团进攻科希马，但实际上后者

部署了一整个师团。

日本**牟田口廉也中将**（1888—1966）在日军占领缅甸后，坚定地认为，由于缅甸和印度之间多山且没有公路的丛林、该地区特有的疾病以及日军过长的补给线，继续推进十分危险。后来，随着温盖特克服了丛林作战问题，牟田口廉也改变了想法，决定进攻英帕尔和科希马的英军基地。

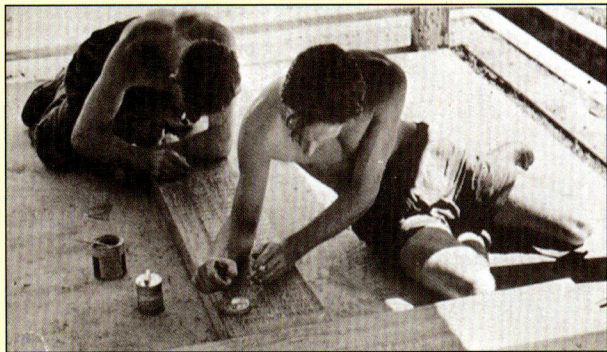

科希马十字架

由于科希马天气酷热，尸体必须立即安葬。幸存的官兵们在墓穴旁立起了临时制作的十字架，后来又制作了更大、更耐久的十字架。图上这个木质十字架现在保存在肯特郡的梅德斯通（Maidstone）。在第一次世界大战中，各部队常常建立纪念碑以纪念战友，但在二战期间较为少见。战后，1287座英国和印度官兵的墓穴被集中到一处公墓中，并修建了一座祭坛和用当地石材制作的献祭十字架，上面的铭文写道：

"当你们回到家乡，

"请告诉父老乡亲，

"为了他们的明天，我们献出了自己的今天。"

英帕尔—科希马：东方战场的转折点

科希马和英帕尔的决定性战役结束后，盟军永久性地夺回了缅甸战区的主动权。从1944年战役开始，日本陆军有9.2万人死亡、受伤或失踪，幸存者此时也缺乏补给，处于饥饿的边缘。

日军不仅没能得到增援，反而削减了部队，这是因为美军在太平洋的攻势正向日本本土转移，缅甸在日本最高司令部眼中成了次要战场。而且，日军在珊瑚海、中途岛和莱特湾海战中的失败使其海军已经不再是一支强大的战斗部队。

盟军在空中也占据了压倒性的优势。到1944年10月，他们在缅甸战场有392架战斗机和超过150架轰炸机，而日军只能集结大约50架堪用的飞机。科希马和英帕尔战役结束后，日本缅甸方面军人数处于下风，装备和补给不足，几乎失去了与外界的联系。最后的失败已经无法避免，但大部分日本官兵仍然继续顽抗，有些孤立无援的小股部队甚至坚守了数年之久。

斯利姆将军对此致以敬意："我们都在说战斗到最后一个人或最后一颗子弹，但日本官兵是唯一做到这一点的。"对于自己的部队，他也不吝赞美之词，写道："缅甸战役是士兵们的战争，因为他们，我们才能反败为胜。"

诺曼底登陆，1944年6月—8月

1944年6月6日（D日），盟军集结了有史以来最强大的攻击部队，对希特勒的"大西洋壁垒"发动猛攻，从而开辟了斯大林从1941年起一直要求的"第二战场"。事实上，在苏联坚持要求采取行动缓解德国对东线的压力之前，1940年敦刻尔克大撤退后不久，英国就已经计划要让战争回到欧洲。首相温斯顿·丘吉尔曾轻蔑地说："如果有必要，英国将孤军奋战。"在同时于其他战场抵抗轴心国部队的情况下，为这项任务集结充足的人员和物资是个问题，盟国花费了4年的时间才得以完成。

1943年1月，丘吉尔和罗斯福在卡萨布兰卡会晤时讨论了进攻欧洲的问题，但当时这并不可行：没有充足的资源。然而，双方同意任命英国陆军中将弗雷德里克·摩根（Frederick Morgan）为候任盟军最高司令部参谋长（COSSAC），负责制订对德占法国发动全面进攻的详细计划。摩根的方案是1944年5月通过诺曼底发动进攻，代号为"霸王行动"（Operation Overload）。这一方案于1943年8月在魁北克举行的规划会议上得到批准，丘吉尔和罗斯福也出席了这次会议。

但是，直到当年12月，盟国远征军领导人才得到任命，他就是领导盟军成功登陆北非和意大利的德怀特·D.艾森豪威尔将军。负责"霸王行动"的其余要员都是英国人：副司令、空军上将亚瑟·特德（Arthur Tedder）爵士，盟国海军指挥官、海军上将伯特伦·拉姆齐，盟国空军指挥官、空军上将特拉福德·利-马洛里（Trafford Leigh-Mallory）爵士，盟国地面部队指挥官、陆军上将伯纳德·劳·蒙哥马利爵士。

此时，登陆的准备工作速度显著加快。艾森豪威尔和蒙哥马利都认为，参谋长的突击计划力度太弱，战线也过于狭窄。因此，第一批突击部队在原来的5

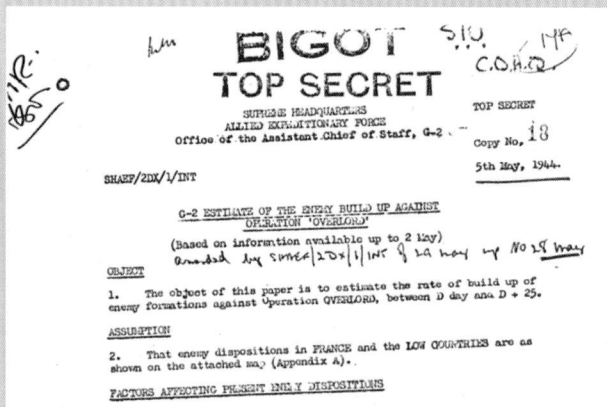

"Bigot"：绝密

在诺曼底登陆前几个月，西方盟国必须确保德国人不会接收到任何有关盟军计划的情报。为了保密起见，盟军采取了周密的预防措施，出入英国的很大一部分地区都严格受限。最高保密级别代号为"Bigot"，这是用于寄往直布罗陀的人员文件上的邮戳"To Gib"的反向拼写。这些文件只有少数经过严格审查和批准的人才能查看，这些人都持续受到审查，禁止采取任何可能导致被停和被审问的行动。

分类为"Bigot"的文件引起了很多恐慌。第一次发生在1944年3月，美国联邦调查局发现一个装着"Bigot"级别文件的包裹在芝加哥邮政分拣办公室意外地被打开了。尽管出现过这样的失误，但没有造成损害，"Bigot"保密措施非常严密，德国情报部门从未发现盟军选择的登陆点。

陷阱与计谋

仅仅保密是不够的。英格兰南部集结了数十万部队和他们的武器、补给，想要掩饰对欧洲迫在眉睫的进攻，以及地点几乎肯定在法国北部这一事实，是不可能的。然而，盟军可以欺骗德国人，使之不知道登陆的准确位置，为此他们构思了一个欺骗计划。

登陆部队在英格兰西南部集结的同时，盟军在东南部布设虚假的营地、坦克和登陆驳船（上图），给人以一支军队准备就绪的印象。在登陆日（D日），盟军飞机在加莱地区上空投下了数吨的金属箔条，其他箔条则由船只播撒。在德军的雷达屏幕上，这些箔条看上去就像飞机和军舰。结果，19个德国师留在盟军部队夺取桥头堡的地点西南方近322千米的加莱周围。这一计划十分奏效，登陆后的6周里，希特勒仍然认为主攻方向在加莱。

个师基础上，增加了2个从海上登陆的师和1个空降师；在瑟堡（Cherbourg）半岛以东的塞纳河湾，战线也从56千米延伸到80千米。但计划的扩大造成了一个新问题：没有足够的登陆艇。艾森豪威尔为补充舰队规模而损害了哈罗德·亚历山大将军在意大利的行动，并将攻击日期从5月推迟到了6月，以便增加一个月的时间来生产登陆艇。

登陆前的几个月里，盟军对诺曼底海岸进行了细致的侦察。除了大胆的空中摄影行动提供的情报之外，盟军偶尔还秘密靠近岸边检视地势和德军布设的防御手段。随着时间的流逝，在陆军元帅埃尔温·隆美尔的努力下，这些防御手段变得越来越强大。1943年11月，隆美尔被希特

▶ 诺曼底登陆前的几个月中，英国成了一个武装营地。整个南部海岸、码头和港口都挤满了船只、武器和补给品，其他补给品仓库则位于内陆。英格兰南部的所有平地都改建成了机场，树林里隐藏着军用车辆。封闭的营地一时成为数十万盟军官兵的家园。

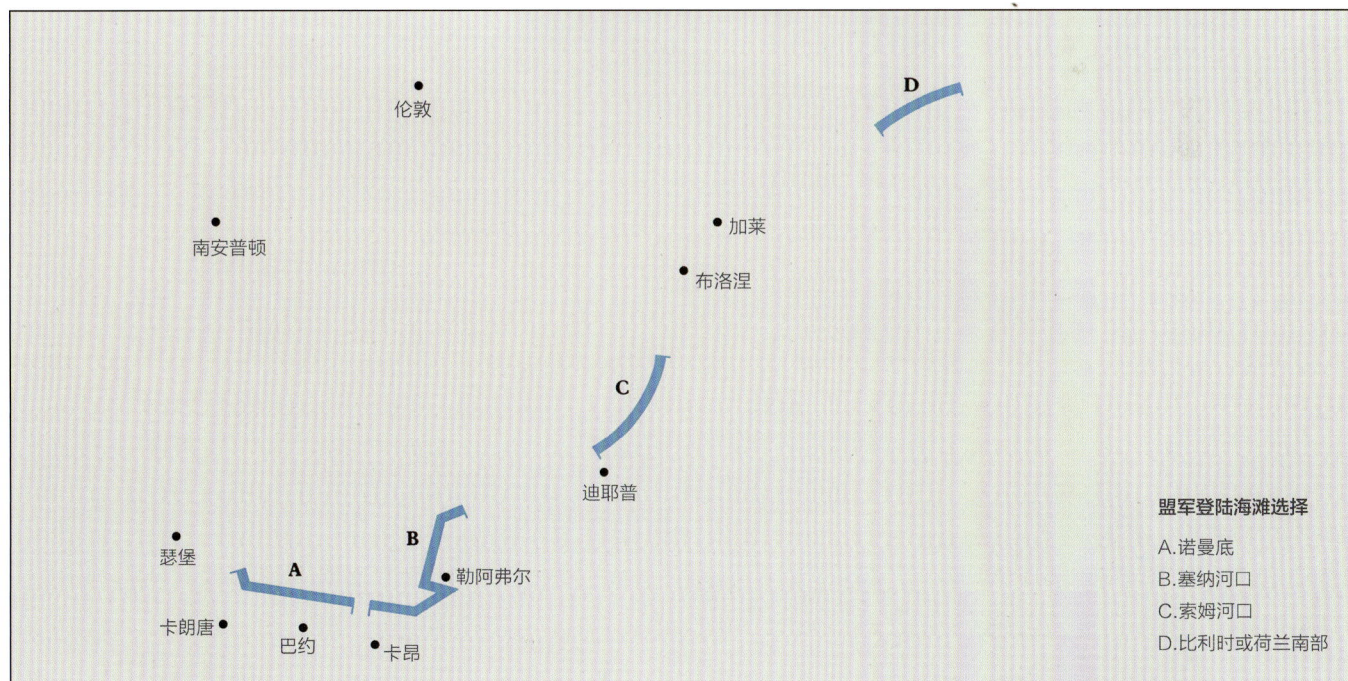

盟军登陆海滩选择

A.诺曼底
B.塞纳河口
C.索姆河口
D.比利时或荷兰南部

▲ 法国向德国投降之后几天，英国人就开始制订进攻欧洲的计划。1940年6月23日晚上，一支英国皇家空军高速汽艇小艇队运送大约100名英军官兵渡过英吉利海峡前往布洛涅和勒图凯（Le Touques），攻击了德军占领的建筑物，击毙2人。这次袭击在军事上没有什么效果，却表现出了无与伦比的反抗姿态。1941年7月，英国仍处于守势，跨军种训练与发展中心制订了第一份在法国实施两栖登陆的详细计划。次年8月19日，加拿大和英国突击部队从英格兰南部出发袭击迪耶普港，被德军击退，损失惨重。但事实证明，此次突袭为1944年的行动提供了很宝贵的经验教训。

盟军遇到的问题与阻止希特勒在1940年入侵英国时遇到的问题类似，尤其是很难找到理想的登陆地点。加莱被否决是因为这一地区是法国海岸防御最为坚固的地带。布列塔尼也被否决，因为那里距离德国太远，需要很长的交通线。而在东边，敌人能够迅速增援荷兰和比利时。剩下的唯一可能的地点就是科唐坦半岛和卡昂周围地区，以塞纳河、厄尔河和卢瓦尔河为界。卡昂是主要目标，对科唐坦半岛东岸的辅助进攻是为了及早夺取瑟堡港。

130

勒任命为驻法的B集团军群指挥官。他得到了一项特殊任务：加强"大西洋壁垒"沿线不够坚固的防御工事。

隆美尔加固了混凝土堡垒和炮兵阵地，加固和延长了现有的野战工事，并增加了机枪掩体和迫击炮炮位的数量。海滩上散布着大量各类装置，有些是爆炸物，有些是简单的障碍，以阻止登陆艇上岸。从一开始，隆美尔就认为战争将在海滩上决出胜负，但他的直接上级——西线总司令、陆军元帅格尔德·冯·伦德施泰特并不这么看，后者计划在盟军攻击部队向内陆推进时将其切断歼灭。伦德施泰特手中拥有分

别由隆美尔和约翰内斯·布拉斯科维茨（Johannes Blaskowitz）大将指挥的B集团军群和G集团军群，以及盖尔·冯·施韦彭堡（Geyr von Schweppenburg）上将指挥的西部装甲集群。

伦德施泰特麾下有38个步兵师负责岸防，它们驻扎在从荷兰延伸到法国—西班牙边境的沿海地带及法国南部沿岸。7个德军预备役师集中于加莱地区，

另外3个驻扎在诺曼底。10个德军装甲师中的4个作为机动战略预备队，准备应对盟军的登陆。希特勒让隆美尔控制一个装甲师（第21装甲师），其他3个装甲师在希特勒下令调动之前不能投入作战。德国空军在法国只集结了160架可以作战的飞机——70架战斗机和90架轰炸机。德国海军在英吉利海峡只有少数驱逐舰、鱼雷艇（E艇）和U艇。

登陆行动开始前的几个小时里，盟军的关键任务之一是阻止德军投入增援部队，保障滩头侧翼的安全。艾森豪威尔拥有全面的空中优势，但他的飞机不可能在夜间或者恶劣天气下打击小目标，因此他决定动用空降部队占领德军据点，炸毁或夺取桥梁，使德军失去平衡、陷入混乱。夺占贝尔努维尔（Bénouville）的卡昂运河桥梁和左翼朗维尔（Ranville）的奥恩河桥梁的任务交给了英国第6空降师。这些关键目标距离海岸公路大约400米。

3架"霍萨"（Horsa）滑翔机被分配给了夺取贝尔努维尔桥梁（这座桥梁后来按照空降部队的徽章而改名为"飞马桥"，1）的任务，它们一架跟着一架降落，间隔1分钟。德军已开始挖洞（10），竖立"隆美尔芦笋"——一种用来在滑翔机降落时撕裂其机腹的木桩。他们看起来预计到了攻击。

第一架滑翔机（7）于0时16分飞抵，使用减速伞降低速度。此举导致机尾抬起，机头扎进一个铁丝网围栏中，直接撞坏了。仍然固定在座位上的飞行员和副驾驶在昏迷中被抛出了驾驶舱——他们是最先登

上法国领土的盟军。"霍萨"滑翔机内的乘员都因为撞击而暂时失去意识。指挥官约翰·霍华德（John Howard）少校撞到了机顶，头盔砸在了眼睛上，当他醒过来时，他以为自己受伤失明了。

不过，飞行员将滑翔机准确地降落在运河旁的预定位置（3）。几秒钟之内，机内的官兵们清醒过来，跳出飞机直奔目标。幸运的是，桥边的一门德国反坦克炮（6）没有炮手在场。

第一次机降完全出乎敌人的意料。两名十多岁的德国哨兵在桥上朝相反的方向踱步，将着陆的滑翔机误当成损毁的盟军轰炸机落在地面上的碎片。

一分钟以后，第二架滑翔机（8）降落，机上的官兵加入了在桥东端的第一组机降人员。他们的主要任务是肃清公路远端的德军，并清除一个碉堡（4）。

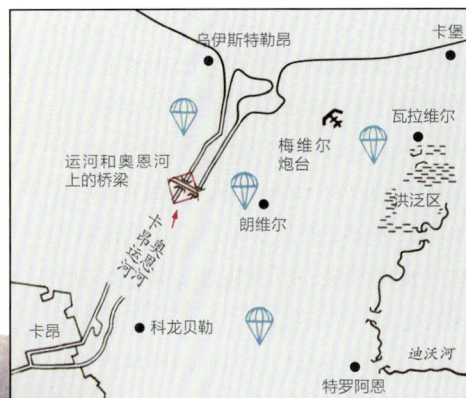

当他们跑步穿过公路，第三架滑翔机（9）强行着陆，这支部队的医生坐在飞行员身后，被抛出了挡风玻璃之外。当霍华德率领手下肃清战壕和碉堡时，第一架和第二架滑翔机上的官兵从东端猛攻这座桥梁。一名德军哨兵逃到了西端，叫喊道："伞兵！伞兵！"他的战友用"维利"式信号枪示警（2），但立刻就被盟军击倒了。

一些官兵（5）跑过桥，占领了贡德里咖啡屋（11）和其他建筑物，工兵则清除了桥上的爆破引信，但没有发现任何爆炸物。登陆后的10分钟内，这支小部队就占领了飞马桥，他们守卫这座桥两个小时，才被在朗维尔更东面空降的主力部队官兵接替。

与这支七拼八凑的德军部队对抗的，是西方盟国逐渐集结起来的大军：39个师（美军20个师，英军14个师，加拿大军队3个师，自由法国1个师，波兰军队1个师），近11000架作战飞机（其中有5000架战斗机）、2300架运输机和2600架滑翔机，以及超过6000艘军舰、运输舰船和登陆艇。

突前的是专门研发的两栖坦克（被称为"会游泳的坦克"）和其他设计精巧的装甲车辆。补给将在两个巨大的人工港口登陆，油料则从英格兰通过海底管道（PLUTO）直接输送到诺曼底。

德国人意识到盟军可能在1944年夏季登陆，但准确日期和位置一直是这场战争中保守得最好的秘密。事实上，盟军发动了复杂而成功的欺骗行动，使敌人以为目标是加莱海岸。

"霸王行动"在5月份被推迟之后，具备理想条件（夜间有月光，拂晓后正好是低潮）的日期有6月5日、6日和7日。艾森豪威尔最后定下的日期是6月5日。然而，6月来临后，天气变得十分恶劣，导致心绪不宁的将军将行动推迟了24个小时。在6月5日4时举行的高级指挥官会议上，气象学家们小心翼翼地预报，次日恶劣天气将有短暂的间歇。权衡利弊之后，艾森豪威尔没有继续推迟，而是选择了6月6日行动，他简洁明了地说："好，我们出发。"

德军被迷惑了。6月5日晚上，他们听到英国广播公司（BBC）广播了保罗·魏尔伦（Paul Verlaine）的诗作《秋之歌》中的两行，并正确地判断它们是向法国抵抗组织发出的进攻即将开始的信号，但天气如此恶劣，这种进攻看起来难以置信。隆美尔确实是这么想的，因为他决定请假探望妻子。随后，6月5日夜间到6日凌晨，德军雷达收到了布洛涅和迪耶普（Dieppe）地区的水面和空中有部队活动的信号，而且还收到了伞兵空降的报告。这都是盟军将敌人的注意力转向错误位置的巧妙计划的一部分。

与此同时，在夜色的掩护下，一

"桑葚"人工港

将一支庞大的登陆部队运送到诺曼底，并在坚定的抵抗面前成功登陆，这一目标带来了各种各样的难题。立足之后，登陆部队在岸上的补给，同样困难重重。对于像瑟堡这样重兵把守的港口，发动正面攻击十分危险，几乎不可能成功，因此盟军建造了可以分段运送到登陆点并在现场组装的人工港。

代号为"桑葚"（Mulberry）的绝密项目于1943年8月在魁北克会议上得到批准，并要求在1944年5月1日前完成。仅仅7个月，全英国各建筑公司的2万名工人成功地建造了两个庞大的预制港口，每个都有多佛港那么大，并且可以拖运到法国沿岸。负责组装和放置"桑葚"人工港的是海军少将坦南特，他是1940年敦刻尔克撤退的幕后策划者。

在D+1日，70艘旧舰船中的前45艘在阿罗芒什（Arromanches）的英军登陆海滩和圣洛朗（St Laurent）的美军登陆海滩自沉，组成防波堤。随后，人工港口的各个分段在海上就位。英军登陆海滩的人工港为战役胜利做出了巨大贡献，但在圣洛朗的美军登陆海滩，人工港在6月19日英吉利海峡80年一遇的风暴中严重受损，一直未能完工。

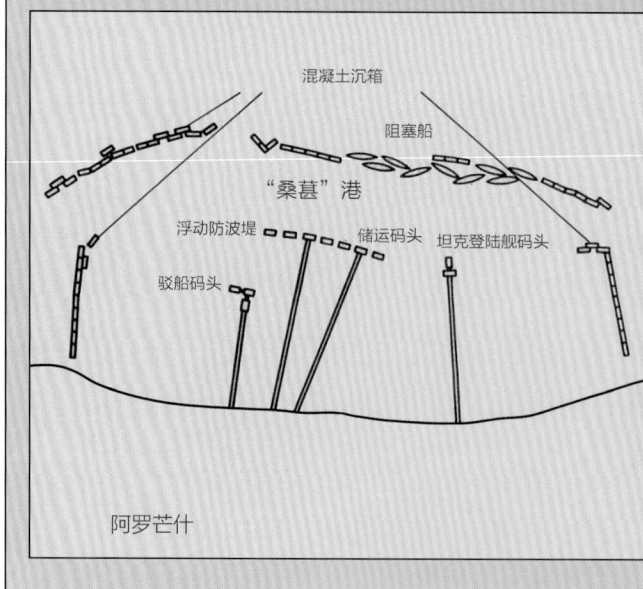

◄ 超过200万吨钢材和混凝土被拖运到法国沿岸，修建"桑葚"人工港。混凝土沉箱——有些高达18米、重6000吨，组成了港口的外墙。港口内部，随潮汐起落的液压操纵码头通过浮动路面与陆地相连。英军登陆海滩的"桑葚"港每天都要处理12000吨货物和2500辆各种车辆。

支由军舰和人员运输舰组成的庞大舰队开往诺曼底，英军和美军的滑翔机机降部队及伞降部队在敌方岸防工事后方降落，以保护滩头侧翼。滩头被分成了5个区域："犹他"（Utah）、"奥马哈"（Omaha）、"金"（Gold，又被译为"戈尔德"）和"剑"（Sword，又被译为"斯沃德"）。

i

夺取奥克角

E区红段（Easy Red）以西8千米的奥克角（Point-du-Hoc）与这段海滩一样，充满着屠戮和混乱。奥克角是一个居高临下的海岬，美军认为，那里有一个由6门155毫米炮组成的、威力强大的德军炮台。这种重炮的射程超过了20千米，控制着从英军登陆区域的贝桑港（Port-en-Bessin）到"犹他"海滩西北端的海岸线。由于忌惮这些火炮的威力和射程，美军在离岸大约18千米的地方就放下了登陆艇，使官兵们在波涛汹涌的海上经历了3个小时的航行，疲惫不堪。

美国游骑兵曾在类似的条件下训练了数周，他们的任务是冒着密集的火力爬上峭壁，消灭这些火炮。大约200名游骑兵携带抓钩、火箭筒、绳索和梯子，预定于H时登岸。然而，他们的登陆艇却开往了登陆场的东面。发现错误后，他们不得不以平行于海岸的航线靠近目标，因此暴露在峭壁顶上的敌军火力之下。一些登陆艇被击沉，其他一些则严重受损，不得不抛弃运载的货物。

当游骑兵抵达正确登陆点，海军的炮火准备已经停止，德军重新回到了防御工事中。游骑兵们浑身湿透、饱受晕船之苦，但仍然冒着峭壁上猛烈的轻型武器和手榴弹攻击，奋力攀登。为了协助他们，美国"萨特利"号

（USS Satterlee）驱逐舰向奥克角上的德军阵地开火，使第一批官兵在登上海滩的5分钟内抵达崖顶。

到达崖顶后，游骑兵发现他们拼命想要摧毁的目标——德军重炮，并不在那里。为了免遭早先的空袭和海军炮击的破坏，德军已将它们转移到更安全的地点——距离海岸线1.6千米的一个果园。游骑兵们后来发现了这些火炮，它们一弹未发。占领奥克角后，游骑兵们继续前进，切断了维耶维尔（Vierville）和格朗康（Grandcamp）之间的沿海公路，建立了一个防御阵地。

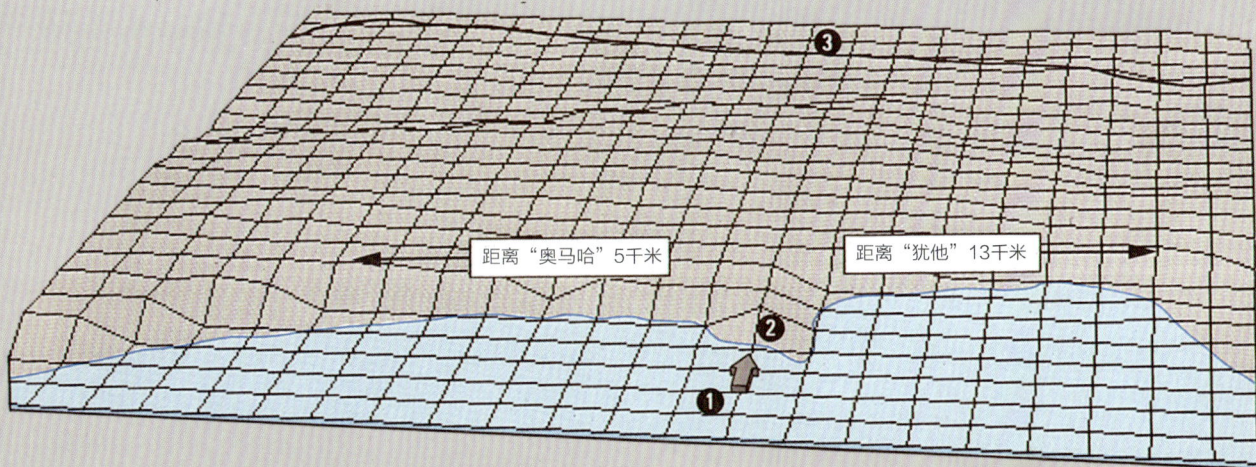

▲ 6月6日6时30分，美军在"奥马哈"和"犹他"海滩登陆之前，225名美国游骑兵组成的突袭部队（1）上岸准备消灭奥克角（2）崖顶的一个德军炮兵阵地，该阵地可以控制两个登陆区域。在猛烈攻击下攀上30米高的峭壁后，游骑兵们发现重炮已经被转移了。后来，他们在原阵地向内陆延伸没多远的主干道附近（3）发现并摧毁了这些"消失"的火炮。

距离"奥马哈"5千米

距离"犹他"13千米

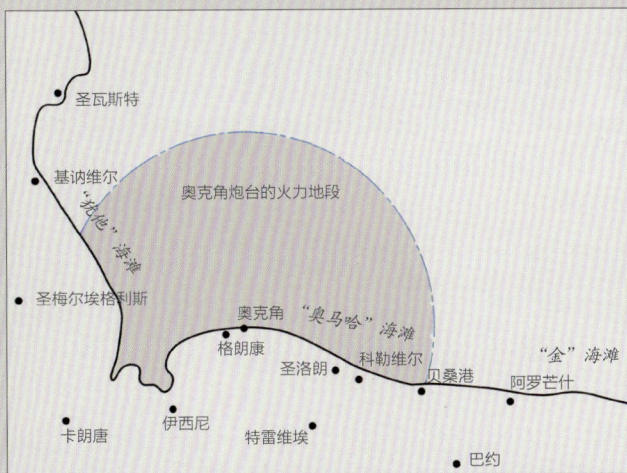

▲ 岸防炮兵（如奥克角的德国155毫米炮阵地）需要合适的控制设备才能执行其主要任务——摧毁敌方军舰。岸炮火力总是超过舰炮火力，因为它的发射平台更稳定，射程也超过除最大口径舰炮之外的所有舰炮。

▲ 游骑兵正在奥克角的峭壁上攀爬。

由于精锐的德国第352师已被调到这一区域，敌人的抵抗远比经验丰富的美国第1步兵师预料的更激烈。

后续批次的登陆艇在一切可能的地点卸载人员和车辆，使这段诺曼底海岸线变得更加混乱。茫然失措的部队竭尽全力寻找可以隐蔽的地方，全然忘却了时间表和计划。

这就是布拉德利将军权衡其选择时，"奥马哈"海滩中间E区红段的情景。最后，他决定不撤退。随着坦克、炮兵的抵达，以及靠近岸边的驱逐舰的炮火支援，美军步兵历经苦战，终于设法突破德军防线，猛攻海滩上方的山丘，确立了一个牢固的立足点。

登陆区域从西边的维耶维尔到东边的科勒维尔，延绵6千米。整个海滩的后面都是长满野草的山坡（1），山坡高46米，为德军提供了理想的防御阵地。

在居高临下、射界遍及整个海岸的山梁上，德军在坚固的阵地（2）中部署了8门重炮、35门反坦克炮和85挺机枪。他们小心翼翼地以交叉火力控制海滩上的4个出口（3）。除了这些强大的火力之外，德军还有携带轻型武器、手榴弹和迫击炮的步兵。

山坡和混凝土海堤之间的区域布设了铁丝网和地雷（4）。由于没有专门用于迅速清除此类障碍的装甲车辆，试图突破敌人防线的美国第16步兵团的官兵们（5）长时间暴露在敌军火力之下。

科勒维尔 ●

圣洛朗 ●

● 维耶维尔

F区绿段　　E区红段　　E区绿段　　D区红段　　D区白段　　D区绿段

"奥马哈"海滩

6月6日8时到9时之间，"奥马哈"海滩上的美军部队看起来岌岌可危，以至于美军指挥官奥马尔·布拉德利（Omar Bradley）将军[①]考虑撤出他们。

在行动时间（H时）——6时30分之前，盟军军舰和飞机对敌方阵地的轰击效果不佳。恶劣天气下海浪滔天，几乎淹没了所有两栖坦克。在德军猛烈而精准的火力打击下，岸上布满了尸体和废弃的车辆，困住了躲避于狭窄卵石堆的官兵们。

①译注：当时他的军衔为中将。

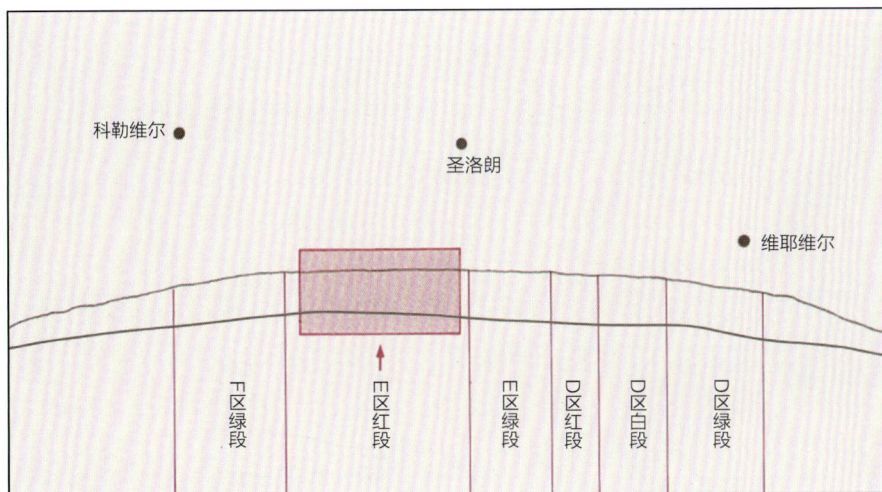

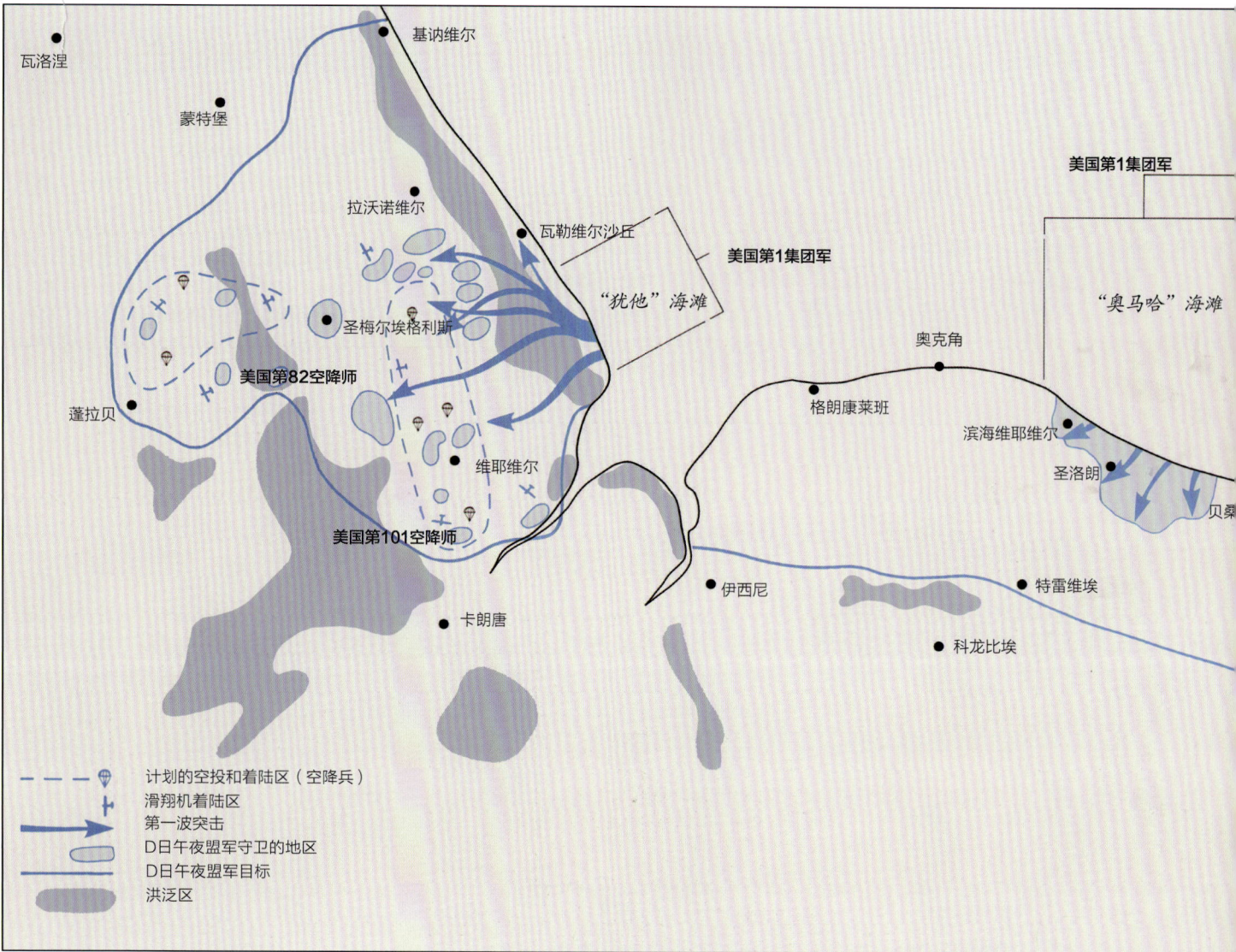

瓦洛涅

蒙特堡

基讷维尔

拉沃诺维尔

瓦勒维尔沙丘

美国第1集团军

"犹他"海滩

美国第1集团军

奥克角

"奥马哈"海滩

圣梅尔埃格利斯

格朗康莱班

滨海维耶维尔

蓬拉贝

美国第82空降师

圣洛朗

贝桑

维耶维尔

美国第101空降师

特雷维埃

伊西尼

卡朗唐

科龙比埃

- ⌇⌇ 🪂 计划的空投和着陆区（空降兵）
- ✈ 滑翔机着陆区
- ➡ 第一波突击
- ▭ D日午夜盟军守卫的地区
- ▬ D日午夜盟军目标
- ▨ 洪泛区

登陆日

进攻法国的后勤和战术问题繁多且复杂，但战略很简单。

美国第1集团军将在"犹他"和"奥马哈"两个海滩登陆，他们的第82和第101空降师将在西面空降，保护该集团军的右翼，并与在"犹他"海滩登陆的部队一起切断科唐坦半岛。英军将在"金"和"剑"海滩登陆，加拿大军队将在"朱诺"海滩登陆，目标是迅速夺取巴约和卡昂这两个交通枢纽，他们暴露的东部侧翼将由第6空降师保护。

后续部队将迅速被送到岸上，以抵抗敌人的反攻，并积蓄力量，准备向法国北部突进。盟军的计划是在D日登陆8个师，D+1再登陆5个师，到D+12前再增加21个师。美国空降部队的许多官兵被俘，其他人则在德军引水淹没的草地上降落，德军此举就是为了挫败空投行动。伞兵落点很分散，因此第一天的大部分时间都在重新集结。在"奥马哈"海滩上，美军险些遭遇一场惨败，伤亡了2500人。英军的进展十分鼓舞人心：到第一天结束时，他们已经向内陆挺进了10千米，准备夺取卡昂。

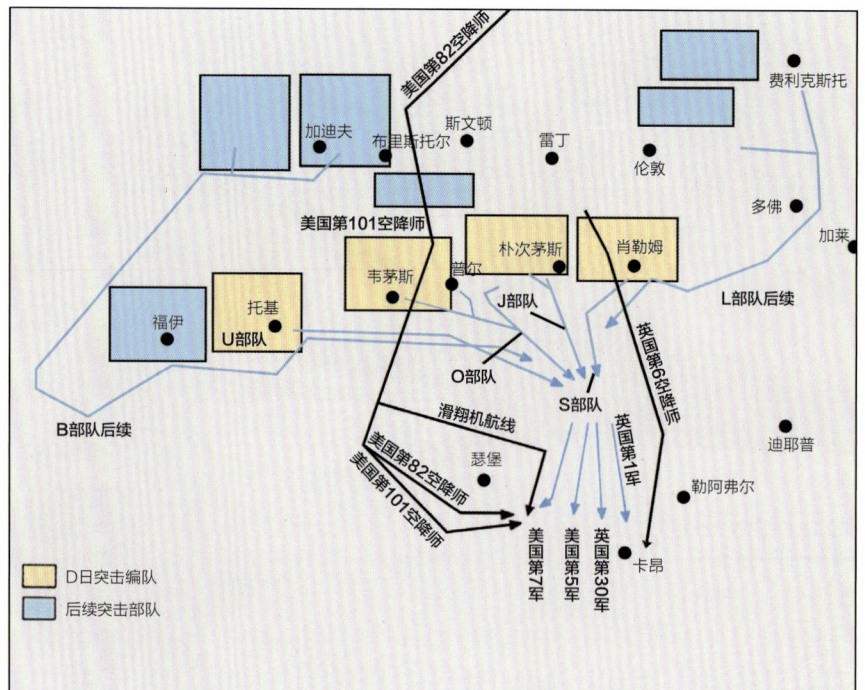

美国第82空降师

斯文顿

费利克斯托

加迪夫

布里斯托尔

雷丁

伦敦

多佛

美国第101空降师

韦茅斯

普茅斯

朴次茅斯

肖勒姆

加莱

J部队

L部队后续

福伊

托基
U部队

O部队

S部队

英国第6空降师

迪耶普

勒阿弗尔

B部队后续

滑翔机航线

美国第82空降师

美国第101空降师

瑟堡

英国第1军

美国第7军

美国第5军

英国第30军

卡昂

- ▭ D日突击编队
- ▭ 后续突击部队

英国第2集团军

"金"海滩　　　"朱诺"海滩　　　"剑"海滩

科勒维尔

阿罗芒什　勒阿梅勒　　　拉里维耶尔

阿内勒　　　　滨海库尔瑟勒　　圣欧班

吕克

滨海利翁

克勒利　　　　杜夫尔　　　　　乌伊斯特勒昂

赫曼维尔

卡堡

巴约

梅维尔

瓦拉维尔

贝尔努维尔

朗维尔　　　英国第6空降师

卡昂

特罗阿恩

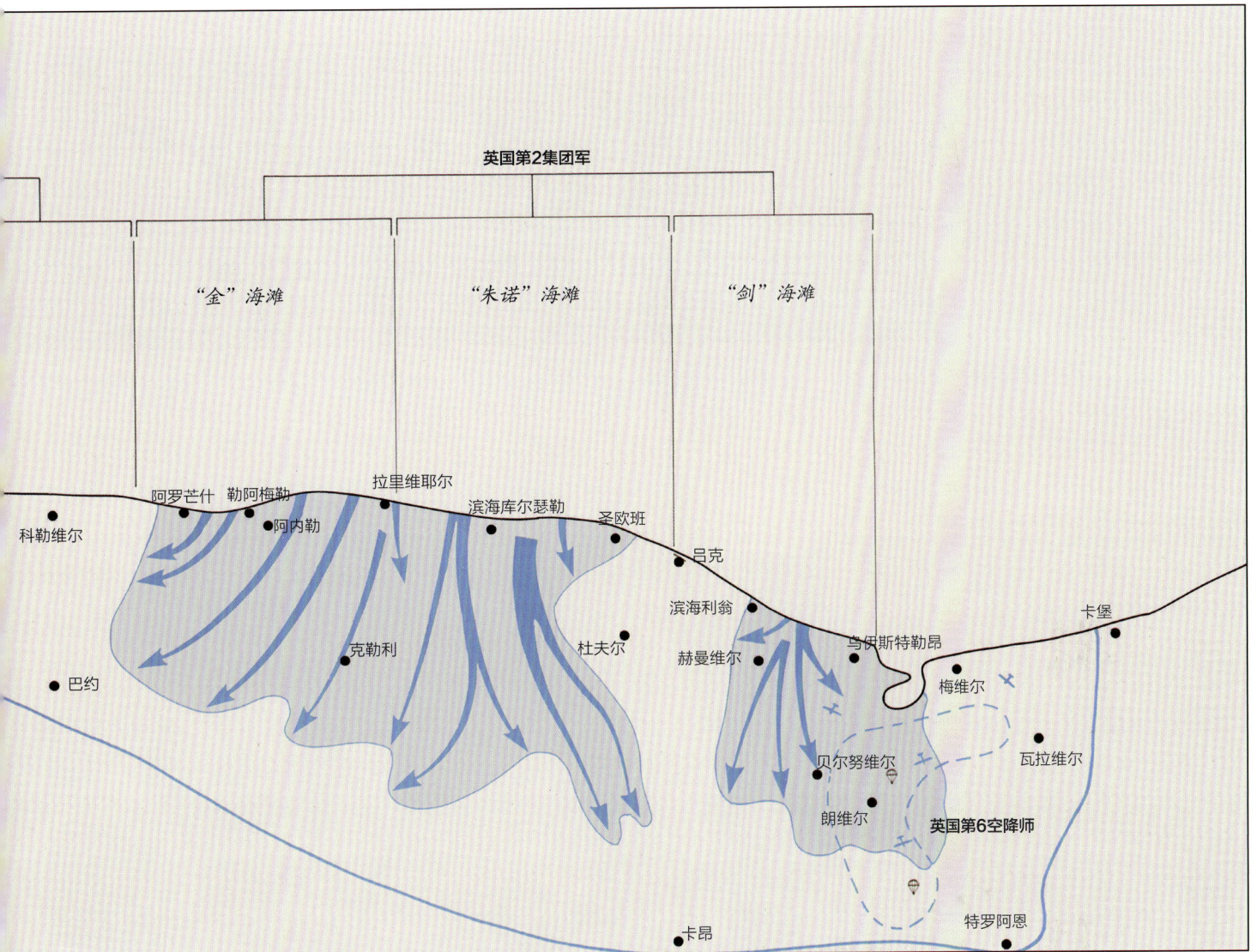

▲ 德军工兵在盟军飞机低空拍摄海滩障碍物时跑向隐蔽处。

▲ 一门德国15英寸巨炮的服役仪式，这是"大西洋壁垒"上许多该型火炮之一。

▶ "奥马哈"海滩在科勒维尔（1）和维耶维尔（2）之间延绵6千米。从建有防御工事的高地上可以俯瞰整个登陆区。诺曼底海岸的这个部分是两个美军步兵团的目标，美军将其分为6段。第116团在D区绿段（8）、D区白段（7）、D区红段（6）和E区绿段（5）登陆，第16团则在E区红段（4）和F区绿段（3）登陆。作家欧内斯特·海明威（Ernst Hemingway）在F区绿段，用文字叙述了这场屠戮。图中的箭头显示了美军部队在岸上受到压制后夺取周围高地时的移动方向。

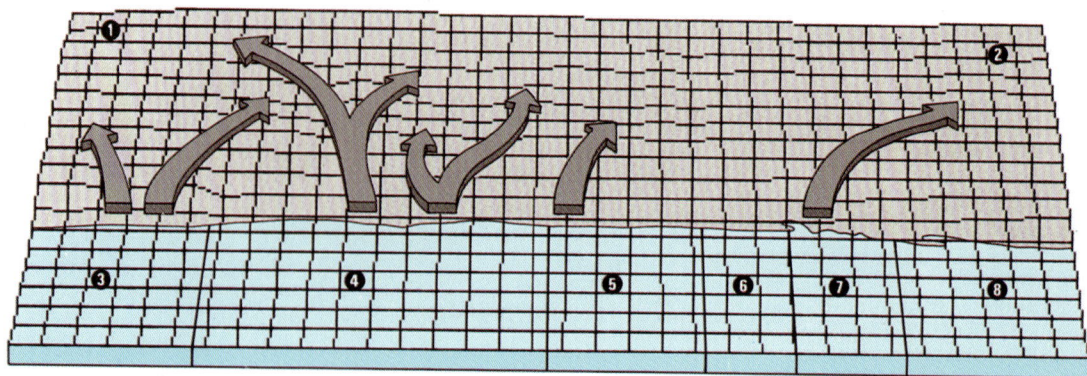

高潮位之下的海滩上随机放置着许多阻碍登陆艇的障碍物，其中一些与地雷相连（6）。图中所示的这种障碍被盟军称为"刺猬"（7）。冒着猛烈火力涉水上岸时，美军官兵利用这些障碍，在它们后面隐蔽自身。

只有少数"谢尔曼DD（双驱动）"两栖坦克（8）随第一批部队在"奥马哈"海滩的这一段登岸，它们不足以对德军的防御造成显著影响。不过，随着早晨过去，更多的坦克（9）和炮兵登陆，开始消灭敌军的火炮阵地和碉堡。

一旦上岸，横贯整个海滩的卵石堆（10）成了美军官兵在敌军凶猛火力下唯一的遮蔽物。如果他们向内陆移动，就必须在散石滩上留出空隙，让坦克和其他车辆通过。直到10时，上涨的潮水靠近卵石滩，工兵们才得以打开缺口。

一些登陆艇被炮弹直接命中而爆炸，还有一些的艇底在涨潮时被藏在水下的障碍物撕裂。爆破组只开辟了少数几条穿过这些障碍物的标记通道，因此登陆艇在岸边形成了严重的拥堵。

美军在"奥马哈"海滩上伤亡惨重，特别是红区绿段。整个海滩上都是死尸和受伤的士兵，随着海潮上涨，尸体漂在水中。岸上还散布着丢弃的装备和登陆艇的残骸。

◀ 1944年6月12日，美国陆军增援部队挤在登陆艇上，前往诺曼底。他们的兴奋与自信源于知道盟军已在法国夺取了立足点（尽管有限）。

▲ D日，英国第6空降师的伞兵在滑翔机着陆之前先行空降，守卫飞马桥附近的交叉路口。许多滑翔机在降落时损坏，但这次行动取得了全面成功。

◀ D+1日下午，坦克登陆舰在"奥马哈"海滩卸下货物和人员。大量舰船在海上等待卸载。到6月6日午夜，至少有25万名官兵在诺曼底登岸。

◀ D日，阿罗芒什的法国人向汉普郡团第1营的官兵致意。并不是所有法国人都因得到解放而大喜，因为战争破坏了他们的生活，摧毁了他们的住宅和农场，并使他们暴露在危险之中。

霍巴特的"滑稽坦克"

在第一次世界大战的加里波利战役中，登陆的步兵遭受了重大伤亡，这一事件在温斯顿·丘吉尔心中挥之不去，因此他决心在进攻欧洲时将盟军的损失降到最低。1942年8月，盟军对迪耶普的大规模袭击在海岸线上被击退，损失惨重，更加加深了丘吉尔对血腥战役的担忧。很明显，盟军需要某种专用的装甲车在步兵前面，扫清通过德军岸防措施的道路。

1943年3月，珀西·霍巴特（Percy Hobart）少将接任第79装甲师师长，奉命设计突破"大西洋壁垒"的手段。他和手下的团队全力以赴，及时地设计出一系列外形古怪但十分有效的坦克，用于D日登陆。这些装备无疑拯救了许多生命，特别是在广泛使用它们的英国登陆海滩。美军也听取了关于"霍巴特滑稽坦克"的建议，但他们只对"谢尔曼"两栖坦克感兴趣。如果部署了英国专用装甲车辆，美国陆军在"奥马哈"海滩上的惨重伤亡或许可以避免。

▶ 接受第79装甲师师长职务前，珀西·霍巴特少将在英国国民军（Home Guard）服役。霍巴特是一位装甲战专家。参谋长艾伦·布鲁克（Alan Brooke）爵士之所以任命他，是因为知道这位性情古怪的军官具备创新的天赋，这正是设计突破"大西洋壁垒"防御的专用坦克所需要的。

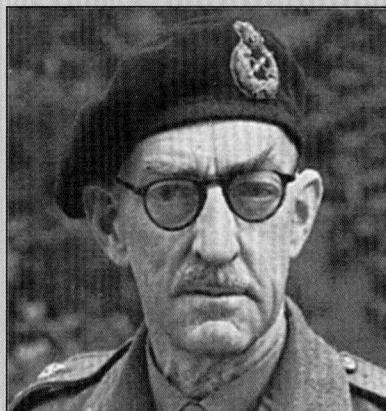

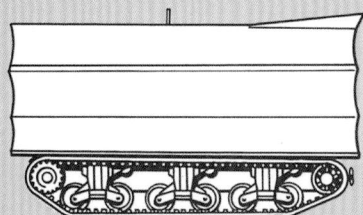

▲ 双驱动坦克。

▲ "线轴"坦克。

▲ "飞行的垃圾箱"。

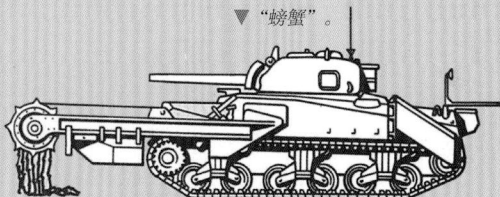

▲ 帆布罩收起的双驱动坦克。

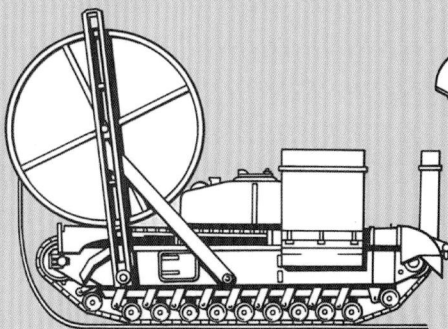

▼ "螃蟹"。

▼ "鳄鱼"。

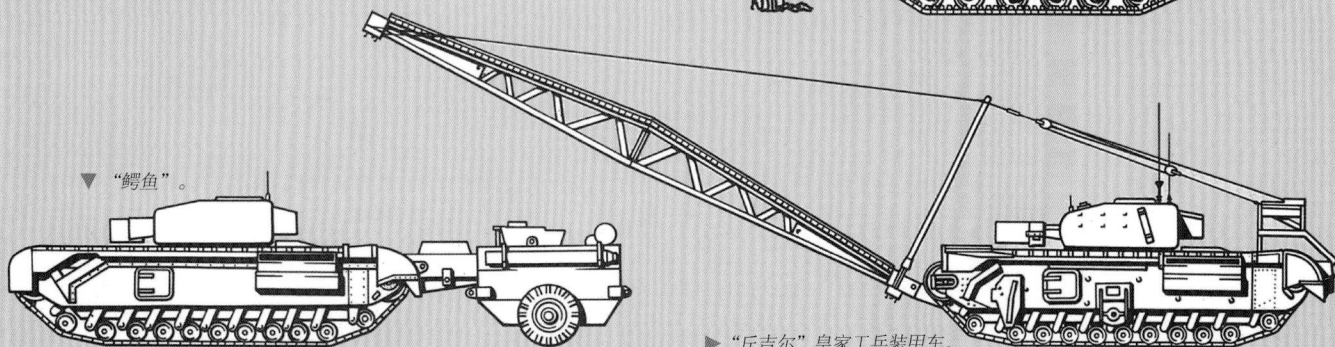

▶ "丘吉尔"皇家工兵装甲车。

双驱动坦克：这种33吨重的"谢尔曼"Ⅳ型坦克，即"会游泳的坦克"，在防水处理后成为两栖坦克，配备两个推进器和提供浮力的可充气帆布罩。

"线轴"坦克："丘吉尔"坦克经改装而来，用于在沙地或软土地上铺设路面。它们在正面悬挂的3米宽的线轴上携载34米的加固纤维垫。

"螃蟹"：这种"谢尔曼"坦克的前部装有可旋转的锁链，是一种有效的"扫雷舰"。在一个小时内，它可以清除出一条3米宽、2.5千米长的小路。

"丘吉尔"皇家工兵装甲车："丘吉尔"坦克的这种改型运载一座承重为40吨的小型箱梁桥。它可以在30秒内架桥于9米宽的缺口上。

"飞行的垃圾箱"：这种"丘吉尔"坦克配备一门290毫米口径的迫击炮，可以发射18千克重、形如垃圾桶的炮弹，射速为每分钟3发。它可用于摧毁混凝土据点。

"鳄鱼"：这种"丘吉尔"Ⅶ型坦克在车身上安装有一具喷火器，射程为110米，并拖运一个1018升的油箱。

英国第6空降师的任务是掩护盟军左翼的"剑"滩，他们实现了所有目标，包括占领卡昂（Caen）运河和奥恩河上的两座桥梁的大胆行动。美军的两个空降师（第82和第101空降师）在"犹他"海滩通往内陆的位置保护盟军右翼，但他们的空降落点太过分散，伤亡大于英军。一些德军部队发现了这些空降突击，尽其所能地想要击退盟军，但令人费解的是，岸防部队却没有处于全面戒备的状态。

每一次海上登陆都定在低潮后一小时，但因为英吉利海峡的涨潮时间比瑟堡半岛一端的海滩早，美军不得不在6时30分进攻"犹他"和"奥马哈"海滩，而英军和加拿大军队必须等到7时25分，"金""朱诺"和"剑"海滩才有合适的条件。

盟军登陆部队并没有如隆美尔所愿被赶回海里。以"谢尔曼"两栖坦克为先导的美国第4步兵师在"犹他"海滩没有费太大力气就突破了"大西洋壁垒"，因为那里的守军是二线部队。美军在6月6日推进了10千米，与第101空降师会合。

在"奥马哈"海滩，美国第1步兵师的团级战斗部队在仅有的5辆两栖坦克的支援下，遭遇了诺曼底唯一富有经验的德国步兵单位——刚抵达的第352师的精准火力打击。美军拒绝了专用于在雷区中开辟道路的英国装甲车，于是在向海滩的危险冲锋中得以幸存的步兵们发现自己被困在横贯于面前的、宽度为6米的卵石堆后，而这个藏身之所并不牢靠。面对惨重的伤亡，在近岸军舰上的美军指挥官奥马尔·布拉德利将军认真地考虑了放弃在"奥马哈"登陆这一选择。然而，到11时，他的步兵不断向德

军阵地靠近，最终突破防御，直抵海岸公路。

于7时25分对阿内勒（Asnelles）和拉里维耶尔（La Riviere）之间的"金"海滩发动进攻的英军部队由第50步兵师和第8装甲旅组成，后者的坦克猛烈打击德军防御工事。最激烈的战斗发生在勒阿梅勒村（Le Hamel），守卫那里的是德军精锐第352师的一个分遣队。但很快，英军就在"金"海滩建立了纵深13千米的滩头阵地。

在库尔瑟莱（Courseulles）渔村两侧延伸的"朱诺"海滩，加拿大第3步兵师涉水上岸时遇到了有力的抵抗。因为海况不佳，坦克登陆困难，加拿大军队一开始得不到装甲支援，但他们还是粉碎了敌军的抵抗，并向内陆推进了11千米。最后一个盟军登陆区域"剑"海滩从滨海利翁（Lion sur Mer）延伸到乌伊

斯特勒昂（Ouistreham）的奥恩河口。在那里，英国第3师和第27装甲旅攻克了所有海滨据点，击退了一次反攻，并建立了宽度和纵深均为10千米的防线。

6月6日结束时，盟军已有超过15万官兵及其装备上岸，占领了德占法国大约207平方千米的土地。考虑到行动的规模，他们的伤亡很小——大约6000名美军官兵和3500名英国、加拿大官兵阵亡或负伤。

德军拥有许多不利因素：隆美尔和其他高级指挥官在盟军发动猛攻时远离前线；由于运输工具短缺，他们的步兵无法迅速部署；相互矛盾的命令导致唯一靠近海岸的装甲师徒劳往返。与此同时，由于没有人愿意叫醒熟睡中的希特勒，告诉他盟军进攻的消息并请求批准投入坦克增援部队，其他3个装甲师被闲置了。

英军在"金"海滩的登陆始于6月6日7时25分。在右翼的勒阿梅勒，汉普郡团第1营A连和B连率先上岸；20分钟后，C连和D连登岸。他们靠近德军强大的滩头防线时，遭遇了猛烈的炮兵和轻型武器火力。如果不是坦克的支援，这次登陆就会被德军第352师各部击退，其中尤以"霍巴特的滑稽坦克"表现最为突出，它们使汉普郡团士兵能够在重兵把守的勒阿梅勒村以东的铁丝网和雷区中打开一条缺口。

对汉普郡团来说，勒阿梅勒是个难以对付的目标，那里有着诺曼底海岸的典型地形：平坦的沙滩，周围则是低矮的沙丘带，一条缓坡通向海堤和内陆的高地。

德军的炮兵阵地对海滩形成了交叉火力。在东端的勒阿梅勒，有一个隐蔽的75毫米炮炮台（8），可以纵向打击整个海滩。俯瞰海岸的每座建筑物中都有机枪手和步枪手。勒阿梅勒的三面各有一条反坦克壕保护。

德军将这一地区改造成了要塞。海滩上布设了大约2500个障碍物，大部分是"四面体"（2），一种0.8米或1.2米高的钢质三角锥。这些障碍物嵌入沙层中，高潮时无法看到，可以撕裂登陆艇的底部。在沙坡顶上，混凝土墙前面布设了连续的铁丝网（7），这道墙连接了多个据点，它们得到了更多铁丝网和雷区的保护。

登陆的5辆扫雷坦克（3）中，有4辆在开往勒阿梅勒途中被摧毁。由于海况不佳，两栖坦克无法"游"上岸，直到坦克登陆艇冲滩才将它们送上岸。因此，汉普郡团官兵暂时失去了重武器的支援，而且，无线电通信中断，导致他们无法呼叫海军舰炮支援。

坦克——"谢尔曼"（4）和"滑稽坦克"（1），由坦克登陆艇（5）送上岸。在扫雷坦克扬起沙子引爆地雷的同时，"线轴"坦克在松软的黏土上铺设垫子。架桥坦克在海滩上忙碌，用狭窄的箱梁桥跨越弹坑和反坦克障碍。

C连和D连（6）以海堤作为掩护。他们在勒阿梅勒以东集结，于9时通过沿海铁丝网和雷区带上的一个缺口，占领了阿内勒村。

勒阿梅勒建有坚固的防御工事，先前的空袭和炮击没能将其摧毁。汉普郡团官兵从阿内勒实施包抄，15时左右（登陆后8小时），他们在一场激烈的逐屋争夺中占领了这个村庄。

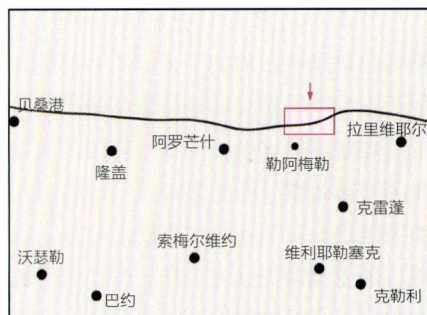

尽管绝大多数证据都与此相悖，希特勒、隆美尔和德军最高司令部的其他人都确信，诺曼底登陆只是对加莱海岸主攻行动的辅助。德军最精锐的第15集团军被留在了布洛涅周围，最终只调动了装甲兵去面对登陆部队的冲击。很快，随着盟军加强对诺曼底的控制，德军意识到了自己的错误。

只有希特勒一个人仍然不愿意相信这一事实，坚信大规模攻击将从英吉利海峡的最短路径发起。为了对抗这一攻击，他命令动用第一种"报复武器"（Vergeltungswaffen）——V 1飞弹。6月13日，第一批2000枚V 1飞弹袭击了伦敦居民区，一场对盟国军事行动毫无影响的恐怖袭击开始了。如果这些飞弹瞄准向诺曼底运送补给的朴次茅斯或南安普顿等港口，或许能够影响战役的走向。

尽管盟军在D日后的推进速度减慢到龟速，特别是受到德军利用法国乡村树篱地貌展开的伏击影响，但伦德施泰特和隆美尔都意识到，他们的唯一希望是后撤组成一条新的防线。然而，希特勒拒绝接受这个建议。6月18日，美军控制了科唐坦（Cotentin）半岛，切断了防御坚固的大港瑟堡。次日，由于英吉利海峡80年一遇的夏季风暴摧毁了美军的"桑葚"人工港，并对英军的"桑葚"港也造成了破坏，夺取瑟堡的码头成了必要之举。

6月底，英美军队的进展仍然有限，此时，伦德施泰特和隆美尔再次请求希特勒允许他们向塞纳河实施战略撤退，但希特勒拒绝了。

伦德施泰特勃然大怒，7月2日，他评论道，德军在诺曼底能做的唯一理智的事情就是求和，这导致他被陆军元帅京特·汉斯·冯·克鲁格取代。

尽管德军装甲兵积极抵抗，但盟军已开始冲出其防线。7月9日，英国和加拿大军队最终夺取卡昂，这实际上是登陆首日的目标之一。一周之后，南面的美军夺取了重镇圣洛（St Lo）。现在，突破已经万事俱备。

法国抵抗运动

法国抵抗运动成员对盟军的价值体现在两个方面。首先，他们人数众多，据说仅在"大西洋壁垒"沿线，就有约5万名该组织成员。尽管每个人都只能提供少量情报，但将其收集起来并通过英国军情六处（MI6）送到伦敦的情报小组，仍然有助于合成一幅可靠的德军部队部署和防御工事分布图。偷拍的照片、偶然中听到的谈话、观察到的部队调动都向伦敦报告。

然而，法国抵抗运动并不是在统一指挥下的单一实体，而是由迥然不同的各种群体组成的，他们最关心的不仅是（或者说主要关心）协助盟军作战，还有为在法国解放后取得权力而争夺有利位置。法国抵抗运动还有另一个更雄心勃勃的目标：将他们的部队打造成一件战略武器。盟军登陆前的几个月，在整个法国，特别是北部地区，抵抗运动战士炸毁桥梁，使火车出轨，并刺杀德国军人。这些努力常常与英国和自由法国特工协调进行，后者乘坐飞机跳伞降落，带来武器和补给。

在所有被占领国家中，爱国者们反抗德军，冒着被停后遭到酷刑且可能被处决的危险，他们的地下活动有时还会导致整个社群遭到德军报复。

◄ D日之前不久，盟军轰炸机加强了对法国铁路系统的袭击，炸毁了塞纳河、厄尔河和卢瓦尔河上的一些重要公路桥梁和铁路桥梁，这些桥梁形成了拟议中立足点的边界。法国抵抗组织也摧毁桥梁、伏击德军部队并使火车出轨，进一步阻碍了德军部队和坦克的调动。

指挥官

▲ 克鲁格　　　▲ 伦德施泰特　　　▲ 莫德尔　　　▲ 艾森豪威尔　　　▲ 利-马洛里　　　▲ 特德

陆军元帅**京特·冯·克鲁格（1882—1944）**曾在入侵苏联期间担任德国中央集团军群司令，1944年短暂地指挥了西线的德国陆军。尽管克鲁格对希特勒十分顺从，痴迷于后者的人格魅力，并对其早期的军事胜利感到敬畏，但他还是卷入了1944年7月企图谋杀希特勒的事件中而被撤换，最终于8月18日自杀身亡。

陆军元帅**格尔德·冯·伦德施泰特（1875—1953）**在苏联作战后，于1942年被调到西线担任总指挥。除了1944年7月到9月的短暂时间之外，他一直担任这个职务到战争结束。伦德施泰特与他的下属——驻法国北部的B集团军群指挥官、陆军元帅隆美尔之间存在矛盾。隆美尔认为必须在海滩上阻止盟军的进攻，相反，伦德施泰特坚持应该在内陆遏止和消灭攻击部队。

与出身贵族、蔑视纳粹且不愿卷入政治的伦德施泰特不同，陆军元帅**瓦尔特·莫德尔（1891—1945）**是顽固的纳粹分子，也是希特勒最喜爱的指挥官之一。他在东线担任过多个指挥职务，1944年在华沙附近过止了苏军的攻势，并在法国接替克鲁格担任西线总司令。法莱斯惨败后，莫德尔指挥德军撤退，后来他还负责防御阿纳姆。1945年，他在大势已去的情况下自杀身亡。

敦刻尔克和珍珠港惨败之后，盟国任命了更年轻的新指挥官。诺曼底登陆时的盟军最高司令**德怀特·D.艾森豪威尔上将（1890—1969）**就是一个杰出的范例。1942年之前，他一直是名参谋军官，从未指挥部队作战，尽管如此，他还是负责了北非的"火炬行动"和后续在突尼斯和意大利的战役。他对被任命指挥"霸王行动"而感到惊讶。之所以将这个任

务交给他，是因为他的大胆，他的独创思维，他的品格力量和压力之下的冷静，以及他确保下属高级将领之间合作的能力。

特拉福德·利-马洛里爵士（1892—1944）指挥诺曼底登陆中的盟国远征军空军。与艾森豪威尔不同，他引发了很多人的敌意，还与美军将领产生了冲突，而且常常显得犹豫或悲观。1944年，他因飞机失事身亡。

同为空军指挥官，**亚瑟·特德爵士（1890—1967）**的性格完全不同，他头脑冷静、机智风趣，可以为了盟国的事业无休止地工作。他曾在中东指挥英国皇家空军（1941—1943），后成为艾森豪威尔将军的副手。

◀ 盟军登陆之前，美国第9航空队的A20"波士顿"重型轰炸机袭击了奥克角上部署了6门大炮的德军炮台。对德国持续施加压力的任务长期以来一直由航空兵部队承担，事实上，攻方和守方都认为，如果没有压倒性的空中优势，在法国登陆是不可能的。约翰·埃尔曼（John Ehrman）在他的《大战略》（Grand Strategy）一书中写道："如果没有削弱德国空军的能力，以及陆上行动的大面积延迟，这次突击可能早已失败。"战后，格尔德·冯·伦德施泰特简洁地评论道："这是空军的问题，空军的问题，还是空军的问题。"到1944年6月，德国空军几乎被清除出了天空，数量更多、武器更先进的盟军飞机所起的作用，正是1940年对低地国家和法国发动闪电战时德国空军所起的作用。它们空投伞兵和补给，搜索并摧毁敌方防御工事，破坏公路和铁路，使德军在运送增援部队时遇到了巨大的困难。

蒙哥马利计划于7月18日从卡昂向南面的法莱斯（Falaise）发动大规模进攻。除了沉重打击敌人之外，蒙哥马利的目标是吸引在圣洛地区与布拉德利正面交锋的德军部队，使后者可以粉碎削弱后的德军防御。随后，令德军万分沮丧的是，7月17日，隆美尔的指挥车遭到盟军飞机的扫射，他本人受了重伤。

蒙哥马利的进攻（代号"古德伍德行动"）没能取得全面胜利。大规模空袭和海军舰炮轰击没能压制住德国装甲兵和炮兵，后者击毁了400多辆英军坦克。在大雨使装甲兵停止行动之前，德军已开始调动增援部队。

此后不到一周，布拉德利趁着好天气，在圣洛周围发动闪电攻势，实现了预想中的突破。乔治·S.巴顿（George S. Patton）少将率领新组建的美国第3集团军拥入这一缺口，左翼的一个纵队向北绕到德军防线之后，另一个中队则西进布列塔尼。

不久之后，克鲁格和手下的将军们收到了一个可怕的消息：希特勒命令他以所有可用的装甲力量——大约250辆坦克，在步兵增援下对这一地区发动反攻，而这一地区的三面都已被封锁，北面有英国和加拿大军队，西面和南面有美军。美军部队迅速开向法莱斯与加拿大军队会合，从北面逼近疲惫不堪、几乎就要投降的敌军的最后一条撤退路线。然而，加拿大军队没能在德军开始撤退前抵达。尽管伤亡和破坏十分严重，但可能有多达3万名敌军设法逃脱，其余5万人于8月22日最终投降。

1944年8月中旬，德国第7集团军和第5装甲集团军残部处于被从南、西、北三面逼近的盟军部队包围的危险之中。唯一逃脱的路线是通过法莱斯以南19千米宽的一个缺口，这个缺口正在被迅速堵上。

到8月19日，撤退德军的唯一出路是北面的圣朗贝尔（St Lambert）村和南面的尚布瓦（Chambois）村之间的一条3千米宽的通道，迪沃河从这条通道穿过。德军在这里的损失十分惨重，以至于他们称这一地区为"死亡走廊"（Korridor des Todes）。

迪沃河（5）在圣朗贝尔地区只有3个渡河点：圣朗贝尔村（1）外围的两座小桥（4）和穆瓦塞（Moissey）的河中浅滩。虽然迪沃河道很窄，但它却有高达2.5米的陡峭河岸，车辆无法通行。

各种车辆（2）——从马车到"虎"式坦克——堵住了狭窄的道路，形成的瓶颈为盟军炮手和飞行员提供了静止目标。

英国皇家空军的"台风"式战斗轰炸机（3）能够发射火箭，猛烈打击逃窜的德军。它们先轰炸纵队的头尾两端，然后扫射陷在中间的车辆。

德军纵队缓慢通过缺口时，还要承受南面的波兰炮兵阵地和北面的加拿大炮兵阵地的火力（6）。事实上，盟军巡逻队于8月19日就发现了目标，但直到21日，剩下的德军才最终被围。

缺口被封住后，这条通道上散布着252门被丢弃的火炮、1778辆卡车、669辆汽车、157辆轻型装甲车和187辆坦克（突击炮）。德军有1万人死亡，5万人被俘。据估计，有3万人从这个不断缩小的缺口逃走。

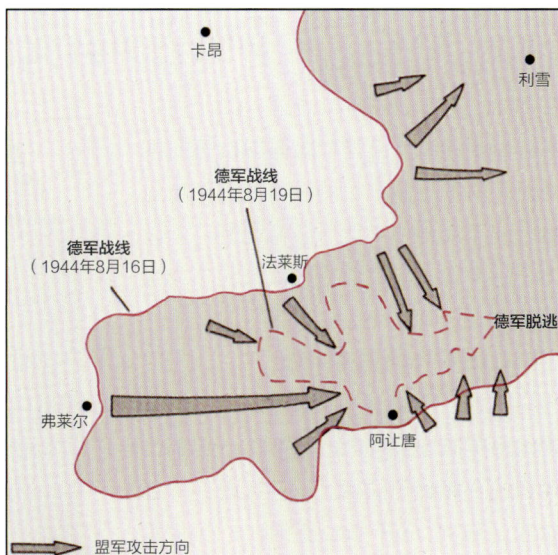

阿纳姆战役，1944年9月

1944年9月，盟军向德国西部的推进因补给不足和德军的顽强抵抗而止步时，陆军元帅伯纳德·蒙哥马利爵士设计了一个在圣诞节前打败敌人的宏大计划。这一计划需要大量使用空降部队，英国第1空降师将起到关键作用。

当时，蒙哥马利率领的第21集团军群（由英国第2集团军和加拿大第1集团军组成）距离德国两大工业区之一的鲁尔区已不到160千米；乔治·巴顿将军和他的美国第3集团军与另一个重要工业区——萨尔区的距离也相仿。然而，这两位备受争议的指挥官都因为燃料和物资紧缺而导致装甲部队的进攻受阻。每个人都知道，谁能优先得到补给，谁就能得到先进入德国的荣耀。

蒙哥马利摒弃了一贯的谨慎，于9月10日向盟军最高司令德怀特·D.艾森豪威尔提出了一个大胆的计划：在这周末之前通过荷兰的"后门路线"进攻德国。

本质上，蒙哥马利想让空降部队在荷兰被占领土地东部着陆，夺取连接艾恩德霍芬（Eindhoven）和阿纳姆（Arnhem）的主干道上的5座桥梁，保持一条103千米的"走廊"畅通无阻，直到英国第2集团军的地面部队能够从当前所在的比利时—荷兰边境阵地开来。蒙哥马利认为，从阿纳姆不难包抄德军西部边防的侧翼，突入鲁尔区。

艾森豪威尔并没有完全被说服，但他同意了这一计划。尽管身在法国东部梅斯（Metz）的巴顿十分恼火，蒙哥马利仍然开始紧张、复杂地制订攻击计划，该行动将于9月17日（星期天）开始。这一行动的代号是"市场花园行动"（Operation Market Garden），其中"市场"代表攻击行动的空降部分，"花园"则代表步兵和装甲兵的任务。

在参加行动的部队集结之前，高级指挥官就表达了疑虑。罗伯特·厄克特（Robert Urquhart）少将奉命夺取蒙哥马

▲ 9月17日，在从英国机场起飞执行阿纳姆空降任务之前，盟军第1空降集团军的英国官兵在分配的C-47飞机座位上拍照。

▲ 乘机升空的美国伞兵表现出了与英军官兵一样的自信和兴奋。随同伞兵行动的新闻记者都谈到了他们高昂的士气。身穿陆军制服、头盔上有美国红十字会徽章的是新闻组织的现场主管（左三）。这些人随同美军部队完成任务，起到了顾问和知己好友的作用。

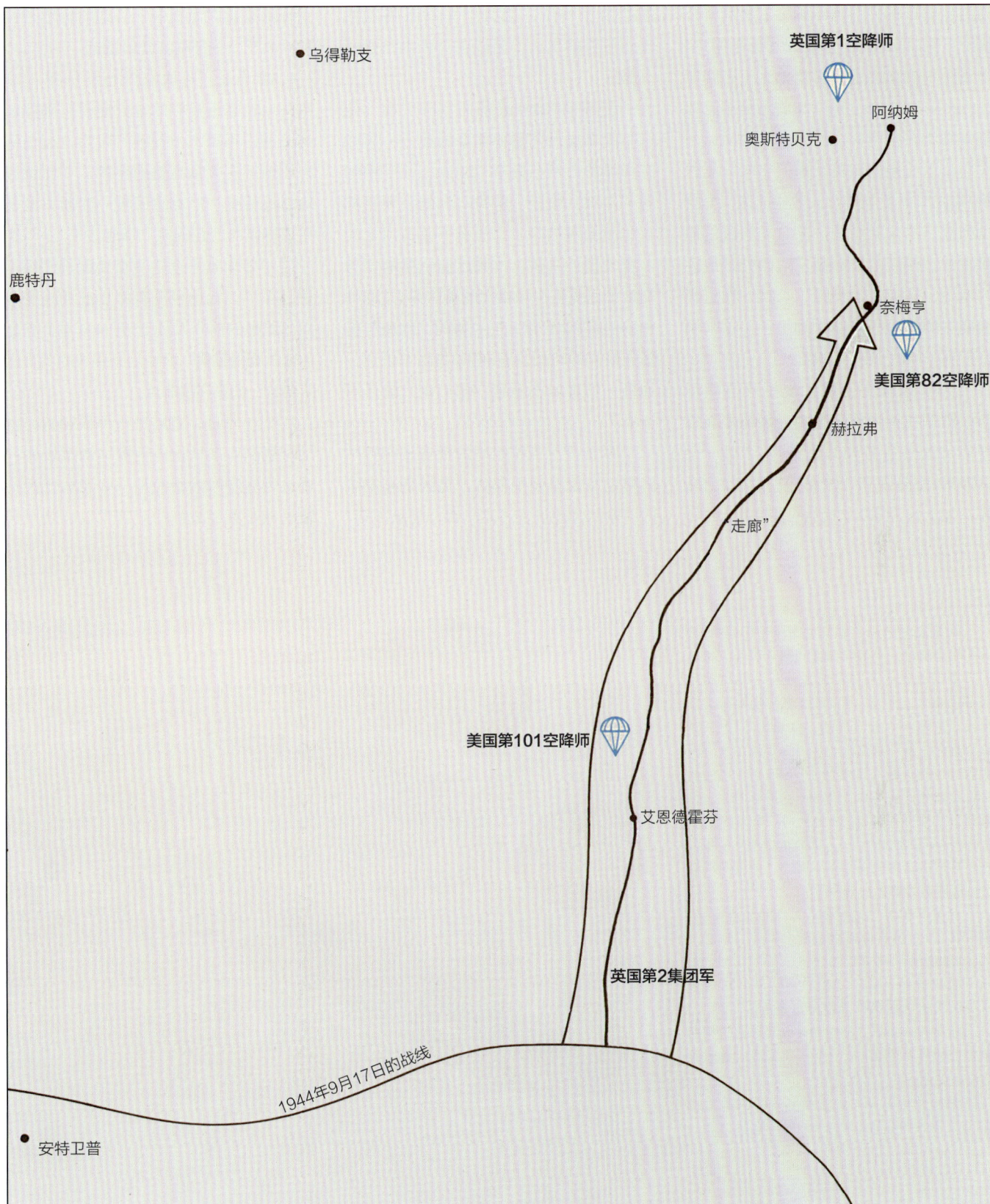

到1944年9月初，盟军在一条宽阔的战线上逼近莱茵河。随后，后勤问题凸显出来：补给变得稀缺，因为它们要从遥远的诺曼底港口运来。因此，蒙哥马利没有足够的资源通过荷兰突入德国的鲁尔工业区，巴顿将军的美国第3集团军也同样无法突破萨尔，向美因河畔的法兰克福（Frankfurt am Main）推进。由于无法同时满足两位指挥官的需求，艾森豪威尔将军采取了折中方案，不给任何一个盟军先锋部队优先权。德军的抵抗加强，很快使盟军两翼的进攻都停了下来。

蒙哥马利设想了一个大胆的计划：在敌后空投3个空降师，占领艾恩德霍芬到阿纳姆公路上的桥梁，以加速向鲁尔推进。他料定，此举将建立一条"走廊"，使他的第2集团军能迅速奔向德国边境。但一系列的不幸事件和误算导致这一极具想象力的计划变成盟军的一场惨败。

142

利的主要目标——阿纳姆的下莱茵河公路桥，他后来在战记中记录了盟军第1空降集团军副指挥官弗雷德里克·布朗宁（Frederick Browning）中将与陆军元帅蒙哥马利在空降突击开始之前的最后一次会议上交换的意见。布朗宁问，英国第2集团军需要花费几天才能抵达，为空投到敌后的伞兵解围。蒙哥马利自信地回答："两天。"布朗宁边研究该地区的地图，边说："但是，长官，我想我们要去的那座桥可能太远了。"这个预言不到一周就得到了应验。

为了这次史上最大规模的空降行动，盟军在英国疯狂努力，集结并准备好5000架各种各样的飞机。3个师——英国第1空降师和美国第101、第82空降师，加上波兰第1伞兵旅，将在3天内降落并接受补给，因为空军高级将领估计，他们的飞机不足以在一天内空投所有部队。

美国第101空降师的空降区在"走廊"南端靠近艾恩德霍芬的地方，第82空降师将占领奈梅亨（Nijmegen）中间的"走廊"中段。蒙哥马利的主要目标在北面的阿纳姆，那里有下莱茵河上的一座大型公路桥，占领这座桥梁的任务交给了厄克特少将指挥的英国第1空降师和波兰第1伞兵旅。厄克特的"红魔"将坚守最长的时间，直到第2集团军抵达，如果一切进展不顺利，他们也只能孤军奋战。

尽管荷兰抵抗组织的报告表明阿纳姆附近有德军装甲部队，英国皇家空军的侦察照片也证实了这一点，但英国第1空降师官兵在简报会上听到的仍然是：预计只有二线部队的微弱抵抗。

接下来，每次空降行动的第一准则——在靠近目标的地方空投以确保出其不意，不得不被打破，因为飞行员认为该地区有大量高射炮保护，不愿意冒险靠近桥梁。厄克特的唯一变通方案是在目标以西的开阔地上降落。

尽管出其不意这一重要因素已经不复存在了，行动也没有停止或者改变方案。该师的部分人员于9月17日早上登上运输机和滑翔机，升空后与强大的英美机队会合，向东飞往荷兰。

正午刚过，登陆进行得很顺利，也没有遇到太多抵抗。但盟军情报机构一直认为驻守阿纳姆的是一些老弱残兵，结果却是久经战阵的武装党卫队装甲兵

英军在阿纳姆的空降突击始于1944年9月17日13时刚过。伞兵空降先遣组（绰号"探路者"）首先抵达已标记的着陆区——阿纳姆以西10千米。随后，第1机降旅的滑翔机满载步兵、火炮和吉普车降落，接着是第1伞兵旅的伞兵们。第一批空降部队着陆于沃尔夫海泽（Wolfheze）和海尔瑟姆（Heelsum）之间的一块平坦的开阔地上。滑翔机的降落总体上很顺利，"霍萨"（3）和更大的"哈米尔卡"（Hamilcar）滑翔机（6）上的机组人员和搭载的官兵们迅速卸载其装备。然而，并不是所有滑翔机降落时都平安无事（5）。

被英军称为"达科他"的道格拉斯C-47运输机（1）用于运送伞兵到伞降区。这些飞机也用作滑翔机的牵引飞机。

主攻开始之前，小股伞兵空降到阿纳姆以西，用彩色发烟信号弹标记着陆区（2）。

随伞兵一同飘在空中的是大群红色、褐色和黄色的降落伞（4），颜色代表了所携带的补给品类型。

伞兵开始空降时，滑翔机中的步兵前移（7），以占据着陆区周边的防御阵地。

和一个装甲掷弹兵营，后者配备了试验性的多管火箭助推迫击炮。

德军的进攻被第1机降旅击退，后者的任务是保卫着陆区和伞降区，供次日早上的第二拨机降部队使用。与此同时，第1伞兵旅的3个营着手夺桥，每个营沿着不同的道路前进。他们的行进因为一群群兴奋的荷兰民众而减缓，人们给英军官兵送来水果和饮料，欢迎这些解放者。官兵们穿过树木茂盛和建筑物众多的区域时，发现电台出现了故障，这一严重情况对作战和最终的结果产生了很大影响。第1空降师各部不仅在一场大混战中失去了相互之间的联系，也无法与外界联系。

伞兵旅第1营和第3营沿着主干道进入阿纳姆，很快就被猛烈的敌军火力阻挡。但约翰·弗罗斯特（John Frost）中校的第2营取道河边的一条辅助公路，推进很快。德军抢在弗罗斯特之前炸毁了一座铁路桥，上游的一座小型浮桥也无法使用，但伞兵的主要目标——公路桥仍完好无损。夜色降临时，弗罗斯特及其手下开始在俯瞰该桥北面长引桥两侧的房屋中建立阵地。

英军英勇作战，试图夺取重兵把守的该桥南端，但被德国装甲掷弹兵击退，不过英军伞兵占据桥北端这一事实，已经足以给武装党卫队第2装甲军军长威廉·比特里希（Wilhelm Bittrich）中将带来大难题。他希望迅速从该镇调走一个师，协助击退盟军对奈梅亨的进攻，同时又企图用东面的一个小渡口调动一些坦克到南岸。这是一个极其缓慢的过程，因此他下令手下不惜一切代价肃清这座桥梁。

很快，顽强的武装党卫队官兵一次又一次地试图将英军逐出阵地，弗罗斯特的第2营卷入了一场激烈的枪战。英军伞兵以精准的火力消灭了由22辆指挥车和半履带车组成的、从南端发动强攻的德军纵队。在炮兵火力打击下，桥北端周围的房屋要么起火，要么土崩瓦解，地窖里则满是死者和伤员。

伞兵装备

英国伞兵团的一位中士全副武装，准备空降到阿纳姆。除了降落伞、备用伞、武器（9毫米"斯登"冲锋枪或0.303英寸李-恩菲尔德4号步枪）、弹药和背囊之外，每名伞兵还将额外携带战场装备或补给。这名军士有一只容纳轻机枪的大手提箱，他从飞机上跳伞后，可以用右手拉动手柄，使这个容器悬挂在他身下6米处，先行落地。许多英军伞兵携带超过45千克的笨重载荷，因此为难以爬上飞机而抱怨不已。

▶ 在阿纳姆伞降区，一名英军伞兵准备打开补给容器。成百上千个这种坚固的金属容器（通常长度约为1.5米，外径为0.6米）与伞兵团官兵同时从飞机上空投，里面装着武器、装备或物资。

◀ 英国第1空降师在阿纳姆使用的最重型野战炮是皇家炮兵第1轻型炮兵团的75毫米榴弹炮。图中看到的这门火炮在和炮手一起着陆后不久即参加了战斗。

参加行动的滑翔机

滑翔机一直不在英美军事思想的视野之中，直到1940年，德军在对比利时埃本-埃马尔要塞的袭击中使用这种装备并取得了巨大成功。不过直到1942年，英国才开始实际使用无动力空中运输，美国则在1943年才让滑翔机参加战斗。

英国滑翔机的杰出代表是能运送一个排的步兵或3吨装备的"霍萨"滑翔机和运载量大一倍的"哈米尔卡"滑翔机。

美军偏爱由福特汽车公司大量生产的体型较小的"韦科"（Waco[①]）滑翔机。

这种滑翔机有两个型号，其中一个型号能运送9名官兵，另一个型号体型更大，可以运送15名官兵。

滑翔机在1944年盟军进攻欧洲时被广泛使用，大部分由木材制成，仪器、仪表都尽可能简化。在旅程的大部分时间里，它们都由一架"牵引"飞机拖带，以较低的速度飞行，这段时间它们颠簸得很厉害。不过，一旦滑翔机被释放，它们就变得更加容易操纵，飞行员往往能准确、顺利地着陆，不会遇到太大的困难。尽管如此，还是发生了一些事故，其中许多次

都是致命的，因为滑翔机很脆弱。滑翔机经过专门设计，只要去除8个开口销，机身就可以从机翼后方分开，迅速卸载装备。在实践中，吉普车和拖车可以在两分钟之内卸载，但在阿纳姆，许多滑翔机在着陆时损坏，卸载变成了漫长而艰难的操作。

①译注：Waco是"俄亥俄州韦佛飞机公司"的缩写。

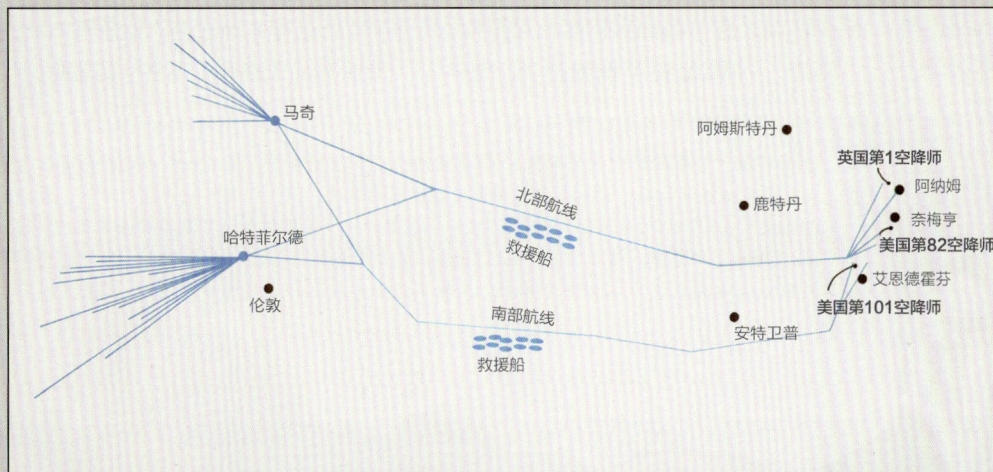

◀ 第一拨运输机和滑翔机（总数大约2000架）运送1900名官兵及其装备，从英格兰的基地出发，飞往目的地。航线共有两条。前往阿纳姆的英国第1空降师和前往奈梅亨的美国第82空降师飞的是北部航线，各部队在剑桥郡（Cambridgeshire）上空会合，从鹿特丹以南进入荷兰，旅途中有129千米在敌占区上空。美国第101空降师飞的是南部航线，各部队在赫特福德郡（Hertfordshire）上空会合，进入比利时境内后转向北方，到达艾恩德霍芬，这条航线只有97千米在德占区上空。

▲ 英国第1空降旅的官兵将一辆吉普车装入"霍萨"滑翔机。"霍萨"不仅能够运送吉普车，还能运送拖车或轻型火炮，如果用于载人，它能够运送最多29名官兵。

▶ 一架道格拉斯C-47运输机牵引"韦科"滑翔机起飞，前往艾恩德霍芬周围的美军空降区。这种滑翔机可以运送15名官兵。

第一批官兵登陆之后不久，厄克特少将受到无线电通信故障的干扰，只得离开设在伞降区内的师部，驱车前往分散的部队，判断情况。他及时赶上了自己的副手——第1伞兵旅旅长杰拉德·拉思伯里（Gerald Lathbury）准将，后者正随第3营前进。然而，此后各处都爆发了漫长的巷战，使该师的两位高级军官无法在行动的关键阶段进行任何总体指挥。拉思伯里腿部受伤被俘，厄克特不得不藏身于一个阁楼中数个小时，才设法回到英军阵地。

得知此时师部移到了阿纳姆镇以西4.8千米的奥斯特贝克（Oosterbeek），

厄克特征用了一辆吉普车，冒着枪林弹雨赶到那里，发现因为他缺位将近40个小时，他的部下报告称他已被俘。

这段时间发生了很多事件，几乎所有都是不利的。由于9月18日（星期一）早上天气恶劣，运送第1空降师其余部队的第二次空降行动被推迟了。当这些部队最终于16时抵达阿纳姆时，德军已经在奈梅亨坠毁的一架滑翔机上找到了"市场花园"计划的副本，知道将会发生什么，并准备予以痛击。此外，重压之下的空降部队散落在一个宽阔的区域里，缺少协调，有一些部队仍然在用步枪、"斯登"冲锋枪和手榴弹抵挡"豹"

式、"虎"式坦克及自行突击炮。而最令人失望的可能是，他们没有听到任何有关第2集团军的消息，如果行动的"花园"部分按照计划推进，该集团军的前锋——近卫装甲师应该已经逼近阿纳姆了。唯一振奋人心的消息是，第2营仍然控制着桥的北端，但损失也很惨重。

星期二，情况进一步恶化。其他营竭力想要为弗罗斯特日渐衰落的部队解围，但都被增援比特里希的德军步兵和装甲兵阻挡在离桥1.6千米处。双方的伤亡都很大。

厄克特并不知道，他急需的波兰第1伞兵旅的大部因为英格兰的恶劣天气而

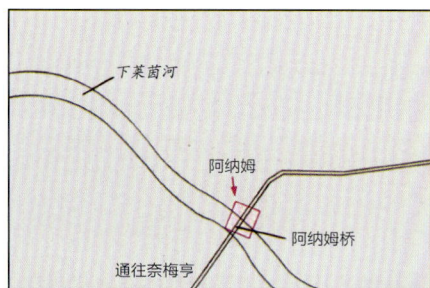

▲ 英军计划占领阿纳姆下莱茵河上完好无损的公路桥，这是"市场花园行动"的关键，并坚守到英国第2集团军的地面部队抵达。

只有约翰·弗罗斯特中校的伞兵旅第2营设法抵达了阿纳姆桥，虽然他们一度控制了北面的引桥，但很快就被德军切断。此后，德军不断发动猛烈的进攻，试图将英军逐出这一地区。最猛烈的一次进攻发生在9月18日9时30分，德国第9装甲侦察营的一个装甲纵队试图从桥的南端猛冲过桥。

德军的进攻由保罗·格拉布纳（Paul Grabner）上尉指挥，他在行动中阵亡，手下的大部分车辆都被摧毁或起火。在浓烟和爆炸声中，两辆半履带车突然转向撞断护栏（4），跌落到下方的公路上。

想要抵达桥北端的匝道，德军纵队前锋（1）就必须越过之前战斗留下的车辆残骸，以及英国伞兵布设的泰勒地雷。德军想尽办法开上了北端的匝道，但随后驻扎在西侧房屋（3）和堤岸上射击掩体（5）内的伞兵以反坦克武器、机枪和轻武器的集中火力猛烈打击了这些敌人。这道"火墙"覆盖整条道路，桥上的22辆德军车辆中有12辆被摧毁。

英军还从桥东侧的建筑物（2）上打击德军，驻守那里的是皇家工兵的埃里克·马凯（Eric Mackay）上尉和少数军属部队。尽管他们只有步枪、冲锋枪和手榴弹，但仍造成了很大的伤亡。

在战斗的喧嚣中，可以听到英国伞兵高喊"喔，穆罕默德"（Whoa Mohammed），这是1942年在北非战役中首次使用的战斗号子。这一号子使得英军官兵在逐屋争夺和瓦砾堆中激战时可以分清敌我，也能在最艰苦的局面下激励伞兵们。

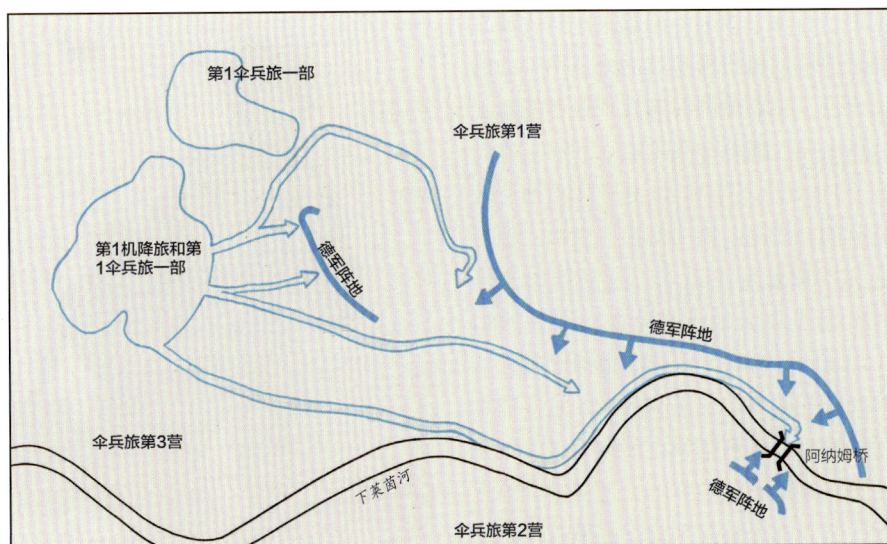

▲ 英国第1空降师的3个营从不同路线靠近阿纳姆桥：第1营在北，第3营居中，第2营在南。只有弗罗斯特的第2营抵达了目的地，但很快就被切断，其他营都被武装党卫队的部队挡住了去路。

延迟了行动，当天不能起飞。这支波兰部队的滑翔机机降单位后来从南部的机场出发，但在着陆时却发现自己置身于战场中央，遭到敌我双方火力的打击。

同一天，英国第1空降师还期待着重要的补给品。因为空投区已被占领，厄克特反复发出请求，让后续的飞机将货物投放于他设在哈滕施泰因旅馆（Hartenstein Hotel）的指挥部附近。然而，他的电台仍然有故障，这些消息没能发出。英国皇家空军飞行员以巨大的勇气穿越高射炮弹幕，运送宝贵的货物，但大部分都落入德军之手。在空投的390吨弹药、食物和医疗用品中，第1空降师只接收了31吨。

厄克特痛感部队支离破碎，损失十分惨重，只能在9月19日做出一个艰难而又不可避免的决定：孤军奋战的弗罗斯特营将不得不独自坚守，而第1空降师其余部队退守哈滕施泰因旅馆周围的防区。幸存者们将在那里抵挡敌军的进攻，等待第2集团军迟迟未到的突破。实际上，沿着他们所称的"地狱公路"攻击前进的英军坦克，就在南面仅16千米的地方。

通信兵最终设法修好了电台，厄克特立即发出了紧急请求：他希望预计于9月20日抵达的波兰伞兵不要按照计划在桥南端降落（因为那里仍在敌人手中），而是转到西面8千米的德里尔（Driel）。那里有一个仍然在用的小渡口，可以将波兰官兵运到第1空降师的阵地上，因为后者的防线有一部分在下莱茵河北岸沿线。然而，持续的恶劣天气使波兰伞兵旅的很大一部分只能留在英格兰。

在厄克特防区的中央——奥斯特贝克十字路口，敌军各种口径的武器喷吐的火力十分凶猛，以至于英军官兵称此地为"大锅"（Cauldron）。德军从各处向这条薄弱的防线施压。在阿纳姆桥下，已经负伤的弗罗斯特中校和英勇的第2营残部意识到，他们为期3天的辉煌防御战行将结束。深夜，仍能战斗的官兵打光了子弹，阵地随即被攻陷。9月21

▲ 英国伞兵的一支侦察队正在肃清奥斯特贝克房屋中的敌军狙击手。事实证明，英国"斯登"冲锋枪在逐屋战斗中非常有效，它的弹仓容量为32发，可以单发或连发射击。

▶ 英国第1空降师官兵隐蔽于弹坑中。

战斗报道

陆军摄影摄像小队的官兵拍摄了英国第1空降师在阿纳姆史诗般战斗中的照片和影片，上图是他们在战役过后安全返回英国时的合影。这些军人用最生动的战争影像，为这次行动提供了详尽的新闻报道。在第二次世界大战期间，他们中的许多人冒了和作战人员同样大的风险，并因此而负伤甚至牺牲。史密斯中士（左）在战斗中肩部负伤。刘易斯中士（右）于1940年入伍，在突尼斯战役中两度受伤。这些军队摄影人员不仅是技巧娴熟的摄影师，也是训练有素的军人和经验丰富的伞兵。史密斯在战争结束前曾18次跳伞。

盟国摄影师和电台记者活跃于第二次世界大战的各个战场，使之成为历史上报道最迅速、最全面的战争。在送达英格兰的少数详细介绍阿纳姆混战局面的重要消息中，大部分不是由军队发回的，而是由专为英国战地记者配备的英国广播公司（BBC）的电台设备发回的。

指挥官

▲ 索萨波夫斯基

▲ 弗罗斯特

▲ 厄克特

▲ 比特里希

盟军在阿纳姆的登陆和后续部署都因为运气不佳而陷入困境。波兰伞兵旅长**斯塔尼斯瓦夫·索萨波夫斯基**（Stanislaw Sosabowski，1892—1967）最初因为恶劣天气而推迟起飞。他的旅最终降落时，大部分官兵空降到了敌军阵地中，遭到痛击。

约翰·弗罗斯特中校（1912—1993）的第2营是第1伞兵旅唯一抵达阿纳姆桥的部队，但随后被敌军切断。尽管伞兵们以极大

的勇气奋战，但他们的阵地还是在三天之后失守了。

罗伯特·厄克特少将（1901—1988）是英国第1空降师和波兰分遣队的总指挥，之前从未指挥过伞兵或滑翔机作战。然而，他是一位经验丰富的步兵军官，这也是他被选中指挥这次大胆突击的原因。尽管未能取得胜利，但他在绝望的局面下表现出来的智慧和勇气堪称典范。

武装党卫队中将**威廉·比特里希**（1894—1979）是武装党卫队第2装甲军军长，他曾向上级——陆军元帅瓦尔特·莫德尔力陈应该摧毁阿纳姆桥，在他看来，这些桥梁都是盟军的目标。莫德尔不同意，坚称"不管英国人有什么计划，我们都能守卫这些桥梁"。后来，英国伞兵坚守阿纳姆桥北侧，阻止了比特里希将他的一个师调去帮助防御奈梅亨的桥梁，导致后者被盟军占领。

◀ 德国"霍亨施陶芬"师官兵靠近位于俯瞰阿纳姆镇的山上的博物馆。他们的步枪随意地挎在肩上，说明战斗实际上已经结束。博物馆被德国坦克和最后一批被围的英军伞兵封锁了。

▶ 战斗中，德国三号突击炮在步兵支援下用于肃清狙击手。车身上的波纹是防磁装甲（Zimmerit）造成的，它附着在突击炮的外壳上，以避免盟军部队在上面安放附着地雷——这是此类缺乏机枪掩护的车辆遭遇的重大危险。

日破晓，比特里希的坦克通过下莱茵河桥，面对即将到来的英国第2集团军。

周四晚些时候，波兰第1伞兵旅的1500人最终降落在德里尔，却发现等待他们的是德军，渡口无法使用。大约200名官兵游到对岸与厄克特会合，其余官兵在南岸掘壕据守。次日凌晨，距离第一次空降行动4天又18个小时，第2集团军的一个装甲车分队抵达德里尔，与在河对岸366米处坚守、遭受重创的第1空降师首次直接接触。

周六和周日，英军步兵大批出现在南岸。与此同时，厄克特所部的处境越来越困难。他们的补给几乎已经消耗殆尽，所有补充补给的努力都失败了。随后，多赛特郡团第4营奋勇渡河，却一无所获。英军重新制订计划，准备撤出第1空降师残部。9月25日（星期一）6时刚过，厄克特将军得到了撤退的命令。当晚，官兵们一边假装像往常一样布防，一边套上皮靴和装备，悄无声息地来到莱茵河畔，那里有几艘小船等待着送他们渡河。

就在官兵们的苦难即将结束时，出现了一个颇具讽刺意味的插曲：没有人预计到会有这么多人突出重围，以至于没有足够的交通工具来接应他们。筋疲力尽的官兵们在经历了8天的激战之后，还不得不行军18千米来到第2集团军在奈梅亨的主阵地。第1空降师的10005名官兵中，2163人抵达德里尔，和他们在一起的还有160名波兰官兵及75名参加了流产的解围行动的多塞特郡团官兵。他们留下的是1200名阵亡将士，此外还有6642人受伤、被俘或失踪。德军报告称有3300人伤亡，其中三分之一的人死亡。

在回忆录中，蒙哥马利坚称这次行动的失败有多重原因：最高司令部从未将空降行动当成对鲁尔区的攻击前锋，官兵们没有降落在目标上，已严重减员的武装党卫队第2装甲军意外的强大，天气也对盟军不利。然而，他深知部下付出的努力和牺牲，后来他写道："……没有几部史诗能比阿纳姆更壮丽。"

▲ 救援努力以盟军部队成功撤出而告终。9月25日22时前不久，2500名伞兵开始从下莱茵河北侧的阵地上撤出。这个夜晚漆黑而潮湿，偶尔有起火的建筑物和德军信号弹的光亮。在一片破败景象中，各个分遣队借助白色标识带前往登船地点。午夜，尽管德军持续猛烈炮袭，英国和加拿大工兵还是在南岸备好了14艘突击艇和一些更小的船只，准备撤出被围的伞兵。
在德军派遣坦克冲入英军防线，俘虏了大约300名伤员之前，有2000多名官兵撤出。许多俘虏在荷兰抵抗组织的帮助下重获自由。

德国对阿纳姆的报复

当滑翔机和伞兵开始成批降落在阿纳姆以西时，荷兰人大喜过望，因为他们似乎将从德军的占领下得到解放。人们公开穿着代表荷兰的橙色服装上街，欢迎英军。当地居民挤到官兵们周围，送上点心，却无意中减慢了他们的前进速度。

战斗结束，幸存的英军撤出后，德军采取了报复措施：他们将所有居民赶到镇外，宣布该镇为军事区。直到1945年春季，阿纳姆民众才得以返回已成废墟的家园。

◀ 维多利亚十字勋章

▲ 莱昂内尔·奎里佩尔

▲ 罗伯特·凯恩

▲ 戴维·洛德

▲ 约翰·格雷本

阿纳姆的 5 位英雄

英国为阿纳姆战役颁发了5枚维多利亚十字勋章，其中4枚为追授。上图是特伦斯·库尼奥（Terence Cuneo）的画作，描绘了约翰·巴斯基费尔德（John Baskeyfield）下士在奥斯特贝克单手操作6磅炮的情景。嘉奖令中强调了他的冷静果敢，他让每一辆敌方坦克靠近到91米之内才开火。巴斯基费尔德在阵亡之前击毁了两辆"虎"式坦克和一辆自行火炮。

罗伯特·凯恩（Robert Cain）少校 与所在的连队被切断了联系，但在坦克、自行火炮和步兵连续6天的反复攻击下得以幸存。他的勇气和卓越的领导才能避免了一个关键防区被德军占领。战后，凯恩少校回归平民生活。

约翰·格雷本（John Grayburn）中尉 是第2伞兵营的一位排长，奉命夺取阿纳姆桥。他在试图夺取大桥南端时肩部受伤，但仍坚持到撤退的命令下达。后来，他在守卫一座重要房屋时背部受伤。当这所房子无法守住时，他指挥部下安全撤退，自己却不幸身亡。

空军上尉**戴维·洛德（David Lord）** 是道格拉斯"达科他"补给飞机飞行员，他的飞机两次中弹，右侧发动机起火。但是，他两次飞越空投区，才命令机组跳伞，几秒钟后，飞机在火光中坠毁。

莱昂内尔·奎里佩尔（Lionel Queripel） 中尉和他的连队冒着猛烈的炮火向阿纳姆推进。尽管在敌人的火力下，他在将一名受伤的中士送到安全地带时面部受伤，后来双臂又受了伤，但他仍然坚持战斗，直到因为敌人的火力太过密集而不得不命令手下撤退。他用自动手枪和几枚手榴弹掩护战友撤退，但人们之后再也没有见到他。

▲▶ 德国士兵解除了被俘英国伞兵的武装，他们当中许多人都受了伤。成百上千的盟军战俘被关押到8个月后战争结束，但其中一些人设法逃脱了，荷兰人为他们提供了藏身之所。这场战役的幸存者（右图）被送回家乡休假，他们的士气仍然高涨。

突出部之役，1944 年 12 月—1945 年 1 月

1944年夏末，纳粹德国军队正在重压之下苦苦挣扎。英美军队从西面逼近德国，苏军则逼近其东部边境。盟国阵营中有许多人认为，战争将在圣诞节结束，但他们低估了阿道夫·希特勒。

希特勒并不准备保持守势，最终被盟军的优势兵力压垮。两面作战导致他的资源过度消耗，可能使他没有任何机会通过武力取得全胜，但只要赢得他所设想的一两场重大战役的胜利，就有可能创造对德国有利的局面。

试图对抗苏军毫无意义，因为它太强大了。希特勒的唯一希望在西线，那里的英美军队正在遭遇交通线过度延伸造成的补给和增援上的困难。他认为，如果能在这个战区大败盟军，就有可能与英美媾和。随后，他就能将全部注意力放在摧毁苏联上，甚至能得到此前的敌人的帮助。

9月16日，希特勒在听取西线的形势报告时产生了灵感。他敲着作战地图宣布："我将转入攻势……冲出阿登，目标安特卫普。"1940年，德军从比利时东部这个多山的森林地区发动奇袭并取得了成效，此举很可能再次奏效。

这一区域是英美主力部队前进轴线的分隔处，防御薄弱，以闪电战的风格穿越比利时夺回安特卫普港（盟军仍无法使用这个港口）将切断德怀特·D.艾森豪威尔将军业已十分脆弱的补给线，并在比利时和荷兰南部孤立陆军元帅伯纳德·蒙哥马利的第21集团军群。如果这一大胆的、名称很有欺骗性的计划——"守望莱茵"（Wacht am Rhein）执行得当，将消灭盟军20个师。

希特勒与几名信任的助手一起，花了一个多月的时间研究这个方案。他生活在自大狂妄造就的梦境之中。刚刚官复原职的西线德军总司令、陆军元帅格尔德·冯·伦德施泰特和其他高级作战军官了解到"守望莱茵"计划的细节之

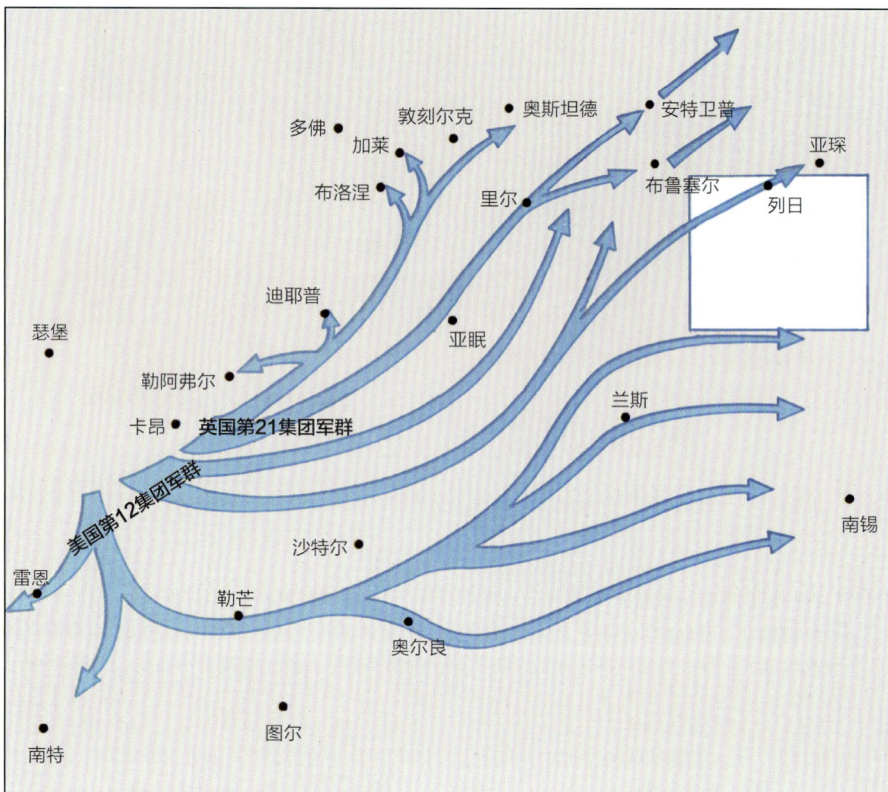

▲ 盟军于1944年8月在诺曼底滩头阵地上取得突破之后，艾森豪威尔将军决定在一条宽阔的战线上追击撤退的德军。蒙哥马利将军的第21集团军迅速穿过法国北部和比利时，但在夺取阿纳姆失败后，他们失去了进攻的势头。
与此同时，布拉德利将军的美国第12集团军群向东面和北面穿过法国。巴黎于8月25日获得解放，到9月中旬，美军已经逼近德国边境。激战之后，美军部队于11月突破"西墙"防御，夺取亚琛（Aachen），这是盟军攻克的第一个德国大城市。看起来，战争似乎马上就要结束了。

◀ 德军猛烈的大规模进攻使美军失去平衡，损失了许多装备。在这两张德国宣传照片中，上图中一名纳粹士兵指挥后续部队越过一辆被击毁的美国半履带车，下图中德军官兵在攻击的第一天迅速向前推进。速度是希特勒计划的关键因素。

列日

韦尔维耶

蒙绍

那慕尔

于伊

马尔梅迪

美国第1集团军

斯塔沃洛

武装党卫队第6装甲集团军

圣维特

迪南

普鲁姆

塞勒斯

英国第30军

德国第5装甲集团军

1944年12月25日德军推进范围

巴斯托涅

比特堡

维尔茨

德国第7集团军

美国第3集团军

讷沙托

埃希特纳赫

▲ 1944年12月16日，德军的3个集团军对阿登地区的美军阵地发动了出其不意的反攻。他们在145千米宽的战线上稳步西进，在盟军战线上形成了一个突出部。如果他们能更快地将美国第101空降师逐出巴斯托涅（Bastogne），并夺取北面的圣维特（St Vith），这个突出部就会变得更大，德军推进的范围也会更广，因为美军的这两个"防波堤"阻碍了德军的行动。

圣诞节，德国第5装甲集团军各部抵达此次突破的最远端（几乎到了默兹河），随后在盟军不断施压下后退。从蒙哥马利的第21集团军群借调的英国第30军攻击突出部末端，与此同时，美国第1集团军在北、美国第3集团军在南开始挤压德军。一个月之内，双方的战线几乎回到了德军攻击前夜的位置。

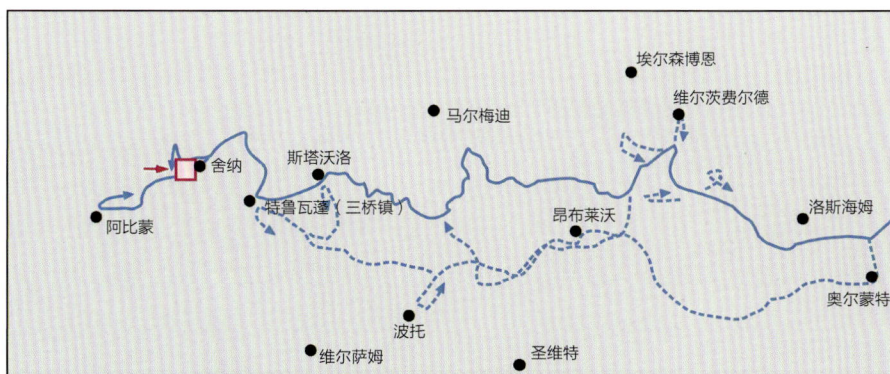

埃尔森博恩

维尔茨费尔德

马尔梅迪

斯塔沃洛

舍纳

特鲁瓦蓬（三桥镇）

洛斯海姆

昂布莱沃

阿比蒙

奥尔蒙特

波托

维尔萨姆

圣维特

▲ 示意图中的实线表示派普纵队的主要推进路线，虚线代表战斗群在南部的路线。

154

后都大为震惊。德国军队根本没有执行这种规模的任务所需的资源。

虽然德国工业界1944年的武器弹药产量创造了纪录，但无法与盟国的产出匹敌。攻击可用的坦克（第一批970辆，后续支援450辆），也少于1940年闪击法国时部署的2500辆。而且，德国不再享有空中优势，只有大约1000架战斗机、轰炸机可用，而1940年时却有2000架。此外，盟军部署的作战部队人数更多，而且可以调集可观的预备队：到攻击的第4天，美军在阿登地区的兵力增加了一倍，达到18万人。

希特勒的计划尽管从战略上看是合理的，但从一开始就注定了失败，正如伦德施泰特战后所承认的那样："对我来说，可用的部队太少了，根本无法完成如此极具野心的计划。这是一次荒谬的行动，最为愚蠢的是将安特卫普作为目标。如果我们能抵达默兹河，就应该跪下来感谢上帝了，更遑论到达安特卫普。"但希特勒一如既往地不愿听从职业军人的建议。

伦德施泰特和其他将领试图劝说希特勒发动更为适度的反攻，但他坚称自己的决定不可动摇，具体的执行就仰赖将军们了。他唯一同意更改的就是将行动日期从11月25日改到12月10日，随后又改到12月16日，以便部队有更多时间重新部署和准备进攻。他还将行动

1944年12月20日（攻击开始4天后），派普战斗群（由坦克、炮兵、自行火炮和机械化步兵组成的强大纵队）的一些单位已在舍纳（Cheneux）的昂布莱沃河（River Ambléve）南岸建立了桥头堡。他们的想法是守住这个前沿阵地，作为主力部队补充燃料之后立即恢复攻势的跳板。

然而，美军正在逼近。夺取舍纳的任务交给了鲁宾·塔克（Reubean Tucker）上校的第82空降师第504伞降步兵团。这场战斗从20日晚上持续到次日的大部分时间。在包括夺取舍纳在内的一系列围攻战中，美军粉碎了派普上校的战斗群，幸存者不得不挣扎着徒步回到德军战线。

占据舍纳村（1）的是派普的轻型高射炮营大部和武装党卫队第2装甲掷弹兵团的一个连（2）。

进入舍纳德军阵地的通道（要经过366米的开阔地）上布设有铁丝网（3），它们减缓了美军步兵的行进速度，造成了许多伤亡。

12月20日下午，塔克派遣第1营的B连和C连（4）趁着大雾进攻舍纳村。当天夜间，他们多次试图夺取德军阵地，但遭到了机枪、迫击炮和20毫米自行高射炮的集火打击。

伞兵在没有炮兵支援的情况下对抗强敌，直到两辆坦克歼击车（5）抵达。如果有火力掩护之便，这两个连可能不会损失这么多官兵：23人阵亡，202人受伤。

天亮之前，美军在村子西边的房屋中确立了一个立足点（6）。在那里坚守时，塔克派第3营侧敌军6个小时，从偏北方向进入舍纳。

舍纳的德军在傍晚被切断，只有少数人逃脱，与昂布莱沃河北岸的战斗群主力部队会合。据目击者称，他们留下了"成堆的死尸"和大量装备，包括14辆自行高射炮和一个连的105毫米远程火炮。

的代号从"守望莱茵"改为"秋雾"（Herbstnebel）。第二次世界大战中西线最大规模的战役就这样打响了。

受命突破阿登的是由约瑟夫·泽普·迪特里希（Joseph Sepp Dietrich）大将指挥的新成立的武装党卫队第6装甲集团军和由哈索·冯·曼陀菲尔（Hasso von Manteuffel）上将指挥的第5装甲集团军，并得到埃里希·布兰登贝格尔（Erich Brandenberger）上将的第7集团军的支援。德军的计划是装甲兵在北起蒙绍（Monschau）、南到埃希特纳赫（Echternach），长度为145千米的战线上发动进攻，武装党卫队第6装甲集团军在右，第5装甲集团军在左，第7集团军的步兵保护装甲兵的南部侧翼。预计到能见度较差，将导致盟军飞机留在地面，希特勒期望装甲兵在两天之内抵达默兹河，迪特里希将从那里向安特卫普冲刺，曼陀菲尔则取道布鲁塞尔向这个港口移动。

为了在"秋雾"的开始阶段给盟军造成混乱，希特勒决定派出一支精心挑选的部队干扰盟军，他们能讲英语，身

着美军制服，携带美式武器到达敌后，通过更换指示牌、误导装甲纵队和官兵等方式达成目的。指挥这支部队的是勇于冒险的武装党卫队上校奥托·斯科尔兹内（Otto Skorzeny），他因救出被关押在山上的墨索里尼而声名鹊起。

12月10日（攻势开始6天前），尽管疲惫且健康状况不佳，希特勒仍坚持将指挥部从东普鲁士的"狼穴"移到莱茵兰地区巴德诺伊海姆（Bad Neuheim）附近陶努斯山（Taunus Hills）中的"鹰巢"。他打算在这个基地里亲自控制即将开始的战役，就像1940年通过阿登成功突袭法国的行动一样。

11月，就在德军准备大规模进攻之时，美军对希特勒的"西墙"边境防线发动进攻，在阿登以北取得突破，占领了亚琛，这是盟军攻克的第一个较大的德国城镇。这些行动是由奥马尔·布拉德利将军的美国第12集团军群下属的第1、第9和第3集团军在阿登战线两侧实施的，这些部队兵力不足且总体上缺乏经验。在129千米长的战线上，只驻扎着特洛伊·米德尔顿（Troy Middleton）少将率领的美国第8军下属的4个师。由于盟军情报机构低估了德军通过该地区发动大规模装甲攻势的能力，因此那里被视为很轻松的防区。所以，分散在这条战线上的4个师中，第28师和第4师在参加了此前的激战之后正在照顾伤员，而第9装甲师和第106师尚未参加过战斗。

尽管从多个方面传来情报，表明敌人正在比利时和卢森堡边境集结部队，艾森豪威尔将军的情报人员仍然错误估计了希特勒的意图。根据对德国资源的理解，他们得出结论，德军正在准备对亚琛周围的美军阵地发动有限的反攻。

出于这个错误的假设，12月16日5时35分，德军2000门火炮密集射击，火光照亮黑夜中雾气弥漫的阿登乡间，步兵和装甲兵发动猛烈突击时，美军全然措手不及也就不奇怪了。

德国陆军和武装党卫队最初的冲锋可能受到了伦德施泰特战斗前夜讲话

德军的渗透行动

1944年10月21日，希特勒在东普鲁士的指挥部接见了他十分器重的一个男人——奥托·斯科尔兹内上校，他是营救被推翻且被囚禁的墨索里尼的幕后策划者。希特勒向斯科尔兹内大致介绍了他的阿登进攻计划，将即将到来的行动中的一项重要任务交给了上校和他的第150装甲旅。

斯科尔兹内有两项任务：首先，由他指挥的几个小型摩托化纵队将提前出发，在德军装甲兵抵达之前占领并守住默兹河桥梁；其次，会讲英语、身穿缴获的美军制服的几个单位将渗透敌军防线，切断电话线，并在盟军官兵和平民中散播德军推进的流言。

美军对斯科尔兹内的部队造成的危险反应过度，实施了严格的安全检查。检查人员不断拦住吉普车，甚至指挥车，仔细地询问乘员有关美国文化方面的问题，如电影明星的私人生活和棒球队在联赛中的排名。许多高级军官因为不知道正确答案而被短暂监禁和审问。

◀ 马尔梅迪附近，美国第30师的宪兵押送着一名身着美军制服的德国士兵。斯科尔兹内的部下如果在试图通过美军防线时被俘，很少有人能逃过被处决的命运。

◀ 比利时斯塔沃洛（Stavelot）附近的美军补给仓库堆放着成百上千个空的23升油罐。美军摧毁了这些仓库，确保推进的德军在燃油短缺时无法使用这些物资对抗盟军。

◀ 一名德军士兵停下来检查缴获的美军车载高射炮。德国空军为这次战役集结了1035架福克-沃尔夫190式（Fw-190）战斗机和梅塞施密特109式（BF-109）战斗机，它们出其不意地给地面的盟军飞机重大打击。但是在失去300多架飞机和大部分经验丰富的飞行员后，德国空军已经是一支疲惫之师。

希特勒的超级武器

尽管盟军密集轰炸德国工业目标，但重要的德国坦克和飞机工厂仍能生产技术先进的武器。在突出部之役期间，德国有强大的武器，但部署数量有限，不足以对抗数量上占据很大优势的盟国武器。德国拥有两种紧密相关的装甲车辆。六号"虎"Ⅱ式坦克（又称"虎王"）是当时最大、火力最强的坦克。它的近亲——"猎虎"式自行火炮（坦克歼击车），是在"虎"Ⅱ的底盘基础上制造的，是第二次世界大战中最大、最重的装甲战车，搭载的是最大的128毫米Pak44式火炮，但它外形笨重、速度慢，容易成为靶子。

有些德国飞机在技术上也远比盟国飞机先进。例如，梅塞施密特Me 262单座战斗机由两台容克Jumo 004B涡轮喷气发动机驱动，是第一种参战的喷气式飞机。它有两种型号："燕"式（Schwalbe）战斗机和"风暴鸟"式（Sturmvogel）战斗轰炸机，是军事航空新时代的先驱。

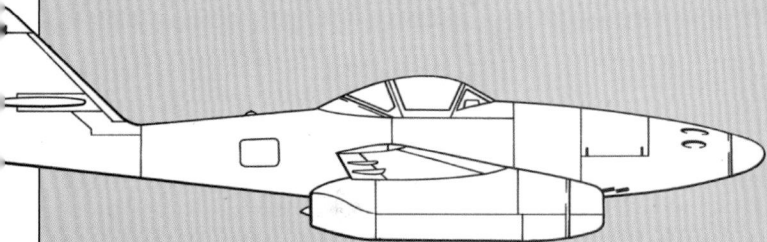

◀ **梅塞施密特Me 262**。最高航速869千米/小时，航程966千米，战斗机型号在机头安装4门30毫米航炮，轰炸机型号装备各种武器，包括火箭，总重为1020千克。

▼ **六号"虎"Ⅱ式坦克**。重量68吨，公路速度38千米/小时，行程110千米，最大装甲厚度185毫米，装备1门88毫米炮、2挺7.92毫米机枪。

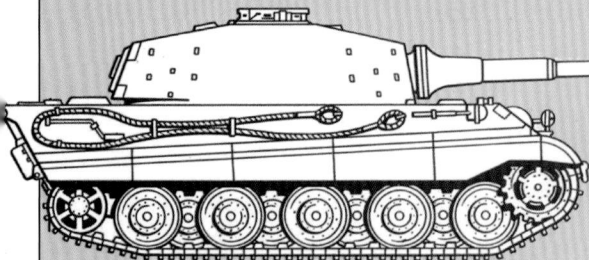

▼ **六号"猎虎"坦克歼击车**。重量76吨，公路速度38千米/小时，行程110千米，最大装甲厚度250毫米，装备1门128毫米Pak 44式火炮、1挺7.92毫米机枪。

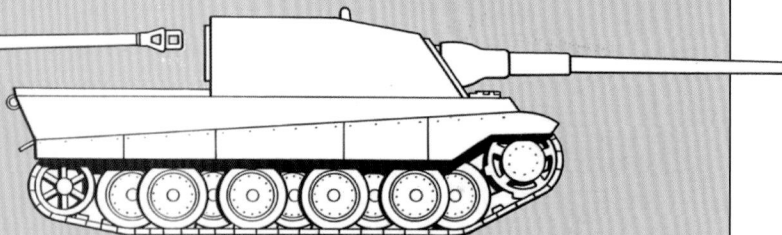

▶ 比利时博维尼（Bovigny）附近的公路上，美国第83师的步兵蹲在一门57毫米反坦克炮旁，准备击退德军的任何突然袭击。他们掩护着穿过森林公路两侧积雪的桦树林前进的战友。希特勒设定的攻击时间恰逢一段时期的恶劣天气，符合他的气象学家的预测。12月15日，德军部队从其突击阵地出发时，四周一片漆黑，天气十分寒冷，大地笼罩在寒冷的迷雾中。这种天气条件导致盟军飞机只能留在地面，无法攻击德军补给线，达到在诺曼底那样的可怕效果。接下来的5天中，希特勒的好运气一直持续着，天气没有变化。

的激励："西线的将士们！你们的伟大时刻已经到来。进攻大军已开始打击英美军队。我要告诉你们的就是这些，请你们自己体会。我们要赌上一切！你们肩负着神圣的义务，为我们的祖国和元首付出一切，实现超出人类能力的目标！"这位年迈的陆军元帅从不支持"秋雾行动"，但仍恪尽职守激励部下，与此同时，他也如实说出了将士们的处境：他们参加的是一项高风险、没有后退余地的行动，需要超人的努力才能成功。

与希特勒的预期相反，斯科尔兹内上校的先头部队假扮成美军，并未能在盟军后方造成太大的混乱，这些伪装的官兵许多都因为欺骗行为而不得不面对行刑队。实际上，德军突击部队得到的帮助更多来自长时间的恶劣天气，此次行动就是基于这种预测制定的，因为恶劣天气能够保护德军免遭集中空袭。天气因素加上美军地面部队反应迟缓，使德军在初期取得了优势。他们在美军阵

地上取得了惊人的突破，最终形成了一个80千米深的突出部，这次行动因而得名"突出部之役"。

曼陀菲尔的第5装甲集团军取得了最大的成功，他们击溃了美国第28师和第106师。他的前锋最终突破到距离默兹河仅10千米的塞勒斯（Celles），但没能取得更大的进展，这也验证了伦德施泰特对德国军事能力的理解。但是，在突出部中有一个障碍挡住了第5装甲集团军的主要补给路线，减缓了它的推进速

1944年圣诞节这天7时30分，毛克战斗群——由沃尔夫冈·毛克（Wolfgang Mauck）上校率领的装甲、步兵混合部队——试图突破美国第101空降师在巴斯托涅周围的防御。这支部队刚刚抵达，就在没有事先侦察的情况下被派去进攻本应较为薄弱的美军防区西北段。

19辆四号坦克和三号突击炮漆成白色以便在雪中伪装，在身着白色雪地服装的装甲掷弹兵伴随下，它们在凌晨的黑暗中开始推进。靠近美军防线时，该战斗群兵分两路：7辆战车和一个连的步兵转向北面的尚村（Champs），其余则向南进攻埃莫奥勒（Hemroulle）。

第502空降步兵团团长史蒂夫·沙皮伊（Steve Chappuis）上校得知德军逼近，派出B连和C连去增援尚村的A连。伞兵们在行军中看到了敌人，于是沿着树林的边缘隐蔽（2），与通往尚村的道路相隔一个开阔地，并用轻武器、机枪和巴祖卡火箭筒开火。

德军掷弹兵有些坐在装甲车辆上，其他人则徒步跟随，排成一条直线冲向美军阵地，但突如其来的火力将步兵切成碎片，队形也被打乱了。

德军坦克和突击炮重新集结后，它们的右翼暴露在美国第705坦克歼击团的两辆自行火炮（1）面前，伞兵们并不知道，这两辆战车就藏身于他们隐蔽的同一片树林中。

一辆突击炮（4）和两辆四号坦克（3）在366米的距离上被摧毁，美军声称用巴祖卡火箭筒摧毁了另一辆坦克，在道路远端的一辆突击炮则被守卫罗莱庄园（第502团团部）的一

支小部队击中起火。有一辆坦克抵达尚村，但已无法运转；最后一辆坦克转向埃莫奥勒，在那里被美军缴获。

德军这个连的装甲掷弹兵中，67人阵亡，35人被俘。向南开往埃莫奥勒的第二个纵队中的所有德军坦克也均被摧毁。

度——重要的公路枢纽巴斯托涅。美国第101空降师英勇地守卫了这个城镇，直到乔治·巴顿将军的第3集团军前来解围。德军到这个被美军官兵形象地称为"甜甜圈上的洞"的地方劝降时，第101空降师师长安东尼·麦考利夫（Anthony McAuliffe）准将断然拒绝，这令敌人大吃一惊。第101空降师通过空投得到重要补给，坚持战斗。

在"秋雾"的南翼，布兰登贝格尔的第7集团军没推进多远就被挡住了；而在北路，迪特里希的武装党卫队第6装甲集团军无法夺取距离出发点不远的埃尔森博恩山脊（Elsenborn Ridge），不过一些部队通过"洛斯海姆缺口"（Losheim gap）深入了盟军占领区。然而，后者没能扩大战果，主要原因是缺乏燃油，并遭遇了盟军的顽强抵抗。

希特勒对武装党卫队装甲兵的期望很高，但是后者12月19日仍没有到达17日的目标——默兹河。尽管如此，他还是顽固地拒绝了伦德施泰特的请求：将迪特里希的一部分部队调到南路，为曼陀菲尔较为成功的进攻增添力量。

同一天（12月19日），盟军最高司令艾森豪威尔将军在凡尔登会见了他的高级将领们，制订击退"秋雾行动"的计划。尽管盟军战线中有一个确定无疑的大突出部，"艾克"在会议开始时还是说："现在的形势对我们来说不是灾难，而是一个机遇。在这张会议桌上，只能有兴高采烈的面孔。"当天做出的最重要决定，可能是将萨尔前线东面阵地上的巴顿第3集团军调到北面241千米的地方，攻击突出部的左翼，这堪称是后勤上的壮举，美军完成得非常出色。

次日（12月20日），艾森豪威尔已稳步集结能够对抗敌方17个师的所有预备队，并宣布了一项暂时性的指挥权变更，使盟军能够有效地在V形突出部形成的两条不同战线上作战。南部战线将由布拉德利将军指挥，他因不得不将手下的一些部队交给指挥北线作战的蒙哥马利元帅而心烦意乱。他们将对两条战

转折点：巴斯托涅之围解除

美国第8军军部所在的巴斯托涅位于德军推进路线上的公路网中心。如果美军能守住这个城镇，德军抵达默兹河的可能性就将大大降低。

到12月20日，德军已经包围了巴斯托涅。该地区的所有美军部队都由在场的高级军官——第101空降师师长麦考利夫准将指挥。尽管遭到了德军炮兵和轰炸机的密集攻击，依靠空中补给的美军仍然毫不动摇。与此同时，巴顿将军投入第4装甲师以解这个重要局部中心之围。

美军的3个纵队合力向该镇南部的德国第5伞兵师发动进攻。在第94装甲野战炮兵营和第37坦克营的支援下，预备（R）战斗群取得了最终的突破，通过了离巴斯托涅镇4.8千米的阿瑟诺瓦村（Assenois）。阿瑟诺瓦从12月26日4时45分起就遭到炮火袭击，此时炮弹仍在不断落下，美军坦克突入村中。随后是一场白刃战，但美军的推进已不可阻挡，巴斯托涅之围在当天晚些时候解除。德军阵亡者将近12000人，美军则阵亡了大约3900人。坦克的损失也很大：有150辆美国坦克和450辆德国坦克被摧毁。

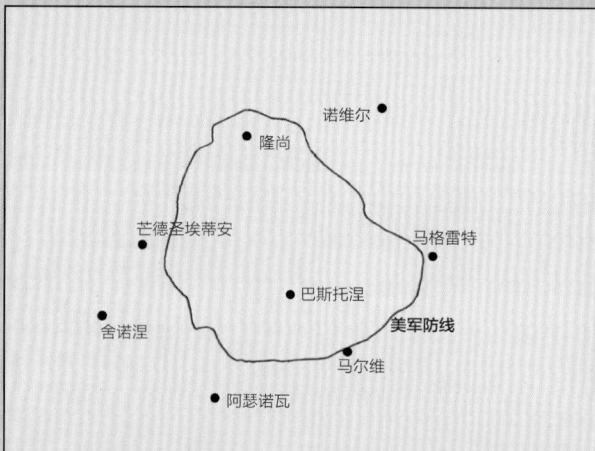

诺维尔

隆尚

芒德圣埃蒂安

马格雷特

巴斯托涅

美军防线

舍诺涅

马尔维

阿瑟诺瓦

◀ 12月23日早上天气寒冷，但是个晴天，难以穿越浓雾和云层的时间总算过去，盟军飞机可以再次出战了。美国部队运输司令部的飞机立刻向被围的巴斯托涅守军空投补给。4个小时内，241架飞机（每架运送544千克货物）在该地区投下了包裹。

▶ 12月26日，289架飞机再次空投补给（主要是弹药），同时医生和必要的医疗用品也伞降到该地区。守军还获得了额外的收获：为运输机护航的战斗机完成任务返回基地之前，对敌军阵地实施了扫射。

马尔梅迪大屠杀

12月16日，德国约亨·派普（Jochen Peiper）上校接掌一支由100辆四号坦克、五号"豹"式坦克和1个"虎王"式坦克营（40辆坦克）组成的，由1个摩托化步兵营提供支援的部队。他们的任务是担当阿登攻势的先锋。

派普挥师穿越比利时，留下了一条死亡之路。在洪斯费尔德（Honsfeld）——美国第99步兵师第349团的休息区，坐在派普麾下坦克两侧的伞兵跳下车，搜捕美军官兵。19名不投降的美军官兵遭到枪杀，尸体被洗劫一空。在比林根（Büllingen）附近，派普占领了一个小机场，逼迫被俘的

美军士兵为他的坦克加油。任务完成后，他们也遭到了枪杀。在利尼厄维尔（Ligneuville），又有8名战俘死亡。

派普战斗群继续向马尔梅迪镇推进，那里的一个美军纵队只装备了轻武器，不得不向派普的坦克和机枪屈服。德军搜查了战俘之后，将他们押送到一块田地里，命令他们排成8列，每列15个人。然后，德军开来两辆坦克，用机枪射杀了这些官兵。在这120名官兵中，有20人奇迹般地活了下来，尽管他们大部分都受了伤，但他们飞奔到附近相对安全的树林中。大约有12名美军官兵藏身于一个咖啡屋中，但德军火烧了这所房子，并在他们受不了

刺鼻的烟雾而跟跟跄跄地逃出来时将其全部射杀。当天晚些时候，这场屠杀的报告传到了美国第1集团军总部，立刻被公之于众。事实证明，这一事件成了战役的转折点，因为美军官兵没有像希特勒想象的那样惊慌失措，反而更加坚定了回击德军的决心，为遭到屠杀的战友们复仇。

战后，派普和共犯们遭到逮捕，并因杀害308名官兵和111名平民而接受审判，但实际死亡人数可能接近这一数字的两倍。派普被判处死刑，但于1948年9月改判监禁，最后于1956年12月22日获释。

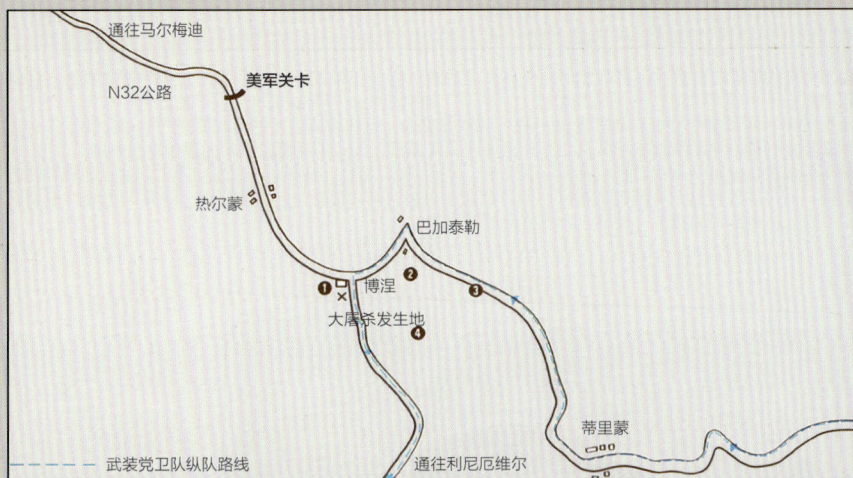

◄ 12月17日，美国第285野战炮兵营B连（140名官兵和30辆车）从马尔梅迪南移。这个纵队沿N32公路前往有5条公路交会的博涅（Baugnez）。一名执勤的宪兵向该纵队挥手致意，然后转身进入一家咖啡屋（1）。过了一会儿，他听到了坦克开炮（2）的声音，看到该纵队遭到火力打击。派普战斗群的一支部队（3）沿一条二级公路北上，向美军开火。德军跳下坦克，一边冲过开阔地（4），一边用轻武器射击。随后，德军处决了战俘，这一行径被称为"马尔梅迪大屠杀"。

▲ 第219工兵团的士兵在给冻僵的受害者遗体编号。德军在马尔梅迪的野蛮行径引发了美军对战俘的报复。

▲ 派普战斗群的先头部队在西进的岔路口上，他们乘坐的是大众166型通用两栖车。

线之间的德军施压，将其挤出突出部。

12月21日，迪特里希将罗伯特·哈斯布鲁克（Robert Hasbrouck）准将的美国第7装甲师逐出了双方激烈争夺的圣维特镇，但伦德施泰特很清楚，形势已开始对德军不利。次日，他要求希特勒允许德军开始撤退。希特勒拒绝，并让伦德施泰特投入预备队，以便恢复攻势。于是，在深冬之中，这场分散、混乱的行动又持续了多日，最终有100万官兵卷入其中。

此时天气放晴，盟军终于可以全面利用占压倒性优势的空中力量打击德军装甲纵队，敌军伤亡剧增。即便有了梅塞施密特新型喷气战斗机的帮助，消耗极大的德国空军也无法阻挡雨点般的炸弹落到己方的前沿阵地和后方。

1944年圣诞夜，盟军在该地区有32个师，并最终凭借优势兵力，对饱受重压的德军发动了一系列犀利的反攻。突出部开始缩小，伦德施泰特又一次请求希特勒允许他脱离战斗。或许是曼陀菲尔的第5装甲集团军大部在圣诞节的溃败，巴斯托涅之围又在翌日解除，希特勒才不情愿地相信，以闪电战直取安特卫普的宏大计划只不过是一厢情愿。很明显，德军绝无可能突破盟军不断加强的战线，因此他于12月27日同意撤退，同时仍然坚称"秋雾行动"是值得一试的。但真的是如此吗？

到1945年1月初，阿登地区的战线几乎回到了攻击开始之时。在这场战役最可怕的一些战斗中，德军伤亡达到10万人，美军伤亡8.1万人，而此役中没有起到重要作用的英军也伤亡了1400人。双方的火炮、坦克和装备损失也很大，但盟军可以很快得到补充，德军就做不到了。

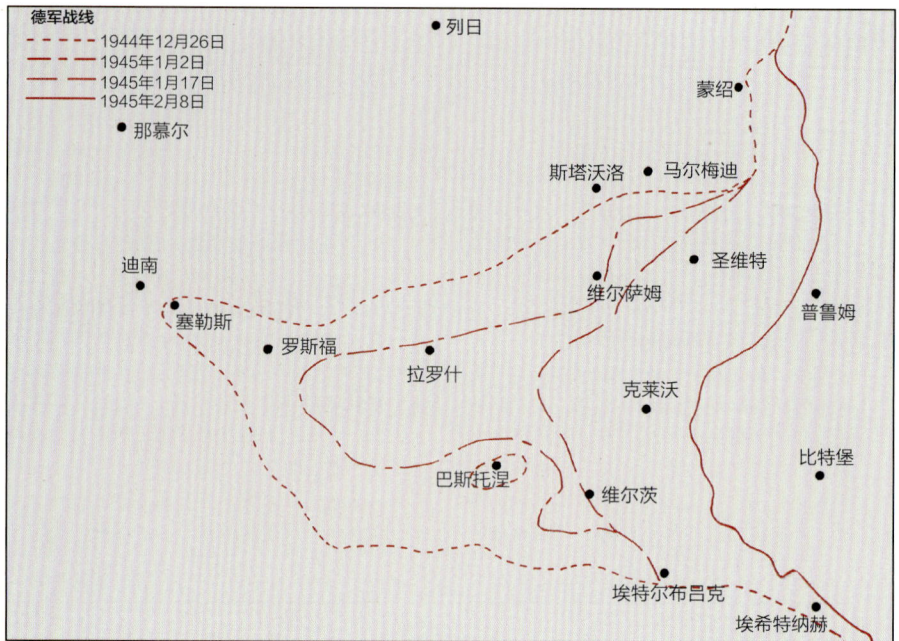

德军战线
--- 1944年12月26日
--- 1945年1月2日
--- 1945年1月17日
—— 1945年2月8日

列日
蒙绍
那慕尔
斯塔沃洛　马尔梅迪
迪南
圣维特
维尔萨姆
普鲁姆
塞勒斯
罗斯福
拉罗什
克莱沃
比特堡
巴斯托涅
维尔茨
埃特尔布吕克
埃希特纳赫

▲ 巴顿的第3集团军官兵沿着阿瑟诺瓦公路向北进攻，以解巴斯托涅之围。因此，曼陀菲尔不得不抽调部分正向默兹河推进的部队，抵挡他们的进攻。然而，德军很快就因为缺乏燃油而严重影响战斗力。12月23日，天气转晴，盟军空中力量向他发动了全力以赴的攻击。巴顿由南进攻的同时，美国第1集团军、第9集团军和蒙哥马利第21集团军群的部队从北面和西面向敌人施压。到12月26日，德军的进攻举步维艰。德军的攻势以全面失败而告终。他们一无所获，不但伤亡惨重，还损失了一直部署在莱茵河天险沿线的重要物资。盟军本可以切入突出部的根部，阻止任何德军编队向东逃脱。结果是，尽管德军因为燃料短缺而放弃了坦克，但他们顽强抵抗，成千上万的官兵成功撤退。

◀ 德国宣传影片中的一个画面，展示了携带缴获美军装备的德军官兵，包括一支.45口径柯尔特手枪、一条机枪子弹带和一个弹药箱。缴获计划的重要组成部分之一就是使用缴获的盟军补给，尤其是燃油。

指挥官

▲ 伦德施泰特

▲ 曼陀菲尔

▲ 麦考利夫

德国陆军元帅格尔德·冯·伦德施泰特（1875—1953）是一位冷峻、不关心政治的老普鲁士学派军官，凭借年资和威望，他成了军官体系中的顶级人物。希特勒不喜欢他，但又需要这位经验丰富的老将来担纲阿登攻势。因此，1944年9月，处于半退休状态的伦德施泰特被召到"狼穴"，希特勒在招待他的时候显得不自信和尊重。伦德施泰特同意出任西线总司令，但过了相当长的时间才得知希特勒的意图。他在战后说，尽

管他承认希特勒作战计划的价值，但他意识到"……缺乏此等攻势可能成功的一切条件"。伦德施泰特于1945年被停房、审判和监禁，但四年后获释。

德国装甲兵上将哈索·冯·曼陀菲尔男爵（1897—1978）身材非常矮小，身高大约1.6米，体重仅54千克，他和伦德施泰特一样回避政治。第一次世界大战中他在步兵服役，之后转到骑兵部队并很快认识到年轻的古德里安倡导的装甲战的各种可能性。1941年，他被派往

苏联前线，表现非常优异。

驻巴斯托涅的美军指挥官安东尼·C.麦考利夫准将（1898—1975）接到了包围该镇的德军的最后通牒：要么投降，要么被歼灭。麦考利夫的回复"致德军指挥官：'呸。'——美军指挥官"是整场战争中最为简洁的拒绝词，风靡一时。麦考利夫后来担任美国驻德陆军部队指挥官。

▶ 到12月31日，德军攻势已被遏制，但盟军还是经过了一个月的激战才消除突出部。战役开始后，天气变得更加复杂，雾气沉重，积雪也更厚了。阿登地区狭窄蜿蜒的道路结冰，车辆（如图中的90毫米坦克歼击车）在斜坡上无法行进。其他一些车辆滑到了路边，不得不被推到一旁，让后面的车辆通过。桥梁已被德军摧毁并在原址布防。在这种情况下，一天能推进3千米就已经是个成就了。大部分时间里，寒雾和糟糕的能见度使盟军无法出动飞机。

柏林战役，1945 年 4 月—5 月

1945年年初，德国已经到了崩溃的边缘，约瑟夫·斯大林最希望得到的战利品仍然还在，那就是阿道夫·希特勒的最后避难所——德国首都柏林。英国陆军元帅伯纳德·蒙哥马利的第21集团军群从荷兰曲线进入德国北部，似乎可能最先抵达那里。但随后，盟军最高司令德怀特·D.艾森豪威尔将攻击主轴转向了远离柏林的方向。

艾森豪威尔此时的注意力集中在德国中部，他认为奥马尔·布拉德利将军的第12集团军群处于有利地位，可以迅速与苏军在德累斯顿周围会合，从而将这个已经满目疮痍的国家一分为二，更容易控制德军残余力量。艾森豪威尔的观点是，德军的最后一战必将发生在南部，柏林只不过是地图上的一个名称而已。于是，他于1945年3月28日向斯大林寄出一封密信，告诉他自己的意图，并询问苏军的计划。

就在艾森豪威尔等待苏联领导人回复的同时，英国人强烈抗议他改变计划。温斯顿·丘吉尔首相在写给病中的美国总统富兰克林·D.罗斯福的信中表达了不安，他告诉美国总统，对于任何一个地方的德国人来说，柏林的陷落都是"最大限度的失败信号"。随后，他说出了自己最为担心的一点："如果苏联人占领了柏林，会不会在他们心里留下这样一种印象：在这个共同的胜利中，他们做出了压倒性的贡献？这会不会导致他们产生某种情绪，在未来引发严重、可怕的困难？"丘吉尔认为，从政治角度出发，如果有机会，应该由英美军队夺取柏林。至于已经在2月份的雅尔塔会议上讨论过的占领区问题，可以在事后由盟国商定。

美国人当时的主要目标是取得一场军事胜利，他们团结在艾森豪威尔身后。4月2日，后者收到了斯大林的回复，大受鼓舞。苏联领导人欢迎艾森豪

斯大林的秘密计划

斯大林不信任西方领导人，认为他们准备在苏军之前夺取柏林。这确实是蒙哥马利元帅倡导的计划——以压倒性优势的兵力从鲁尔以北发动进攻，但艾森豪威尔否决了这一建议，支持向德累斯顿推进，将德国一分为二。

斯大林表面上与艾森豪威尔合作，暗地里却有自己的计划：通过先进入柏林来提高苏联的威望，并确立共产党对中欧及东欧的控制。为此，他亲自制订了最后攻势的概要计划，没有通知艾森豪威尔。

▶ 4月27日的一份德国政府报纸刊登了题为"更伟大的柏林捍卫者"的社论，声称德国首都已经成为苏联坦克的死亡陷阱。这篇社论称，德军不仅是为守卫柏林而战，更是为了捍卫欧洲文明而战。

◀ 携带"铁拳"（Panzerfaust）无后坐力反坦克炮的一名德国人民冲锋队（Volkssturm）成员和他的孙子——希特勒青年团中的一个男孩。最后，守卫柏林的任务基本上都留给了老人、儿童或者自行车部队，他们用轻武器和"铁拳"对抗苏军的坦克和大炮。

施特拉尔松德

罗斯托克

维斯马

英国第21集团军群

什未林

沃伦

什切青

第2白俄罗斯方面军

维滕贝尔格

施韦特

新鲁平

屈斯特林

第1白俄罗斯方面军

施滕达尔

柏林

美国第12集团军群

勃兰登堡

波茨坦

法兰克福

马格德堡

卢肯瓦尔德

吕本

科特布斯

德绍

斯大林3个方面军之
间的边界线

4月16日的苏军战线

4月18日的苏军战线

4月25日的苏军战线

5月7日西方盟军和
苏联军队的分界线

托尔高

哈雷

第1乌克兰方面军

莱比锡

格尔利茨

德累斯顿

▲ 1943年7月，决定性的库尔斯克会战结束，之后德军再也没能在东线重夺战略主动权。苏军不可阻挡地西进，先将敌军赶出苏联，随后准备将其逐出东欧。到1944年8月，苏军已抵达华沙并占领布加勒斯特。10月的最后一周，他们进入东普鲁士。1945年4月，他们做好了向柏林进攻的准备。斯大林决心在西方盟国之前夺取德国首都，并接管了最后行动的指挥权。他在克里姆林宫召见了柏林正东面的第1白俄罗斯方面军指挥官朱可夫和南面的第1乌克兰方面军指挥官科涅夫，确定攻击的开始日期、部队构成和目标。朱可夫奉命夺取柏林，科涅夫则同时西进城南的易北河。斯大林用铅笔在地图上画出了两支部队的分界线。当他的铅笔画到柏林东南的吕本（Lübben）时，突然间未做解释地停住了。没有人说话，但科涅夫认为这样做的含义是，如果他的部队迅速取得突破，就得到了从南面夺取柏林的授权。斯大林含蓄地引起了两位对立的指挥官竞争夺取这座城市的荣耀。

威尔的提议，同意两军会合后的主攻方向应该是德累斯顿，斯大林还补充道，他将派非主力部队前往柏林，他也认为那里已"失去了过去的重要战略意义"。他估计，苏军的攻势将在5月中旬开始。

事实远非如此。斯大林看到艾森豪威尔的电报后，立刻怀疑英美图谋抢在苏军之前到达柏林。回复之前，他召见了两位资深陆军元帅——格奥尔基·朱可夫和伊万·科涅夫，告诉他们他对艾森豪威尔真实意图的感受，并尖锐地

问道："谁将夺取柏林？我们还是盟国？"朱可夫和科涅夫互为竞争对手，他们都提出攻克德国首都，因此斯大林只给了两位元帅48个小时制订进攻计划。经过几周的激战，两人都希望部队能够进行休整，补充装备和人员，然后再发动预计于5月开始的下一次大规模攻势，但现在他们的领导人很明显希望他们以比此快得多的速度行动。

朱可夫的第1白俄罗斯方面军（集团军群）在柏林以东80千米的奥得河上，于河西岸的屈斯特林（Küstrin）建

立了一个桥头堡，他的方案基础是在开始阶段由大约1万门火炮实施轰击，随后进行一次不寻常的黎明前攻击：140具对准德军战线的防空探照灯打开，以使守军致盲，同时步兵发起冲锋。主攻将由从屈斯特林桥头堡开出的4个野战集团军和2个坦克集团军担当，另有2个集团军支援侧翼。他有超过75万名官兵可以使用，且拥有全面的空中优势，预计可以迅速压倒与之对抗的德军。

科涅夫的第1乌克兰方面军驻扎在尼斯河东岸，距离目标最近的地方在柏

林东南方121千米处，如果想要取得成功，就不得不依赖机动性而非兵力。大约7500门火炮进行两个半小时的轰击之后，他将在拂晓施放烟幕，出动5个野战集团军和2个坦克集团军（超过50万名官兵）强渡尼斯河。集中于右翼的坦克集团军将粉碎德军防御，然后转向西北，直逼柏林。斯大林许诺再调2个集团军支援他，但他不能指望这些部队能及时抵达，而且，时间终究是不足的。斯大林批准了两人的计划，但令科涅夫十分失望的是，由于朱可夫的部队更靠近德国首都，斯大林给予他进入该城的优先权。不过，为了激起两位元帅的竞争，斯大林巧妙地暗示科涅夫，如果他有机会在朱可夫之前向柏林发起冲刺，可以自由行动。

同时发动的这两路进攻，将日期定在13天之后，也就是4月16日。但在苏军进攻开始5天前（罗斯福总统去世的前一天），威廉·辛普森（William Simpson）中将率领的美国第9集团军抵达柏林以西80千米的易北河两岸。到4月15日，美军已在巴尔比（Barby）渡河，瓦尔特·温克（Walther Wenck）上将拼

1945年4月16日4时，屈斯特林的桥头堡射出3颗红色信号弹，照亮了天空和奥得河。过了一会儿，140具对准德军战线的探照灯打开。随后，3颗绿色信号弹射出，这是东线最大规模炮击开始的信号。大约1万门各种口径的火炮——迫击炮、坦克炮、自行火炮、轻型和重型火炮，以及400具"喀秋莎"火箭发射器猛烈轰击德军战线。炮击效果惊人，整个村庄的房子坍塌，混凝土块、钢梁和树木都被抛向天空。大气扰动，树木之间热风咆哮，森林中燃起了大火。炮击持续了35分钟，其密集程度令官兵们震撼，一度失去听力。炮击随之突然停止，苏军发起了进攻。

探照灯（3）由苏联女兵操作，它们有些是从莫斯科防御工事上拆下来的。坦克的头灯也打开了（4），光照的效果变得更强，不仅能致盲德军，还能使苏军官兵看清每一次行动。

苏军T-34坦克（5）从1940年起被制造出来，并持续改进，加强装甲和火力。到1945

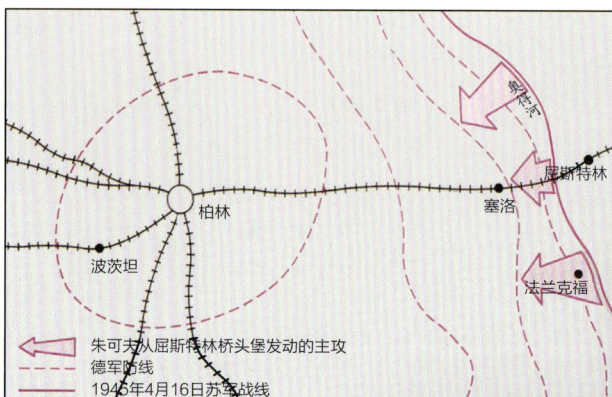

→ 朱可夫从屈斯特林桥头堡发动的主攻
- - - 德军防线
━━━ 1945年4月16日苏军战线

年，T-34的炮塔已经重新进行了设计，装有一门85毫米炮。与此同时，坦克战术也进行了改良，以适应技术创新。早在1943年，坦克就需要徒步和乘坐运送车的步兵进行近距支援，以摧毁步兵操作的反坦克武器，这些武器也变得越来越致命。

苏军步兵（6）发动了无情的凶猛攻势，带着复仇的渴望开火。许多官兵曾在列宁格勒、莫斯科或斯大林格勒作战，亲眼看见家国被毁、国土荒芜。随着苏军推进而得以释放的

战俘被视为叛国者，被派去排除地雷。

苏军享有全面的空中优势，随同朱可夫和科涅夫方面军驻扎的有6500架轰炸机，可以在推进的坦克（7）前方不受骚扰地打击敌人。

然而，苏军官兵误以为他们的大规模炮击已经摧毁了德军的抵抗能力。但事实上，在该地区的德军并不多：海因里希将军预见到这样的进攻，在前一个晚上命令大部分部队后撤到第二条防线。因此，炮弹落在了无人的阵地上（2），探照灯的作用只不过是为严阵以待的

德军炮手照亮苏军坦克与步兵。

由于苏军兵力十分强大，阻止他们突破是不可能的，但德军通过阻碍他们前进来争取时间。海因里希手下官兵已在塞洛高地上加固了工事并增加防御兵力（1），这是屈斯特林以西的一道砂质山脊，高度为30～61米，它挡住了前往柏林的主要道路。他们在山上以炮火扫射推进的苏军，死守到4月17日晚上，这打乱了朱可夫夺取柏林的时间表，使科涅夫得以从东南方逼近这座城市。

凑起来的德国第12集团军几乎不可能阻挡美军向首都发动的坚定进攻。

温克不能阻止第9集团军，但艾森豪威尔做到了。他命令辛普森停在易北河上，同时追求他的第一要务——与苏军在德累斯顿周围会合。次日凌晨4时，成千上万门火炮密集射击，宣告苏军开始进军柏林。

如何守卫德国首都？有些人（大部分是职业军人）认为以手头上的有限资源，是不可能守卫这座城市的。他们当中就有德军总参谋长海因茨·古德里安大将，他因为表示是时候与敌人谈判而于3月28日遭到解职。总理府之下的元首地堡笼罩在一种不切实际的氛围中，那里盛行着一种想法：苏军将在柏林城下遭到最大的失败。希特勒的健康每况愈下，人也变得比以往更不理性，他的乐观情绪来源于作战地图上表示大量完整陆军和武装党卫队部队的彩色小旗，但实际上，其中许多单位已经不存在了，其余的则严重减员。

希特勒在3月底采取了一个明智的行动：解除武装党卫队领袖海因里希·希姆莱（Heinrich Himmler）担任的维斯瓦集团军群司令职务。这位从养鸡场主摇身一变的秘密警察头子根本不适合该职务，接替他的是苏联战场上的老兵、熟谙大部队作战指挥的戈特哈德·海因里希（Gotthard Heinrici）大将。

海因里希刚刚接掌的部队（这支部队已经有段时间没有看到维斯瓦河了）包括3个集团军，但缺少装甲兵、弹药、装备、补给和合适的预备队。哈索·冯·曼陀菲尔上将率领的第3装甲集团军占据了柏林以北到什切青、长度为153千米的战线。特奥多尔·布塞（Theodor Busse）上将的第9集团军守卫着柏林以东、奥得河沿岸129千米长的防线，这条防线一直延伸到奥得河与尼斯河的汇聚点，那里是陆军元帅费迪南德·舍尔纳（Ferdinand Schorner）麾下集团军群的侧翼，这支已消耗巨大的部队阻挡着夺取德累斯顿的道路。

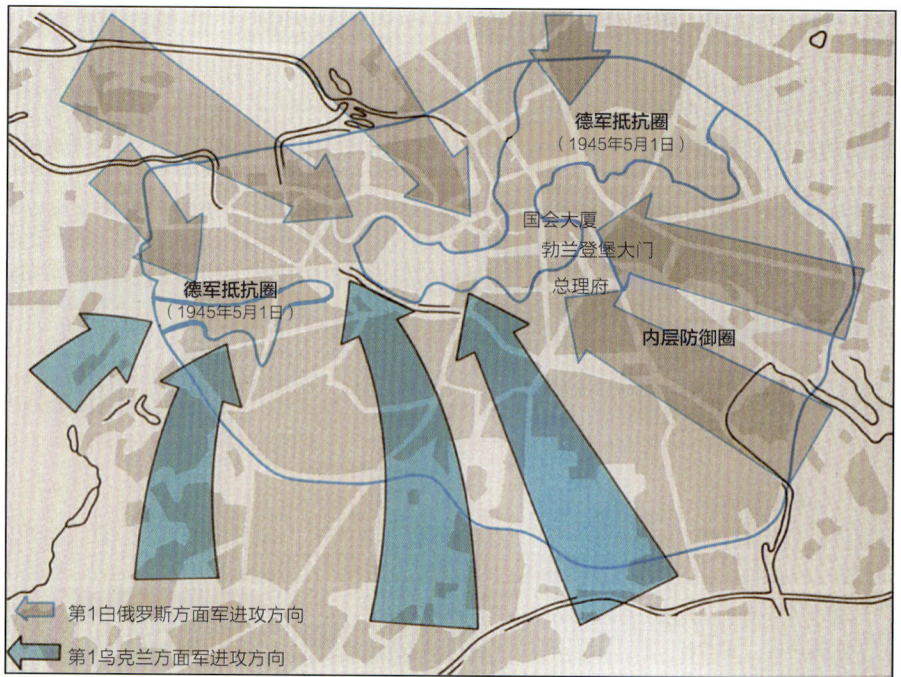

德军抵抗圈（1945年5月1日）

国会大厦
勃兰登堡大门
总理府

德军抵抗圈（1945年5月1日）

内层防御圈

第1白俄罗斯方面军进攻方向

第1乌克兰方面军进攻方向

▲ 柏林的每一座房屋（往往是每个房间）都由体格健全的男子守卫。德军武器不足，苏军又具有数量上的优势，因此从来没有人对最终的结果有过怀疑。在饱和式的轰炸之后，苏军从各个方向发动了强有力的进攻。德军在瓦砾堆中的抵抗最强，因为那里提供了极好的掩护。

◀ 在整场战争中，盟军和轴心国部队都大量使用传单，通常由飞机空投。柏林战役期间，苏联空军向城中投下大量劝降传单。传单上写道："为元首而战只意味着摧毁德国工业、破坏家庭生活和无谓的个人牺牲。"只要希特勒还活着，就没有几个德国人响应这一号召。

希特勒最后的日子

元首地堡位于两层的总理府防空洞的下层，深入地下15米，并覆盖了厚厚的一层钢筋混凝土。上层包括厨房、职工宿舍和戈培尔一家的房间。下层的元首地堡包括18个小房间，都通向一条中央通道。通道中间用隔墙分隔，前半部分作为日常会议室。通道的一侧是为希特勒和伊娃·布劳恩（Eva Braun）留出的套间：伊娃有一间卧室兼起居室、一间浴室和一间化妆间，希特勒则有一间卧室、一间起居室和一间书房。

走廊的对面是戈培尔和希特勒私人医生的住处和一间手术室，以及电话交换机、警卫室、发电机和空气净化器。仍在柏林的纳粹高级官员被安置在附近的其他防空洞里，其中最著名的是马丁·博尔曼（Martin Bormann）。

元首地堡从一个厚重的钢质大门进入，内部安保措施严格，就连将军们也会遭到耻辱性的搜身。手提箱会特别引起注意，因为1944年7月20日曾有人用手提箱携带炸弹进入"狼穴"，试图刺杀希特勒。

地堡内部灯火通明，家具也很舒适，但气氛却十分压抑。随着苏军抵达城市外围，这里的人都确知失败和死亡为期不远，疲惫的身心、持续的空袭、上涌的恐惧和绝望，几乎所有居住者都产生了近乎歇斯底里的紧张情绪。只有希特勒一个人在决定自杀之后，才有偶尔的平静。

他们每天的大部分时间都用来开会，在会上，地图上代表并不存在或严重消耗的军队的符号被移来移去。只有进食是可以容忍的间歇。会后，希特勒会和博尔曼送给他的礼物——他的阿尔萨斯犬布隆迪和它生的小狗们一起玩耍，其中一只名叫"沃尔夫"的小狗是希特勒自己养大的，特别受他的青睐。他会把沃尔夫放在膝盖上爱抚，不停地重复叫它的名字。

被召到地堡的将军们和纳粹高官们都注意到居住者那与现实相悖的怪异气氛。在希特勒临终前的某一天，海因里希大将曾悄声对他的作训处长艾斯曼（Eismann）上校总结道："想想看，三天之前，希特勒还统治着从伏尔加河到大西洋的整个欧洲。可现在他却坐在地下的一个洞穴里。"

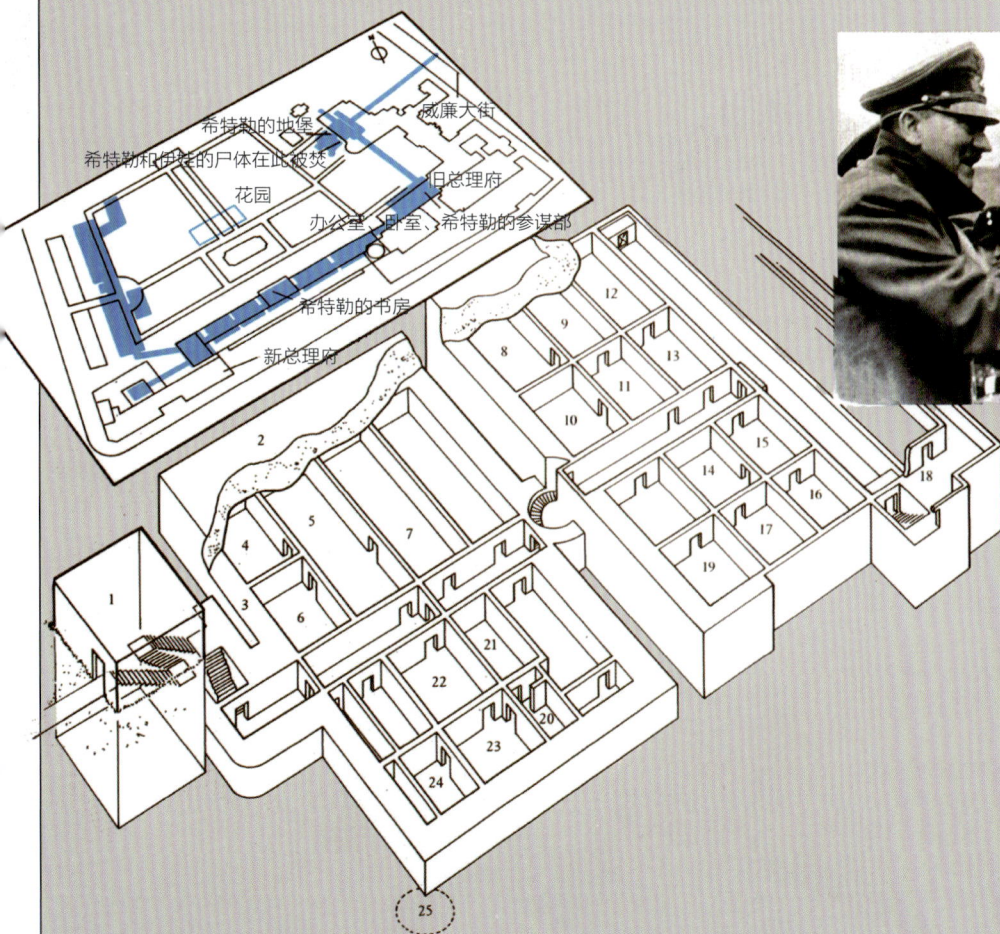

▲ 希特勒最后的照片之一，他正在为一些年轻的柏林守卫者授奖。许多希特勒青年团成员（有的只有14岁）死于苏军炮火之下。尽管多日没有食物和饮水，且暴露在无休止的攻击之下，但大部分人都战斗到了最后，逃走或者拒绝战斗都会被武装党卫队绞死。希特勒的部队无条件地服从他，直到他死去的那一刻。成千上万的军人和平民死于柏林，只为了延续他几天的生命。尽管希特勒反复表达了对他所称的背叛行为的痛苦和愤怒，但并没有多少人背弃他的事业。最主要的背弃者是戈林、里宾特洛甫和"忠诚的海因里希"希姆莱，他们在战争的最后几周与西方大国进行了和平谈判。

▲元首地堡结构

1. 紧急出口。
2. 2.6米厚的屋顶。
3. 2米厚的墙。
4~5. 希特勒医生的房间和手术室。
6. 戈培尔的卧室。
7. 警卫的房间和电话接线室。
8~11. 戈培尔家人的房间。
12~13. 仆人的房间。
14~17. 厨房。
18. 通往新总理府的台阶。
19. 公共食堂。
20. 浴室。
21. 伊娃·布劳恩的房间。
22. 希特勒的书房。
23. 希特勒的起居室。
24. 希特勒的卧室。
25. 与花园平齐的混凝土塔楼。

战役开始时，海因里希在柏林周边调集了不到30个师，来应对朱可夫和科涅夫的方面军。在北面，康斯坦丁·罗科索夫斯基的第2白俄罗斯方面军单独向曼陀菲尔的部队发动了进攻。这是实力非常悬殊的较量。

尽管有大规模的炮击和致盲探照灯，第1白俄罗斯方面军在4月16日黎明前从屈斯特林桥头堡向西发动的猛攻很快就减缓速度并停滞了。斯大林勃然大怒，朱可夫则深感耻辱。海因里希是一位防御战术专家，他在攻击前夜将前线部队后撤，苏军的大规模炮击落在了空无一人的阵地上。德国第9集团军在塞洛高地掘壕据守，封锁屈斯特林到柏林的主要道路，给予攻击者迎头痛击。

4月17日，凭借人数上的巨大优势，朱可夫的部队攻克了塞洛防线，但当他们面对更多的德军防御工事时，速度进一步减慢，那里的德军得到了卡尔·魏德林（Karl Weidling）上将的第56装甲军的增援，该军是布塞最后一支可靠的预备队。这一延迟令斯大林火冒三丈，他命令攻势取得很好进展的科涅夫率其坦克部队转头北上。现在，德国首都要面对两个苏联方面军主力部队的猛攻。

4月20日，当曼陀菲尔遭到罗科索夫斯基的猛攻时，布塞的第9集团军也开始瓦解，朱可夫此时距离柏林只有35千米，开始用远程火炮炮击该城。很快，第9集团军残部和这座饱经战火的大都市就陷入了迅速逼近的苏军的钳形攻势。与此同时，朱可夫和科涅夫都派出了先头部队，迅速赶赴易北河。4月25日，苏军与美军在托尔高（Torgau）首次会合。

4月26日早上，在猛烈的空袭之后，苏军从各个方向对柏林发动进攻。德军的抵抗很凶猛，他们巧妙地使用被毁的建筑物和瓦砾堆狙击为步兵和坦克清理道路的苏军工兵。但苏军巨大的人数优势确保了德军抵抗的最终瓦解。

到4月29日晚上，守军已被切断和孤立在三个区域，重要的战利品——国会大厦已经在望。占领这座建筑物的任务交给了S.N.佩雷维特金（S.N. Perevertkin）少将的第79步兵军。攻击分为三个阶段：首先夺取并守住毛奇桥，然后占领内政部大楼（盖世太保总部）。完成这两步后，4月30日早上，佩雷维特金将军决定强攻国会大厦，但4时30分和11时30分的进攻都被德军密集的轻武器火力击退。18时，苏军在猛烈的炮击之后重新发动突击。

守卫国会大厦（2）的是武装党卫队和人民冲锋队的官兵，以及一个海军学校的分队，他们得到了位于动物园的多个炮兵连的支援。

德军将国会大厦变成了一个堡垒。低楼层用钢轨和混凝土加固，除了射击孔之外，门窗都用砖块封死（3）。大厦前挖掘了战壕和反坦克壕（6）并加满水，通往国会大厦的街道布设了路障和地雷。

广场上部署了多门88毫米炮（4），射程可达毛奇桥，试图阻止苏军增援部队抵达。

大厦的穹顶（1）内部已被破坏，只剩下一个钢质框架，笼罩在烟尘之中。这座建筑物的各个部分都已被高爆炸弹破坏。

苏军在突入国会大厦的时候伤亡惨重。每个房间都发生了殊死搏斗，德军使用手上的一切武器——步枪、手枪、反坦克火箭筒、手榴弹和机枪进行反击。无休止的射击使他们的武器过热，无法触碰。战斗持续到5月2日早上，被堵在地下室的最后一批德军终于投降了。5000名守军中，有2500人死亡，其余成了战俘。

4月30日，S.A.涅乌斯特罗耶夫（S.A. Neustroyev）上尉率领部下穿过瓦砾堆前往国会大厦。一名士兵手持红旗（5），于14时25分将其插在主入口的一根柱子上。后来，苏军官兵突入屋顶，在那里升起了这面旗帜，让它骄傲地飘扬在这座已成废墟的城市上空。

两天以后，希特勒向温克将军发出了充满激情的请求，希望他能拯救柏林。希特勒恳求温克将他的第12集团军调离易北河上马格德堡（Magdeburg）周围的阵地，前来解柏林之围。温克不仅尝试了这一行动，而且取得了很大进展，这永远归功于他。到4月28日，他已抵达首都外围的波茨坦（Potsdam），但最终在那里遭遇了苏军压倒性的进攻。然而，温克设法使他的部队逃脱，并在柏林以南同第9集团军的余部会合。随后，这支消耗极大的部队动身西行，希望向美军投降。

就在希特勒因为将军们和军队的背叛而咆哮之时，朱可夫和科涅夫的部队逼近，准备横扫戈培尔的宣传部描述的"柏林要塞"。戈培尔所说的不过是个荒诞的谬论。战役开始时由赫尔穆特·雷曼（Hellmuth Reymann）少将指挥，后来由魏德林上将指挥的9万守军中，大部分是装备低劣、年龄很大的人民冲锋队队员和希特勒青年团的男孩。他们占据匆忙修建的防御工事，在倾覆的电车中装满石块作为临时路障。

将近200万柏林人仍在这座围城中忙着自己的日常事务，他们深知要塞之说纯属无稽之谈。当时的一个笑话总结了他们的感受："苏军占领柏林需要两小时十五分钟。其中两小时是在捧腹大笑，另外15分钟用来突破障碍。"

当苏军逼近柏林，许多纳粹高层离开了柏林，包括戈林和希姆莱，但希特勒决心留下来。他继续像局势可以挽救一样行事，发布一系列与现实毫无关系的命令。随后，当苏军的1.5万门火炮向这座绝望的城市射出雨点般的炮弹，他放弃了一切战神的假面，宣布他打算在苏军抵达之前结束自己的生命。

希特勒曾吹嘘将屹立千年的"第三帝国"，在第12个年头就摇摇欲坠了。在苏军攻入柏林的同时，希特勒最后一次发怒，撤销了戈林和希姆莱的职务——前者过早地试图夺权，后者则发出了求和的信号——并任命海军上将卡

▲ 一名战败的德国士兵绝望地坐在破败的国会大厦周围的瓦砾堆中。他是在这场惨烈战斗中幸存下来的2500名德军官兵之一。城中其他地方的德军部队于5月2日投降。许多人后来死在苏军的战俘营中。

▲ 5月2日的《每日邮报》在头版刊登了自由世界翘首以盼的新闻：希特勒已死，战争结束了。海军上将邓尼茨决心继续斗争，他在宣布希特勒死讯的广播中说道："我的首要任务将是从不断进逼的敌人手中拯救德国人民。军队继续斗争只为了这个目标。"

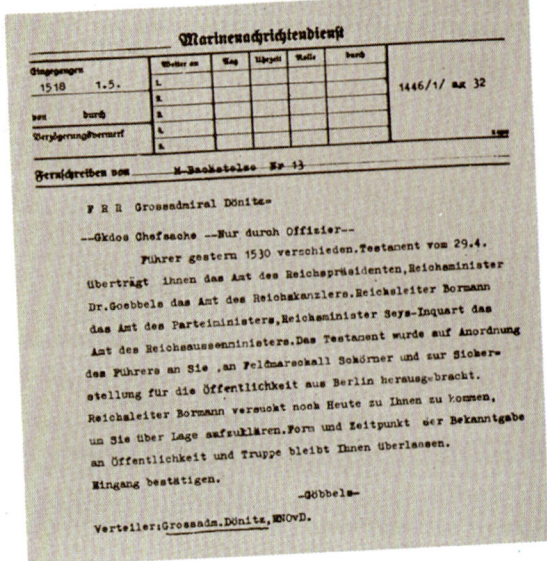

▲ 希特勒死后的第二天，戈培尔发电报给新任德国总统邓尼茨。他没有说明希特勒死亡的具体情况，而邓尼茨并没有怀疑希特勒是自杀，他向德国发表广播讲话时说希特勒是在指挥军队作战时身亡的。即便在最后时刻，纳粹领导人也没有说实话，不管是相互之间，还是对整个德国。

指挥官

▲ 科涅夫

▲ 海因里希

▲ 布塞

▲ 温克

苏联元帅**伊万·科涅夫（1897—1973）**1918年加入共产党，随后进入红军。他身材高大、直言不讳，在参加革命之前曾为沙皇而战。他的军旅生涯和朱可夫很相似，但有一个明显的区别：科涅夫是以政委的身份加入军队的，而朱可夫一直是个普通军人。

科涅夫对手下官兵爱护有加，但对德军却毫不留情。在第聂伯河战役中，他要求被其部下包围的德军几个师投降。德军没有立即答应，于是他命令手下的哥萨克骑兵挥舞马刀攻击和砍杀德军，连那些举起来表示投降的手都被砍断了。

德国**戈特哈德·海因里希大将（1886—1971）**从希姆莱手中接管维斯瓦集团军群时，恰逢苏军切断德国第20装甲师，该师几个月来一直在奥得河西岸屈斯特林两侧的苏军桥头堡之间开辟一条走廊。现在，苏军拥有了一个可用于攻击柏林的大型前进基地。海因里希曾实施了穿越喀尔巴阡山脉向西里西亚撤退的行动，擅长与苏军交手。到战争结束时，他已经成为德国防御战的顶尖人物，这是为进攻而训练的大部分德国指挥官较为薄弱的领域。他在苏军炮击之前将部队撤出前线，使炮弹落在空阵地上，从而节约了人力。

德国第9集团军指挥官**特奥多尔·布塞上将（1897—1986）**时年47岁，戴着一副眼镜，负责守卫柏林的东部入口。他是一位循规蹈矩的指挥官，在得到命令之前绝不后退，认为独立行动可能被视为背叛。

战争的最后几天里，**瓦尔特·温克上将（1900—1982）**被任命为当时在易北河上作战的第12集团军指挥官。希特勒曾满怀希望，这个集团军能从西南推进，拯救柏林。希特勒在地堡中反复说："温克将军的集团军正在从南面北上。他必定能将苏军击退足够远的距离，拯救我们的人民。"温克的集团军消耗巨大，没有足够的力量完成如此壮举，但他确实努力想要抵达柏林。

◀ 苏军押送被俘德军官兵通过莫斯科街道，这成了百姓们眼中和宣传电影里的奇观。俘虏随后被送到西伯利亚寒冷荒野中的战俘营。没有多少人能承受这样恶劣的条件：极寒，食物和衣服不足，看守的粗暴对待，斑疹伤寒疫情的爆发。

尔·邓尼茨为他的继承人。写下个人和政治遗嘱后，4月30日下午，希特勒和他结婚仅一天的妻子伊娃·布劳恩回到住所自杀。他们的遗体焚于总理府花园的堑壕中。当天深夜，朱可夫的得胜之师在国会大厦上升起红旗。顺便一提，这对科涅夫可谓当头一棒。斯大林命令第1乌克兰方面军停在距离国会大厦不远处，剥夺了他的部队完成这一象征性举动的荣耀。

虽然废墟中仍有小股德军在抵抗，但苏军实际上已控制了柏林，地堡中剩下的人也承认这一事实，试图进行谈判。苏军拒绝谈判，要求无条件投降。5月2日，魏德林将军答应了这一条件，向苏联第8近卫集团军的瓦西里·崔可夫将军投降。几天之内，各地的德军也放下了武器。官方停战时间为5月8日午夜。

没人知道4月16日到5月2日有多少军人和平民死亡。德军死亡人数估计为20万人，苏军为15万人，这反映了德国第9集团军的凶猛程度。双方都有数万人受伤。内城沦为瓦砾，幸存者们惊恐万状。但是到第一批美军、英军和法军部队抵达，管理事先商定的居住区之时，混乱已经被遏制了。

现在，丘吉尔预言的"严重、可怕的困难"成了现实。苏联人认为他们在欧洲战争中肩负了最大的责任，使管理战后柏林的四国控制委员会的其他合作伙伴处境尴尬。英国、美国和法国代表团被困在苏联统治的汪洋大海中，根据共识，这时苏联的势力范围已经扩展到柏林以西160千米处。斯大林毫不掩饰对西方盟国深入苏联占领区中心的厌恶，这一区域后来成为德意志民主共和国。双方的关系变得冷淡，后来逐渐恶化为所谓的"冷战"——西方国家和苏联集团之间自那之后展开的一场意识形态冲突。

▲ 在同胞冯·弗里德堡海军上将的注视下，阿尔弗雷德·约德尔（Alfred Jodl）将军在兰斯签署了全面无条件投降文件，该文件于5月8日（星期二）24时生效。约德尔是投降者中最难对付的，在初步谈判中一直拖延时间，希望盟国让步。艾森豪威尔勃然大怒，威胁封锁他在西线的各条战线，从而阻止德军进一步从东部脱逃。因此，约德尔别无选择，只能向新任总统邓尼茨请求签署投降书并立刻得到了批准。

▲ 5月9日凌晨，朱可夫（中）在柏林代表苏军最高司令部签署了正式批准的条约。他身边的是斯大林的特使安德烈·维辛斯基（Andrei Vyshinski）。多名翻译、英国上校斯特朗（站立者）和苏联陆军元帅索科罗夫斯基（右）注视着他。英国空军上将亚瑟·特德爵士代表艾森豪威尔将军，德国陆军元帅威廉·凯特尔（Wilhelm Keitel）代表德军最高司令部签署了这份文件。

欧洲胜利日

丘吉尔和新任美国总统哈里·杜鲁门宣布5月8日（"欧洲胜利日"）为公众假日。在伦敦，大批民众聚集到所有主要广场和街道上。丘吉尔在白厅内政部的阳台上向群众发表讲话："这是你们的胜利。"此时，白金汉宫门前的广场上挤满了平民和休假的军人，他们载歌载舞，并向出现在阳台上的国王和王后欢呼。教堂的钟声响彻欧洲大陆，就连小乡村也举行了庆祝活动，表达对欧洲战争结束的欣慰和感激之情。在纽约，成千上万的人拥入曼哈顿中区，尤其是时代广场，彻夜狂欢庆祝。

◀ 美国占领军进入柏林的宣传照片。该城被分为四个占领区——英国占领区、美国占领区、法国占领区和苏联占领区。关押纳粹高级官员的斯潘道监狱从过去到现在一直由各个盟国控制，每月轮值。

▲ 无家可归的平民在废弃的柏林安哈尔特（Anhalter）车站前的废墟中徘徊。大部分人都带着余下的财物，蒙着脸并戴上护目镜以抵挡密集轰炸造成的尘土和烟雾。

▲ 欧洲胜利日的晚上，伦敦特拉法尔加广场的狂欢者们挥舞着旗子，欢庆欧洲战场的战争结束。

冲绳岛战役，1945年4月—6月

1945年春季，美军在太平洋对日军成功实施的"跳岛作战"进入了最后阶段——冲绳登陆战，这也是进攻日本本土之前的最后一战。

随着战斗越来越靠近本土，敌人的抵抗也不断加强，因此美军预计，当他们对这个看似不起眼但战略价值很高的多岩石岛屿（长97千米，最宽处宽30千米）发动进攻时，将会遭遇疯狂的抵抗。冲绳岛是琉球群岛中最大的岛屿，在日本本土以南仅563千米处，有良好的港口、机场和部队集结设施。它可以作为对日本发动总攻的极佳主要基地。

美军认为，要夺取这个岛屿，就必须与大约6.5万人的敌军交战并将其击溃，在2月和3月初的硫黄岛战役中，日军的人数只是这个数字的三分之一，却造成了很大的困难。然而，美军用远程高空飞机实施的侦察得出的数字偏低了。在冲绳等待他们的，是牛岛满将军（当时军衔为中将）的第32军，兵力将近12万人。此外，日军还投入了1万架飞机以保卫这个重要岛屿。海军尽管缺乏燃油，仍然派出了一支特遣舰队，包括有史以来最大的战列舰"大和"号。

对冲绳岛的进攻代号为"冰山行动"（Operation Iceberg），美军为此集结了由久经战阵的部队组成的强大集群。太平洋战争中规模最大的登陆部队，由西蒙·巴克纳（Simon Buckner）中将的第10集团军组成，包括海军陆战队的3个师和陆军的4个师，总兵力达15.5万人。到战役结束时，参加这场恶战的美军官兵超过了30万人。

美国海军的行动由海军上将雷蒙德·斯普鲁恩斯的第5舰队实施，该舰队分为多个特遣舰队。最大的主攻舰队是由海军上将里士满·特纳（Richmond Turner）指挥的第51特遣舰队，包括大约300艘军舰、超过1000艘运输舰船和登陆艇。第58特遣舰队是由海军中将

马克·米切尔（Marc Mitsher）指挥的4个强大的快速航空母舰战斗群，第57特遣舰队则是由海军中将伯纳德·罗林斯（Bernard Rawlings）爵士指挥的英国皇家海军航母部队，这两支舰队将掩护特纳的舰队，并对日军发起攻击。

由海军中将威廉·布兰迪（William Blandy）指挥的第52特遣舰队奉命对冲绳实施炮火准备，并清除通往岛西侧牧港的登陆海滩的大面积雷区。

▲ 1945年4月3日，美国海军陆战队第1师的官兵在冲绳岛登陆，带头的海军陆战队员手持一支汤普森冲锋枪，另一名陆战队员带着喷火器。

登陆日期定在4月1日（复活节）。从3月18日起，美军开始对敌人实施一系列骚扰性攻击。他们猛烈打击陆地上的海军和空军基地。在外岛上，冲绳的防御工事遭到与日俱增的轰炸和炮击，附近的庆良间列岛被美军攻占，为主攻提供了一个前进基地。攻克庆良间列岛的美国第77步兵师还缴获了200多艘装满炸药、完好无损的日本自杀艇，从而消除了对登陆舰队的一个严重威胁。

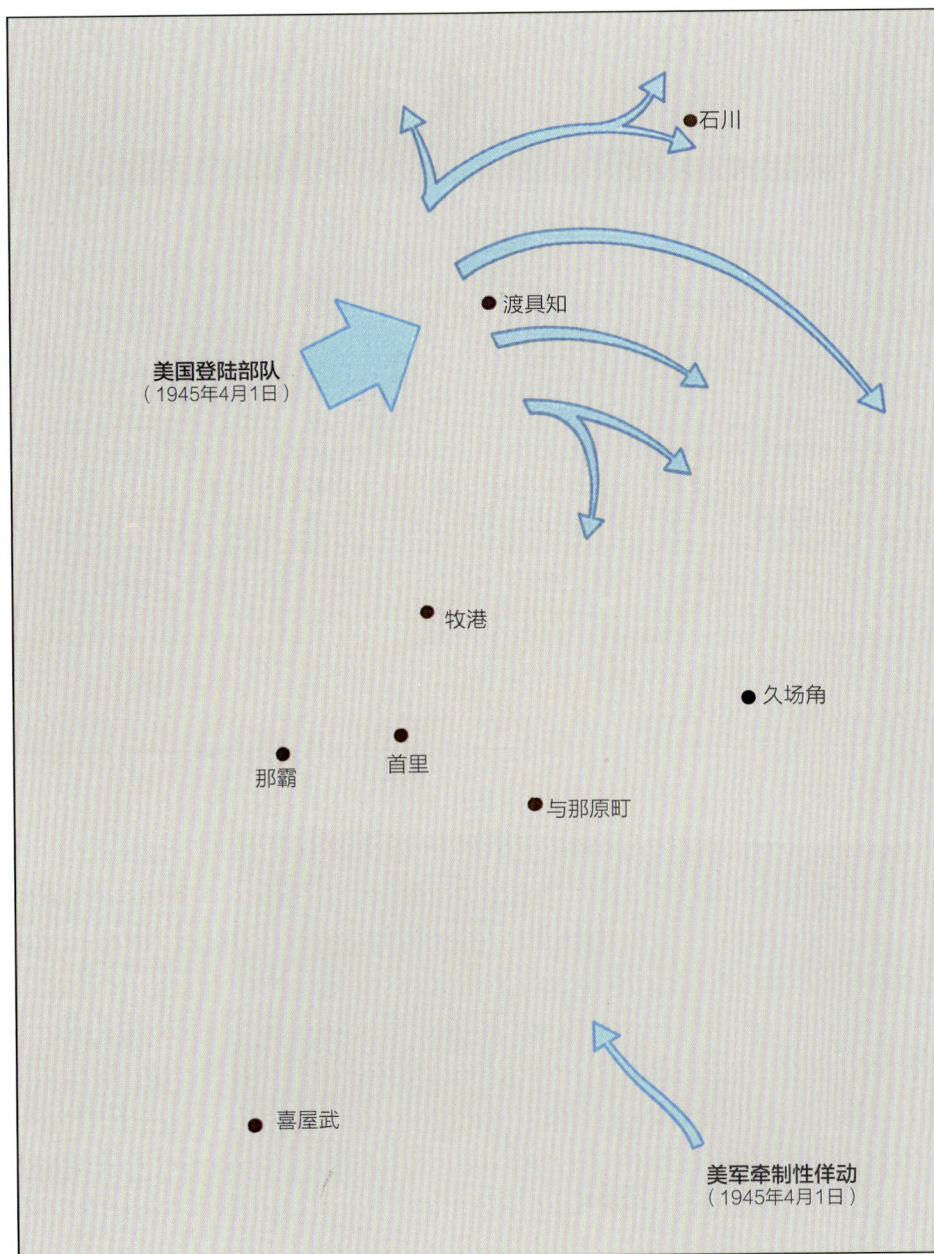

美国登陆部队
（1945年4月1日）

● 石川

● 渡具知

● 牧港

● 久场角

● 那霸　● 首里

● 与那原町

● 喜屋武

美军牵制性佯动
（1945年4月1日）

◀ 盟军夺取琉球群岛（中国台湾与日本之间的一条岛链）的计划是：首先占领冲绳岛，以便修建飞机跑道，然后从那里出动轰炸机攻击日本本土。
通过航母舰载机和陆基飞机从战略上孤立冲绳之后，海军舰炮火力和空袭将摧毁日军防御工事和飞机跑道。随后，登陆场周围水域布设的水雷和其他防御手段都将被清除，确保重载运输舰船的安全通道。
"冰山行动"计划的制订工作始于1944年10月，太平洋地区总司令、海军上将尼米兹监督了这项方案。他最优先考虑的是空中优势，坚持认为应该在海军陆战队登陆之前建立这种优势。
实现上述目标后，计划要求第77师夺取冲绳以西的庆良间和庆伊濑列岛。这些岛屿能为远征部队提供良好的安全锚地、水上飞机基地以及舰队各单位的补给点。
冲绳岛战役本身分为三个阶段。首先是占领该岛南部，然后占领伊江岛和冲绳北部。第三个阶段，也是最后一个阶段是占领西南诸岛的机场和仓库并加以开发。
然而，登陆之后，美军最先攻克的是北部地区。

　　然而，美军取得这些战果时并不是没有遭到日军的抵抗和报复。航母战斗群是日本航空兵的主要目标，特别是自杀性的"神风"飞行员。这种自杀战术在1944年10月的莱特湾战役中首次被广泛使用，在登陆之前，美军就有4艘航母受损。

　　4月1日4时刚过，美国海军陆战队员和陆军官兵就挤进登陆艇，开始4个半小时的航行，直抵渡具知海滩。布兰迪的第52特遣舰队已经在那里进行了大规模扫雷行动，确保海滩周边的安全。在猛烈的海军舰炮火力保护下，先头部队于8时30分抵达海滩，令他们吃惊的是，没有遇到任何抵抗。平静的第一天结束时，巴克纳的部下已有6万人登上13千米宽、4.8千米深的海滩。海军陆战队的一个师在岛的另一面发动的佯攻也没有吸引任何火力。每个人都想知道："日本人在什么鬼地方？"

　　接下来的48小时，美军巡逻队小心地刺探内陆地区，占领包括两个机场在内的该岛中心区域。随后，情报军官从当地人口中得到了令美军困惑的问题的答案：牛岛满和大部分手下都在冲绳南部严阵以待。

　　约翰·霍奇（John Hodge）少将的第24军逼近敌军，于4月3日与日军前沿阵地发生接触。在接下来的80天里，美军士兵真正见识了牛岛满的部队，后者誓言要将自己的生命投入自知不可能取胜的一场消耗战中。南部的大规模战斗展开之时，巴克纳派出一个陆战师向北肃清敌军阵地。第77步兵师则前往夺取西北沿岸附近的伊江岛，那里有一个机场，巴克纳希望利用该机场为冲绳提供更多的空中掩护。

陆战队遇到了极其顽强的抵抗，花了17天才实现目标。而在有2000名日军守卫的伊江岛，第77师的官兵进行了一场可能是他们在这场战争中最为惨烈的战斗，经过5天（4月16日—21日）才占领该岛。4月6日，日本航空兵和海军部队从3月份美军对其基地实施的破坏性打击中恢复过来，开始直接参与冲绳争夺战，对美军舰队和渡具知滩头连续发动了10次大规模轰炸和"神风"攻击。此外，燃料匮乏的日本海军集结了一支最为强大的分舰队，起航前往该岛，他们预计这将是一项单程任务。

尽管损失惨重，日军飞机仍竭力突破美国海军的防空火力，通过撞击击沉6艘舰艇，击伤21艘。但是次日，轮到日军损失6艘军舰，这也成了日本海军的最后一次行动。

4月7日正午刚过，标准排水量为6.4万吨的巨型战列舰"大和"号、"矢矧"号轻巡洋舰和8艘驱逐舰在没有空中掩护的情况下开往冲绳，遭到了美国第58特遣舰队航母上的大批俯冲轰炸机和鱼雷轰炸机的协调攻击。海军中将伊藤整一的分舰队得到了无情的命令，在被消灭之前尽可能给美军舰队造成损失，但他根本没有机会。"大和"号、"矢矧"号和4艘驱逐舰甚至没有看到任何一艘美国军舰，就沉入了海底。其他4艘驱逐舰（其中2艘受到重创）转头返回母港。

从4月5日在冲绳南端与日军激战开始，到4月12日为止，面对坚定的抵抗，美军的推进逐渐减缓。此时牛岛满的部队经过一周的消耗战，遭受了10倍于美国第24军的伤亡，但并没有放弃太多地盘，而是突然发动攻势，试图使美军失去平衡。他们在48小时内对美军阵地发动了多次"万岁冲锋"，均被击退。日本第32军进一步被消耗，只能沮丧地恢复守势。

此后的一个多月里，巴克纳将努力集中在突破日军主防线上，这是一条精心准备的防线，以首里古城为中心，横

▲ "大和"号：长263米，最高航速27节，装备9门18英寸炮、12门6.1英寸炮、12门5英寸炮、4门13毫米炮和（最终）146门25毫米高射炮，搭载6架水上飞机。

"大和"号的覆灭

满载时排水量达72908吨的"大和"号战列舰是有史以来最大的战舰，搭载了强大的武器，特别是1945年舰上装备了146门高射炮。4月6日，"大和"号、"矢矧"号轻巡洋舰和8艘驱逐舰被派往冲绳，这必然是执行一项自杀性任务，因为尽管它们的油箱里几乎装进了日本海军剩余的全部油料，但仍不足以返航日本。

这支小舰队奉命在冲绳搁浅，然后战斗到被消灭为止。然而，它们在前往目的地的半路上被美国潜艇发现，次日就遭到了航母舰载轰炸机的攻击。

两小时内，"大和"号就被7枚炸弹和12枚鱼雷击中，最终爆炸沉没。同一时间，"矢矧"号和4艘驱逐舰也被击沉。这是日本在第二次世界大战中最后一次海军行动。

◀ 第二次世界大战中战绩最佳的海军王牌飞行员是美国的唐纳德·麦克坎贝尔（Donald McCampbell）。照片中，他骄傲地展示机身漆上的21面日本军旗，这表示他"击杀"的敌机数量。到战争结束时，他共计击落了34架敌机。麦克坎贝尔还保持着单次空战击落敌机的最高纪录——9架。

"神风"特攻——垂死挣扎

日本"神风"特攻队是第1航空舰队指挥官、海军中将大西泷治郎的发明,在1944年10月的莱特湾战役中首次被使用。大西泷治郎认为,消耗战和战前缺乏持久战规划导致的舰艇和飞机短缺,可通过以装满炸药的飞机撞向美军舰艇,尤其是航空母舰加以弥补。这些飞机由狂热的爱国青年驾驶,给海上战争带来了令人不寒而栗的危险转折。

"神风"(指的是中世纪偶然将攻打日本的舰队从沿岸吹走的一次台风)特攻的战术价值很快得以确立。到1945年1月,日军组建了多个特攻队。尽管美军战斗机和防空火力通常能够有效地抵御"神风"攻击,但不可避免地会有一些飞行员突破防御,美军的舰艇和人员损失开始增加。英国航空母舰比美国同类军舰更能抵御这些自杀性攻击,因为它们的甲板几乎都进行了加固,因此不会因为直接撞击而严重受损。

不过,到冲绳岛战役时,日军越来越难找到愿意自我牺牲的官兵了。当时有一种倾向日益明显,那就是飞行员们返回基地并报告说没有发现任何敌舰。为了阻止这种做法,有些时候"神风"飞机有护航战斗机伴随,确保飞行员们完成使命。"神风"特攻队共计击沉了30艘美国军舰,击伤368艘,并造成将近5000名美国海陆军官兵死亡。

▲ 所有"神风"特攻队队员都带着钵卷(头带),这是武士道中勇气的象征。武士阶层最初兴起于12世纪,他们培养出了对痛苦或死亡的淡然态度,以及对主人的完全效忠。

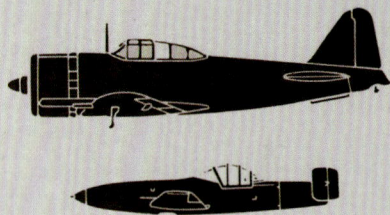

▲ "零"式舰载战斗机(上)是一种机动性极好的飞机,但按照西方的标准它较为脆弱,其名称来源于制造商的定名"00式"。最初,"神风"特攻队队员驾驶这种飞机。到了1945年4月,日本设计出了一种专用于"神风"攻击的飞机——"樱花"特攻机(下)。它有3台火箭发射器,搭载一名飞行员和2041千克炸药。"樱花"特攻机被悬挂在轰炸机下靠近目标,释放后,飞行员没有任何脱逃手段,只能以将近966千米/小时的速度向目标俯冲而去。

▲ 美国"富兰克林"号(USS Franklin)航空母舰遭到日本自杀式轰炸机攻击后起火,造成超过1000人伤亡。尽管严重受损并产生了危险的倾斜,但该舰设法抵达美国港口,在那里得到维修。

▶ 一名自杀飞行员在"神风行动"前为战友调整头带。这些年轻人被日本民众视为英雄。

贯全岛。在这个深沟高垒的地区，敌军投入了很大的力量，为各个据点提供环环相扣的火力网，使攻占这些据点变得极其困难且代价高昂。这些被美军叫作"糖面包山"（Sugar Loaf）和"水滴巧克力"（Chocolate Drop）等与战争无关名称的山岭，成了杀戮场。

5月4日，牛岛满再度试图以反攻夺取主动权。尽管取得了几次成功，但他逐渐衰弱的部队无法维持初期的攻击势头，在3天内重回守势。

接下来的两周，美军对日军防线两翼施压，慢慢地迫使敌军内缩，直至威胁并包围首里。到5月21日，牛岛满决定撤往冲绳南端进行最后一战。豪雨使战线变成一片泥泞，日军殿后部队继续与

美军鏖战，同时第32军有序地撤往新防线。由于天气恶劣，美军飞机只能留在地面，无法妨碍日军行动。5月31日，首里最终失守，美国第10集团军准备发动最后的进攻。海军陆战队在西南海岸的小禄半岛发动了一次两栖攻击，摧毁了一个重要机场，消灭了一股顽抗的敌军。巴克纳的主力部队同时向牛岛满在八重濑岳的阵地，使用火焰喷射器和高爆炸药进行强攻。

在持续一周的激战中，日军战线开始瓦解。6月18日，眼看就要取胜的美军失去了他们的指挥官。西蒙·巴克纳在视察一个前沿阵地时受伤不治身亡。三天内，牛岛满也身死孤岛，但他是自杀的。他蔑视美军的劝降，为了保住余部

的生命，于6月21日和他的参谋长跪在日军指挥部之外，以传统的切腹礼自杀。这场长达82天的冲绳据点争夺战结束，剩下的只是一些扫荡行动。

日本一个近12万人的集团军，阵亡人数达到了惊人的11万人。美国第10集团军有7203人死亡，伤者超过3.1万人，海军的损失则为近5000人死亡，受伤人数也大致相当。

随着最终攻克冲绳，美军的眼光转向日本本土，并制订了庞大的登陆计划，拟议发动时间为11月1日。然而，这种与敌作战到底的常规手段必然造成严重的人员损失，但很快随着1945年8月原子时代拉开序幕而变得毫无必要。日本在两枚原子弹摧毁广岛和长崎之后选择投降。

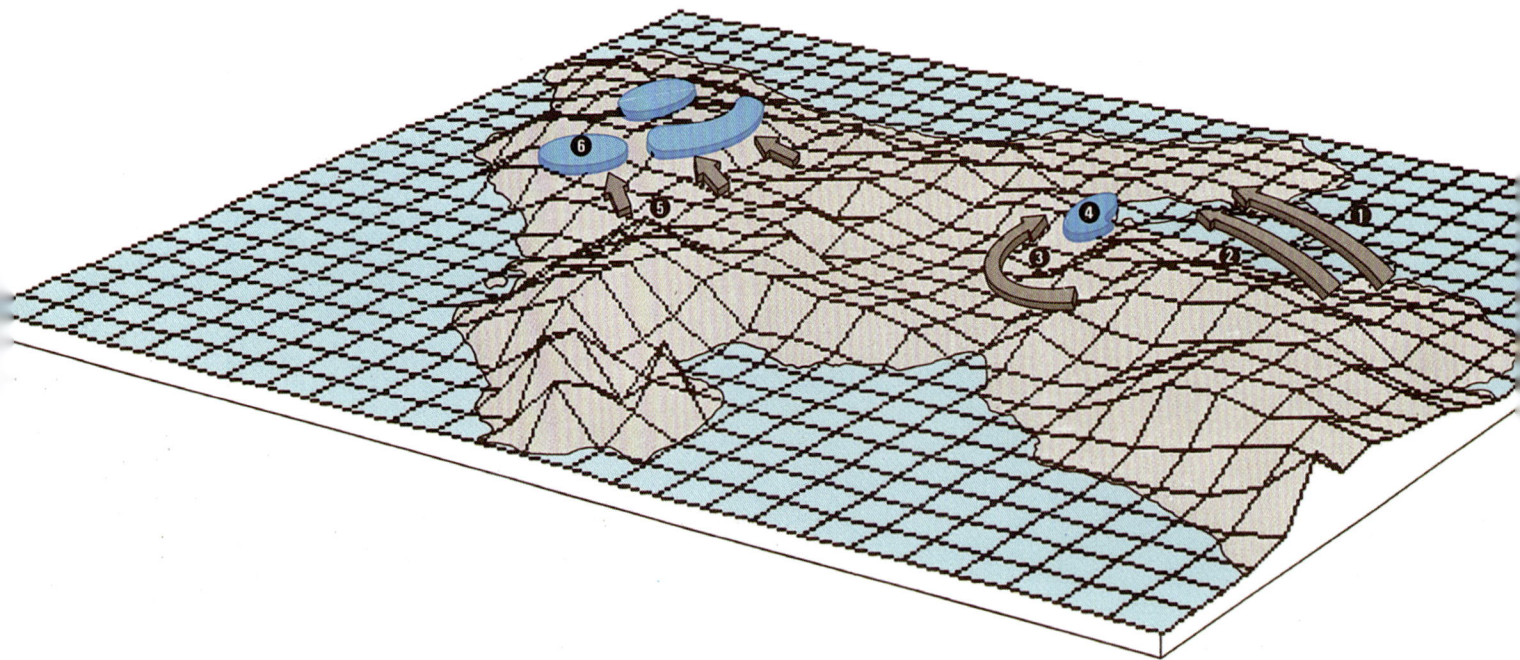

▲ 冲绳岛南端（向西南看）

1945年6月4日，美国海军陆战队的两个师——陆战第4师（1）和陆战第29师（2）在冲绳岛西南的小禄半岛实施两栖登陆，与陆上从反方向推进的陆战第22师（3）会合。他们的目标是战胜有很强装甲兵实力、装备精良的日本海军基地部队（4），后者占据了由许多隧道和地下室组成的大型综合防御阵地，誓言死战到底。战斗持续了10天。

与此同时，在更南面的山区，美国第10集团军主力（5）猛攻三个筑垒区域（6）——八重濑岳、与座岳和国吉高地，这是牛岛满将军选择的决战之地。那里的战斗持续到了6月22日。

指挥官

▲ 特纳

▲ 巴克纳

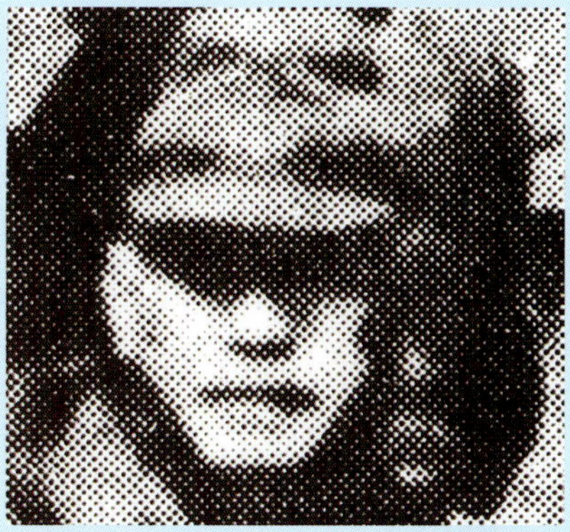

▲ 牛岛满

美国两栖部队指挥官、海军中将**里士满·K.特纳**（1885—1961）于1942年奉命前往太平洋战区，参加了瓜达尔卡纳尔、硫黄岛和其他登陆行动。他是一个武断的人，口无遮拦，言辞粗暴，经常因为对同僚的工作说三道四而引发对立情绪。

美国第10集团军、冲绳登陆部队指挥官**西蒙·玻利瓦尔·巴克纳中将**（1886—1945）是著名的南方邦联将军之子（父子同名），此前一直负责组织阿拉斯加的防务。巴克纳向冲绳空投了约800万张传单，以此开始了一场心理战，意在获得平民的信任，并在日军官兵中散布绝望情绪。对日军指挥官劝降遭拒后，巴克纳试图利用这位日军将领的决定，将其全部军队带入必死的境地。他在前往一个观察哨视察时，日军的一发炮弹在正上方爆炸，飞溅的珊瑚碎片穿透了他的胸膛，致其死亡。

日本**牛岛满中将**（1887—1945）曾在缅甸战役初期指挥一个步兵大队，后担任座间日本军事学院院长。随着防御冲绳的第32军逐渐瓦解，失败已成必然，牛岛满选择切腹自尽。

▲ 一名受到惊吓的冲绳农民跑出藏身处，向正在肃清敌军阵地的美军投降。陆战队员们保持警惕，做好射击准备，因为几乎所有被逼到绝路的日军官兵都准备战斗至死。冲绳原有的12万敌军中，只有1万人得以幸存。战后数十年中，在太平洋岛屿上寻找到了许多孤独的日军官兵，他们仍然保留着自己的武器。

▲ 美国海军陆战队第1师的官兵向冲绳的日军防御阵地开火。图中，前方的陆战队员装备一支卡宾枪，他左侧的战友用的是一支加兰德半自动步枪。在他们身后和远端的其他士兵操作着一具巴祖卡火箭筒。

登陆两个多月后，美军部队最终突入冲绳岛南端。牛岛满将军的余部准备在这里进行最后一系列残酷、血腥的战斗。

在图中可以看到，6月12日，美国第96步兵师的部队向八重濑岳上坚固的日军阵地推进。这一区域在两天后被攻克，但又过了10天，美军才宣布掌握了冲绳岛。

八重濑岳（1）被美军称为"大苹果"（Big Apple），它构成了日军主防线的东翼，这条防线占据了一道大约64千米长的山脊。

日本第24师团的幸存者（2）从山顶的据点和山坡上坚固的洞穴中，以猛烈的火力打击推进的美军。

美军步兵用大块的黄布（5）标记前沿阵地，让空中支援知道敌方控制地域的起始点。日军常常遭到"海盗"战斗机和"复仇者"轰炸机的攻击。

步兵在肃清敌方阵地时得到了携带火焰喷射器的"谢尔曼"坦克的帮助（3）。消灭火力点只有两种手段：向其投掷炸药包或者使用火焰喷射器。

美国陆军第96步兵师的步兵（4）缓慢地向"大苹果"上地势较低的山坡上的日军阵地移动，直到6月14日才占领这座重兵把守的山岭。由于敌军的意图是在战死之前尽可能多地杀伤美军官兵，此战的伤亡很大。

那霸

与那原町

丝满

八重濑岳

港川

日军的最后阵地

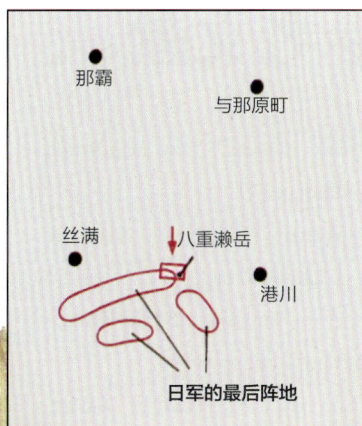

一个新时代：
原子弹

　　盟军在"跳岛"作战中就已得到警示：如果他们进攻日本本土，将会遇到凶猛、狂热的抵抗。但美国人现在有一种可怕的新武器可用——原子弹。1945年8月6日，一枚原子弹在广岛上空爆炸，3天后的8月9日，另一枚原子弹投向了长崎。两座城市均被摧毁，居民非死即残。

　　8月9日，苏联也对日宣战。在将近一个月的时间中，日军继续抵抗美军和苏军对其船运、机场和某些岛屿基地的攻击。但他们最终相信继续抵抗已没有用处，这也使无数盟国和日本参战人员免遭伤亡。9月2日，日本在停泊于东京湾的美国战列舰"密苏里"号正式投降。

❶

❷

❸

参考文献

西方战场

Ambrose, Stephen E. , *Pegasus Bridge*, Allen & Unwin, London, 1984.

Barker, A.J. ,*Dunkirk, The Great Escape*, J.M. Dent & Sons, London, 1977.

Belchem, David, *Victory in Normandy*, Chatto & Windus, London, 1981.

Blaxland, *William G., Destination Dunkirk*, William Kimber, London, 1973.

Broome, Jack , *Convey is to Scatter*, William Kimber, London, 1972.

Calder, Angus, *The People's War*, Jonathan Cape, London, 1969.

Collier, Richard, *Eagle Day: Battle of Britain*, Hodder & Stoughton, London, 1966.

Costello, John and Hughes, Terry, *The Battle of the Atlantic*, William Collins, London, 1977.

Deighton, Len, *Fighter*, 1978; *Blitzkrieg*, 1979, *Battle of Britain*, 1980; Jonathan Cape, London.

Divine, David, *The Nine Days of Dunkirk*, Faber & Faber, London, 1959.

Eisenhower, Dwight D., *Crusade in Europe*, Heinemann, London, 1948.

Eisenhower, John S.D., *The Bitter Woods*, Robert Hale, London, 1969.

Elstob, Peter, *Hitler's Last Offensive*, Secker & Warburg, London, 1971.

Grenfell, Russell, *The Bismarck Episode*, Faber & Faber, London, 1948.

Harman, Nicholas, *Dunkirk, the Necessary Myth*, Hodder & Stoughton, London, 1980.

Harris, John, *Dunkirk*, David & Charles, Newton Abbot, 1980.

Hastings, Max, *Overlord*, Simon & Schuster, New York, 1984.

Haswell, Jock, *The Intelligence and Deception of the D-Day Landings*, Batsford, London, 1979.

Held, Werner, *Fighter!*, Arms & Armour Press, London, 1979.

Horne, A.A., *To Lose a Battle: France 1940*, Macmillan, London, 1969.

Howarth, David A., *Dawn of D-Day*, Collins, London, 1959.

Kennedy, Ludovic, *Pursuit: The Chase and Sinking of the Bismarck*, William Collins, London, 1974.

Lord, Walter, *The Miracle of Dunkirk*, Allen Lane, London, 1983.

Macdonald, Charles B., *The Battle of the Bulge*, Weidenfeld & Nicholson, London, 1984.

Marwick, Arthur, *The Home Front*, Thames & Hudson, London, 1976.

Mason, Francis K, *Battle over Britain*, McWhirter Twins, London, 1969.

Montgomery, Bernard Law, *Normandy to the Baltic*, Barrie and Jenkins/ The Arcadia Press, London, 1947.

Miillenheim-Rechberg, Baron Burhard von, *Battleship Bismarck*, The Bodley Head, London, 1981.

Perrett, Bryan, *Lighting War*, Panther, London, 1985.

Piekalkiewicz, Janusz, *Arnhem: 1944*, Ian Allen, London, 1977.

Price, Alfred, *The Battle of Britain: The Hardest Day*, Macdonald & Jane's, London 1979.

Rutherford, Ward, *Blitzkrieg 1940*, Bison Books, London, 1979.

Ryan, Cornelius, *The Longest Day*, Victor Gollancz, London, 1960.

Ryan, Cornelius, *A Bridge Too Far*, Hamish Hamilton, London, 1974.

Strawson, John, *The Battle for the Ardennes*, Batsford, London, 1972.

Toland, John, *Battle: The Story of the Bulge*, Frederick Muller, London, 1960.

Townsend, Peter, *Duel of Eagles*, Weidenfeld & Nicolson, London, 1970.

Tute, Warren, *Costello*, John and Hughes, Terry, *D-Day*, Sidgwick & Jackson, London, 1974.

Turnbull, Patrick, *Dunkirk: Anatomy of a Disaster*, Batsford, London, 1978.

Whiting, Charles, *Ardennes: The Secret War*, Century Publishing, London, 1984.

地中海战场

Attard, Joseph, *The Battle of Malta*, William Kimber, London, 1980.

Blumenson, Martin, *Anzio, The Gamble That Failed*, Weidenfeld & Nicolson, London, 1963.

Bradford, Ernle, *Siege: Malta 1940-43*, Hamish Hamilton, London, 1985.

Ellis, John, *Cassino: The Hollow Victory*, Andre Deutsch, London, 1984.

Forty, George, *Desert Rats at War, Ian Allen*, London, 1980.

Graham, Dominick, *Cassino*, Ballantine, New York, 1971.

Hay, lan, *The Unconquered Isle*, Hodder & Stoughton, London, 1943.

Hibbert, Christopher, *Anzio: the Bid for Rome*, Ballantine, New York, 1977.

Hogan, George, *Malta, The Triumphant Years*, Robert Hale, London, 1978.

Jackson, W.G.F., *The Battle for Italy*, Batsford, London, 1967.

Lewin, Ronald, *The Life and Death of the Africa Korps*, Batsford, London, 1977.

Lloyd, Hugh, *Briefed to Attack*, Hodder & Stoughton, London, 1949.

Lucas, James, *The War in the Desert*,

Arms & Armour Press, London, 1982.

Majdalany, Fred, *Cassino: Portrait of a Battle*, Longmans, Green & Co., London, 1957.

Micallef, Joseph, *When Malta Stood Alone*, Interprint, Malta, 1981.

Montgomery, Bernard Law, *El Alamein to the River Sangro*, Barrie and Jenkins/The Arcadia Press, London, 1948.

Moorehead, Alan, *The Desert Cassino War*, Hamish Hamilton, London, 1965.

Piekalkiewicz, Janusz, *Cassino*, Orbis, London, 1980.

Pitt, Barrie, *The Crucible of War: The Western Desert 1941*, Jonathan Cape, London, 1980.

Schmidt, Heinz, *With Rommel in the Desert*, Harrap, London, 1957.

The Air Battle of Malta, HMSO, London, 1944.

Smith, E.D., *The Battles for Cassino*, lan Allan, London, 1975.

Strawson, John, *El Alamein Dent*, Lon-don, 1981.

Verney, Peter, *Anzio 1944: An Unexpected Fury*, Batsford, London, 1978.

东方战场

Chuikov, Vasili I, *The Beginning of the Road*, Panther Books, London, 1963.

Clark, Alan, *Barbarossa: The Russian-German Conflict 1941–1945*, Hutchin-son, London, 1965.

Erickson, John, *The Road to Stalingrad*, Weidenfeld & Nicholson, London, 1975.

Jukes, Geoffrey, *Kursk: The Clash of Armour*, Ballantine, New York, 1969.

Parotkin, Major–General (Ed.-in– Chief), *The Battle of Kursk*, Progress Publishers, Moscow, 1974.

Piekalkiewicz, Janusz, *Moscow: 1941*, Arms & Armour Press, London, 1985.

Ryan, Cornelius, *The Last Battle*,

Collins, London, 1966.

Thach, Joseph Edward, *The Battle of Kursk, July 1943: Decisive Turning Point on the Eastern Front*, Ann Arbor, Michigan University Microfilms, 1971.

200 Days of Fire, Accounts by participants of the Battle of Stalingrad. Progress Publishers, Moscow, 1970.

Carell, Paul, *Hitler's War on Russia*, 1964; *Scorched Earth*, 1970; George G. Harrap, London.

太平洋战场

Allen, Louis, *Burma: The Longest War 1941–45*, Dent, London, 1984.

Bateson, Charles, *The War with Japan*, Barrie & Rockliff, London, 1968.

Costello, John, *The Pacific War*, Collins, London, 1981.

Esposito, VincentJ . (Chief Editor), *The West Point Atlas of American Wars*, 1900–1953 vol. II Frederick A. Praeger, New York.

Evans, Geoffrey and Brett–James, Anthony, *Imphal: A Flower on Lofty Heights*, Macmillan, London, 1962.

Fuchida, Mitsuo and Okumunya, *Masatake, Midway: The Battle that doomed Japan*, US Naval Institute An-napolis, Md, 1955.

Kilduff, Peter, *U.S. Carriers at War*. Ian Allan, London, 1981.

Leckie, Robert, *Challenge for the Pacific*, Hodder & Stoughton, London, 1966.

Lucas Phillips, *C.E., Springboard to Victory*, Heinemann, London, 1966.

Macfetridge, Charles H.T., *Tales of the Mountain Gunners*, William Blackwood, Edinburgh, 1973.

Manchester, William, *Goodbye, Darkness*, Michael Joseph, London, 1981.

Morison, Samuel Eliot, *The Two-Ocean War, Atlantic*, Little, Brown, Boston,

Ma, 1963.

Prange, Gordon W., *Miracle at Midway*, McGraw–Hill, New York 1982.

Preston, Anthony (Ed.), *Decisive Battles of the Pacific War*, Hamlyn, London, 1979.

Slim, William, *Defeat into Victory*, Cassell, London, 1956.

Spurr, Russell, *A Glorious Way to Die*, Sidgwick & Jackson, London, 1982.

Swinson, Arthur, *Kohima: The Turning Point Cassell*, London, 1966.

整体叙述

Airborne, *Operations*, Salamander, Lon-don, 1978.

Arnold–Foster, Mark, *The World at War Collins*, London, 1973.

Bullock, Alan, *Hitler: A Study in Tyranny*, Odhams, London, 1952.

Butler, James M. (Ed.), *History of the Second World War*, United Kingdom Military Series (26 vols) HMSO, London, 1952–1976.

Churchill, Winston S., *The Second World War*, Vols. I–VI Cassell, London, 1948–1954.

Dear, Ian, Marines at War, Yan Allan, London, 1982.

Dollinger, Hans, *The Decline and Fall of Nazi Germany and Imperial Japan*, Odhams Books, London, 1965.

Frankland, Noble and Dowling, Christopher (Eds), *Decisive Battles of the Twentieth Century*, Sidgewick & Jackson, London, 1976.

Goodenough, S., *War Maps*, Macdonald, London, 1982.

Hogg, Ian V., *The Guns: 1939/45*, Macdonald, London, 1970.

Humble, Richard, *Hitler's Generals*, Arthur Barker, London, 1973.

Jane, F.T., *Jane's Fighting Ships*, Samson Law, Marston, London, 1945.

Morison, Samuel Eliot, *History of United States Naval Operations in World War II (vols I–XV)*, Oxford University Press, London, 1948–1962.

Pearcy, Arthur, *Dakota at War*, Ian Allan, London, 1982.

Pitt, Barrie (Ed), *History of the Second World War*, Purnell, London, 1972.

Ramsey, Winston (Ed), *After the Battle*, Battle of Britain Prints, London, 1973.

Shirer, William L., *The Rise and Fall of the Third Reich*, Secker & Warburg, London, 1973.

U.S. Army in World War II, (23 vols), Chief of Military History, Department of the Army, Washington DC, 1948

Wingate, John (Gen Ed), *Warships in Profile*, Profile Publications, Windsor, 1973.

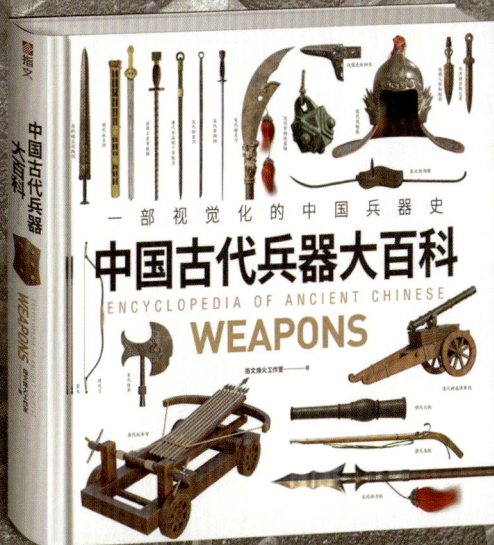

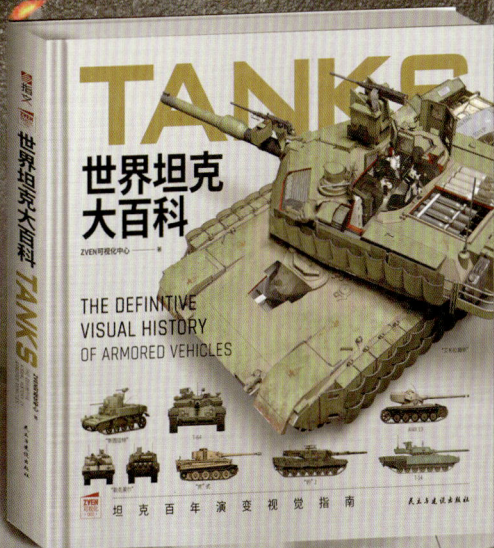

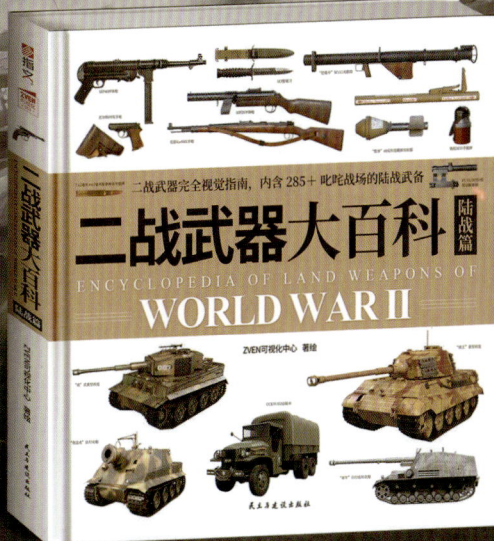

《世界军服图解百科》丛书

欧美近百位历史学家、考古学家、军事专家、
作家、画家、编辑集数年之力编成。

史实军备的视觉盛宴
千年战争的图像史诗

超过600幅战场实地照片及彩色手绘插图

第二次世界大战
军服、徽标、武器图解百科

英国、美国、德国、苏联及其他盟国与轴心国

二战时期诸多参战国军队制服及相关装备的专业指南，战场上的
制服、装具、武器、徽标、战场地图、作战计划

[英] 乔纳森·诺思 著／战军 译　[英] 杰里米·布莱克（大英帝国勋章获得者）顾问